扬州大学出版基金项目
扬州大学中国大运河研究院资助出版

中国大运河遗产

姜师立◎编著

中国建材工业出版社

图书在版编目（CIP）数据

中国大运河遗产 / 姜师立编著 . -- 北京：中国建材工业出版社，2019.3（2025.5 重印）
ISBN 978-7-5160-1156-0

Ⅰ . ①中… Ⅱ . ①姜… Ⅲ . ①大运河－介绍 Ⅳ . ① K928.42

中国版本图书馆 CIP 数据核字（2019）第 029010 号

中国大运河遗产
Zhongguo Dayunhe Yichan
姜师立 编著

出版发行：中国建材工业出版社
地 址：北京市西城区白纸坊东街 2 号院 6 号楼
邮政编码：100054
经 销：全国各地新华书店
印 刷：万卷书坊印刷（天津）有限公司
开 本：787mm×1092mm 1/16
印 张：19
字 数：340 千字
版 次：2019 年 3 月第 1 版
印 次：2025 年 5 月第 2 次
定 价：198.00 元

本社网址：**www. jskjcbs. com**，微信公众号：**zgjskjcbs**

序

2018年是中国大运河申遗成功4周年，各地又掀起了大运河文化带建设的热潮。作为中国大运河申遗的亲历者，不禁感慨万千。世界遗产承载着华夏文明五千年的丰厚积淀，是中华文明薪火相传的共同财富。大运河申遗成功，只是一个新的开始，世界遗产工作者们仍在为保护与传承默默耕耘着，并且在历史文化资源挖掘、遗产价值研究等方面取得了广泛而具有深度的成果。

中国大运河被列为世界最宏伟的四大古代工程之一，除了工程技术上溯久远，流程之长无出其右，最重要的，是附着其上的厚重而坚实的运河文化熠熠生辉。随着中国大运河申遗成功，这条母亲河越来越受到社会各界的关注。但作为世界遗产，对大运河是有严格而科学的界定的，由于申报世界遗产工作是一项技术性比较强的工作，对外界宣传不够，所以虽然中国大运河申遗成功了，但外界对世界遗产之一——中国大运河的相关知识知之甚少。社会上需要一本对中国大运河进行科学解读的书籍。作为中国大运河申遗亲历者，也是运河文化的研究者，姜师立先生在中国大运河申遗过程中承担了许多遗产申报和保护方面的工作，如今他将多年来积累的珍贵资料和研究成果整理成《中国大运河遗产》一书出版，这对大运河的保护与利用、中华优秀传统文化的传承与发展具有重大意义。

作为目前为止国内第一本从世界遗产的角度介绍中国大运河的书籍，该书科学、全面地介绍了中国大运河作为世界遗产的价值、特点及保护利用要求，详细列举了中国大运河的四大类遗产：运河水工遗产、附属遗产、相关遗产及综合遗存。该书共分九章，分别是世界遗产基本概念、中国大运河申遗过程、中国大运河遗产概述、中国大运河水工遗存（一）、中国大运河水工遗存（二）、中国大运河附属遗产、中国大运河相关遗产、中国大运河遗产的保护、中国大运河遗产的利用。此外，还有三个附录，分别是中国世界遗产介绍、世界水利水运遗产介绍及与中国大运河的对比分析、中国大运河保护与申遗大事记，让读者对中国大运河以及世界遗产的知识有个全面的了解，相信这无论对文化研究者还是普通读者都有一定的裨益。

与以前出版的关于大运河的专著相比，本书的特色，一是从纯世界遗产的角度来介绍中国大运河，不是泛文化的介绍；二是用科学严谨的专业笔法、教科书式的写法、图文结合的形式来介绍中国大运河，参阅了《中国大运河保护总体规划》和《中国大运河申遗文本》等中国大运河申遗过程中形成的研究成果，从世界遗产的角度介绍大运河遗产，具有一定的权威性，特别是每个遗产点都配了现状图，有的还配有平面图和立面图，以方便读者了解大运河，研究大运河。

关于中国大运河，保护和研究都没有休止符，研究为保护提供支撑，保护又不断地为研究提供有利条件。本书是对大运河历史文化资源研究成果的精华体现，同时对大运河的保护、传承和利用具有切实的指导和借鉴意义，对大运河文化带建设具有一定的助推作用，因此具有极强的出版价值。

张廷皓

（张廷皓　中国文化遗产研究院原院长、高工，第十一届全国政协委员，中国文物学会副会长、大运河专业委员会会长）

目录

第一章 世界遗产基本概念

世界遗产是指被联合国教科文组织和世界遗产委员会确认的人类罕见的、目前无法替代的财富，是全人类公认的具有突出意义和普遍价值的文物古迹及自然景观。世界遗产主要包括文化遗产、自然遗产、文化与自然双遗产三种类型。

一、世界遗产的由来

世界遗产的产生有一个过程，在第二次世界大战时，因为战争造成了世界各地多处文物古迹受到破坏。因此在战后 1954 年的《海牙公约》中规定：以后交战双方不得攻击对方重要文物古迹，如果破坏文物古迹，战后国际社会要追究当事者的责任。

1959 年，埃及政府打算在尼罗河畔修建阿斯旺大坝，可能会淹没尼罗河谷里的许多珍贵古迹，比如阿布辛贝神殿。1960 年，联合国教科文组织发起了“努比亚行动计划”，阿布辛贝神殿和菲莱神殿等古迹被仔细地分解，然后运到高地，再一块块地重新组装起来。这个保护行动共耗资 8000 万美元，其中有 4000 万美元是由以美国为首的五十多个国家集资的。为了感谢美国为首的国际社会对努比亚地区文化遗产保护的支持，埃及还向美国赠送了一座小型神庙——丹杜尔神庙，现在成为纽约大都会博物馆的镇馆之宝。这次成功的行动促进了其他类似的文化遗产保护行动，比如挽救意大利的水城威尼斯、巴基斯坦的摩亨佐－达罗遗址、印度尼西亚的婆罗浮屠等。通过这些行动,国际社会认识到人类的文化遗产不仅仅是某个国家的,而是全人类的共同财富,这就促进了《世界遗产公约》的诞生。在此之后不久，联合国教科文组织会同国际古迹遗址理事会起草了《保护人类文化遗产的协定》，即后来的《保护世界文化和自然遗产公约》。图 1–1 为世界遗产悉尼歌剧院。

二、世界遗产公约

图 1–1　悉尼歌剧院

1972 年 11 月 16 日，联合国教科文组织大会第 17 届会议在巴黎通过了《保护世界文化和自然遗产公约》（简称《世界遗产公约》）。公约主要规定了文化遗产和自然遗产的定义，文化和自然遗产的国家保护和国际保护措施等条款。公约规定了各缔约国可自行确定本国领土内的文化和自然遗产，并向世界遗产委员会递交其遗产清单，由世界遗产大会审核和批准。凡是被列入世界文化和自然遗产的，都由其所在国家依法严格予以保护。

《世界遗产公约》是目前缔约国最多的国际公约之一。自 1975 年公约正式生效后，在全球范围内，迄今共有 189 个国家和地区加入《世界遗产公约》，成为缔约成员（联合国会员 193 个）。美国是最早加入《世界遗产公约》的国家，中国于 1985 年加入《世界遗产公约》。

《世界遗产公约》的管理机构是联合国教科文组织的世界遗产委员会，该委员会于 1976 年成立，由 21 个委员国组成，负责《世界遗产公约》的实施。委员会每年召开一次会议，主要决定哪些遗产可以录入《世界遗产名录》，对已列入名录的世界遗产的保护工作进行监督指导。委员会成员每届任期 6 年，每 2 年改选其中的 1/3。委员会内由 7 名成员组成世界遗产委员会主席团，主席团每年举行 2 次会议，研究世界遗产委员会的工作。到 2018 年 7 月为止，世界遗产大会总共举办了 42 次，具体情况见表 1–1。图 1–2 为世界遗产标志。

图 1–2　世界遗产标志

表 1–1　历届世界遗产大会

会　议	年	日　期	主办城市	国　家
1	1977 年	6 月 27 日—7 月 1 日	巴黎	法国
2	1978 年	9 月 5 日—8 日	华盛顿哥伦比亚特区	美国
3	1979 年	10 月 22 日—26 日	开罗和卢克索	埃及
4	1980 年	9 月 1 日—5 日	巴黎	法国
5	1981 年	10 月 26 日—30 日	悉尼	澳大利亚
6	1982 年	12 月 13 日—17 日	巴黎	法国
7	1983 年	12 月 5 日—9 日	佛罗伦萨	意大利
8	1984 年	10 月 29 日—11 月 2 日	布宜诺斯艾利斯	阿根廷

续表

会　议	年	日　期	主办城市	国　家
9	1985 年	12 月 2 日—6 日	巴黎	法国
10	1986 年	11 月 24 日—28 日	巴黎	法国
11	1987 年	12 月 7 日—11 日	巴黎	法国
12	1988 年	12 月 5 日—9 日	巴西利亚	巴西
13	1989 年	12 月 11 日—15 日	巴黎	法国
14	1990 年	12 月 7 日—12 日	班芙	加拿大
15	1991 年	12 月 9 日—13 日	迦太基	突尼斯
16	1992 年	12 月 7 日—14 日	圣菲	美国
17	1993 年	12 月 6 日—11 日	卡塔赫纳	哥伦比亚
18	1994 年	12 月 12 日—17 日	普吉	泰国
19	1995 年	12 月 4 日—9 日	柏林	德国
20	1996 年	12 月 2 日—7 日	梅里达	墨西哥
21	1997 年	12 月 1 日—6 日	那不勒斯	意大利
22	1998 年	11 月 30 日—12 月 5 日	京都	日本
23	1999 年	11 月 29 日—12 月 4 日	马拉喀什	摩洛哥
24	2000 年	11 月 27 日—12 月 2 日	凯恩斯	澳大利亚
25	2001 年	12 月 11 日—16 日	赫尔辛基	芬兰
26	2002 年	6 月 24 日—29 日	布达佩斯	匈牙利
27	2003 年	6 月 30 日—7 月 5 日	巴黎	法国
28	2004 年	6 月 28 日—7 月 7 日	苏州	中国
29	2005 年	7 月 10 日—17 日	德班	南非
30	2006 年	7 月 8 日—16 日	维尔纽斯	立陶宛
31	2007 年	6 月 23 日—7 月 3 日	基督城	新西兰
32	2008 年	7 月 2 日—10 日	魁北克市	加拿大
33	2009 年	6 月 22 日—30 日	塞维利亚	西班牙
34	2010 年	7 月 25 日—8 月 3 日	巴西利亚	巴西
35	2011 年	6 月 19 日—29 日	巴黎	法国
36	2012 年	6 月 24 日—7 月 6 日	圣彼得堡	俄罗斯
37	2013 年	6 月 16 日—6 月 27 日	金边 暹粒	柬埔寨
38	2014 年	6 月 15 日—6 月 25 日	多哈	卡塔尔

续表

会　议	年	日　期	主办城市	国　家
39	2015 年	6 月 28 日—7 月 8 日	波恩	德国
40	2016 年	7 月 10 日—7 月 20 日	伊斯坦布尔	土耳其
41	2017 年	7 月 10 日—7 月 20 日	克拉科夫	波兰
42	2018 年	6 月 27 日—7 月 4 日	麦纳麦	巴林

三、世界遗产名录

《世界遗产名录》是 1976 年世界遗产委员会成立时设立的。世界遗产委员会于 1978 年确定了首批列入《世界遗产名录》的 12 处世界遗产，此后每年都有新的遗产被列入名录。联合国教科文组织世界遗产委员会负责遗产审议工作。从 1978 年起，世界遗产委员会每年都审议遗产提名。截至 2018 年 7 月 4 日，全世界共有世界遗产 1092 处，其中文化遗产 845 处，自然遗产 209 处，世界文化与自然双重遗产 38 处。有 37 项遗产为两个或两个以上国家共有遗产，这些遗产分布在 167 个国家。中国有 53 处文化遗址和自然景观被列入《世界遗产名录》，其中文化遗产 36 项，自然遗产 13 项，文化和自然双重遗产 4 项。

截至 2017 年 7 月 12 日，各大洲的遗产数量排名见表 1–2。

表 1–2　各大洲遗产数量

排　名	洲　名	详　情
1	欧洲	46 个国家，443 项（1 项为与亚洲、南美洲共有，2 项为与亚洲共有；17 项为 2 国共有，2 项为 3 国共有，1 项为 4 国共有，1 项为 6 国共有，1 项为 7 国共有，1 项为 10 国共有，1 项为 13 国共有）
2	亚洲	39 个国家，291 项（1 项归属未定；1 项与欧洲、南美洲共有，2 项与欧洲共有；2 项为 3 国共有，1 项为 7 国共有）
3	非洲	42 个国家，134 项（4 项为 2 国共有，2 项为 3 国共有）
4	北美洲	19 个国家，107 项（3 项为 2 国共有）
5	南美洲	11 个国家，72 项（1 项为 2 国共有，1 项为 6 国共有，1 项为 7 国共有）
6	大洋洲	10 个国家，30 项

四、世界遗产的分类

世界遗产分为自然遗产、文化遗产、自然遗产与文化遗产混合体（即双重遗产）。

也有人将文化景观列为第四类世界遗产，这是不准确的。文化景观代表《世界遗产公约》第一条所表述的“自然与人类的共同作品”应该属于文化遗产范畴。

（一）世界文化遗产

世界文化遗产是指有形的文化遗产，是人类与自然的共同作品。世界文化遗产分为 3 类，分别是文物、建筑群和遗址。

《世界遗产公约》对文物的界定是，从历史、艺术或科学角度看，具有突出的普遍价值的建筑物、碑雕和碑画，具有考古性质成分或结构的铭文、窟洞以及联合体，例如雅典娜神庙（图 1–3）和中国的故宫（图 1–4）。

图 1–3　雅典娜神庙

图 1–4　中国故宫

《世界遗产公约》对建筑群的界定是，从历史、艺术或科学角度看，在建筑式样、分布均匀或与环境景色结合方面，具有突出的普遍价值的单立或连接的建筑群，例如中国的长城（图 1–5）。

《世界遗产公约》对遗址的界定是，从历史、审美、人种学或人类学角度看，具有突出普遍价值的人类工程或自然与人工联合工程以及考古地址等地方，例如秦始皇陵（图 1–6）。

图 1–5　中国长城

图 1–6　秦始皇陵

此外，世界文化遗产还包括文化遗产保护区，如历史建筑、历史名城、重要考古遗址和有永久纪念价值的巨型雕塑及绘画作品。

凡提名列入《世界遗产名录》的文化遗产项目，必须符合以下 6 条标准中的一条或几条方可获得批准。

（1）代表一种独特的艺术成就，一种创造性的天才杰作。

（2）能在一定时期内或世界某一文化区域内，对建筑艺术、纪念物艺术、城镇规划或景观设计方面的发展产生过大的影响。

（3）能为一种已消逝的文明或文化传统提供一种独特的，至少是特殊的见证。

（4）可作为一种建筑、建筑群、景观的杰出范例，展示出人类历史上一个（或几个）重要阶段。

（5）可作为传统的人类居住地或使用地的杰出范例，代表一种（或几种）文化，尤其在不可逆转的变化的影响下变得易于损坏的文化。

（6）与具特殊普遍意义的事件、现行传统、思想或信仰或文学艺术作品有直接或实质的联系。（只有在某些特殊情况下或该项标准与其他标准一起作用时，此款才能成为列入《世界遗产名录》的理由。）

《国际运河古迹名录》对运河世界遗产所应具有的特征与价值的界定如下：

（1）展现人类创造才能的优秀作品。

（2）具有技术发展史上特别重大的、关键的影响。

（3）能够作为勾勒人类历史发展阶段性典型架构或特征的杰出范例。

（4）与社会或经济发展的核心突出、普遍价值密切相关。

图 1-7 展示了运河世界遗产之一的中国大运河的风光。

图 1-7 运河世界遗产——中国大运河

（二）世界自然遗产

世界自然遗产分为 3 类，分别是自然面貌、动植物生态区和自然景观。

（1）从审美和科学角度看，具有突出的普遍价值的由物质和生物结构或这类结构群组成的自然面貌（图 1-8）。

（2）从科学或保护角度看，具有突出的普遍价值的地质和自然地理结构以及明确划为受威胁的动物和植物生态区。

(3) 从科学、保护或自然美角度看，具有突出的普遍价值的自然景观或明确划分的自然区域，例如中国的三江并流（图1–9）、九寨沟（图1–10）、武陵源。

另外，世界自然遗产还有世界自然遗产保护区，包括国家公园和其他已指定的物种保护区。

列入世界自然遗产的标准有如下4条：

（1）构成代表地球现代化史中重要阶段的突出例证。

（2）构成代表进行中的重要地质过程、生物演化过程以及人类与自然环境相互关系的突出例证。

(3) 独特、稀少或绝妙的自然现象、地貌或具有罕见自然美的地带。

（4）尚存的珍稀或濒危动植物种的栖息地。

中国的三江并流是完全符合以上4条标准的自然遗产。

图1–8　世界自然遗产

图1–9　三江并流

图1–10　九寨沟

（三）文化与自然双重遗产

文化与自然双重遗产是指自然和文化价值相结合的遗产，同时具备自然遗产与文化遗产两种条件。中国目前拥有4项文化与自然双重世界遗产，分别为黄山、泰山（图1–11）、峨眉山—乐山（图1–12为乐山大佛）、武夷山。

（四）文化景观

文化景观这一概念是1992年12月在美国圣菲召开的联合国教科文组织世界遗产委员会第16届会议时提出并纳入《世界遗产名录》中的。文化景观是包含于文化遗产

图 1-11 泰山云雾

图 1-12 乐山大佛

图 1-13 杭州西湖曲院风荷景区

中的一个特殊类型，并不是单独的一类遗产，属文化遗产范畴。

文化景观类型有如下几种：

（1）由人类有意设计和建造的景观。它包括出于美学原因建造的园林和公园景观，经常（但并不总是）与宗教或其他概念性建筑物或建筑群有联系。

（2）有机进化的景观。它产生于最初始的一种社会、经济、行政以及宗教需要，并通过与周围自然环境的相联系或相适应而发展到目前的形式。它又包括两种类别：一是残遗物（化石）景观，代表一种过去某段时间已经完结的进化过程，不管是突发的或是渐进的。它们之所以具有突出、普遍价值，就在于其显著特点依然体现在实物上；二是持续性景观，它在当地与传统生活方式相联系的社会中，保持一种积极的社会作用，而且其自身演变过程仍在进行之中，同时又展示了历史上其演变发展的物证。

（3）关联性文化景观。这类景观列入《世界遗产名录》，以与自然因素，强烈的宗教、艺术或文化相联系为特征，而不是以文化物证为特征。

截至 2016 年 7 月 15 日，中国列入世界遗产的文化景观有 5 处，分别是庐山（江西，1996.12）、五台山（山西，2009.6）、杭州西湖文化景观（浙江，2011.6）（图 1-13）、红河哈尼梯田（云南红河，2013.6）、花山岩画（广西，2016.7）。

（五）线性遗产

线性遗产是指在拥有特殊文化资源集合的线形或带状区域内的物质和非物质的文化遗产族群，运河、道路以及铁路线等都是其重要表现形式。该遗产类型一般属于文化遗产。中国已列入世界遗产的线性遗产（含跨国）有中国大运河、丝绸之路（长安—天山廊道）。中国其他的线性遗产有徽商兴起路线、长征路线、滇越铁路、川陕古蜀道、茶马古道、浙东唐诗之路、徐霞客游记路线、万里茶道、海上丝绸之路、川滇五尺道、秦直道等。其他国家列入世界遗产的线性遗产有塞默林铁路（奥地利）、大吉岭喜马拉雅铁路（印度）等。

（六）濒危世界遗产名录

根据《世界遗产公约》的规定，世界遗产委员会设立《濒危世界遗产名录》。列入《濒危世界遗产名录》的遗产首先要具备世界遗产的资格，同时面临被毁坏的危险。这些危险包括蜕变加剧、大规模公共或私人工程的威胁、城市或旅游业迅速发展带来的破坏、未知原因造成的重大变化、随意摒弃、武装冲突的爆发或威胁、火灾、地震、山崩、火山爆发、水位变动、洪水、海啸等。在紧急情况下，世界遗产委员会可以在任何时候把面临上述危险的遗产列入《濒危遗产名录》。有濒危遗产的国家、世界遗产委员会成员或世界遗产委员会世界遗产中心可以提出对濒危遗产的援助申请。截至2017年，经过更新的《濒危世界遗产名录》中共有34个国家的55项世界遗产（包括文化遗产38项和自然遗产17项），其中濒危遗产数最多的国家是叙利亚。现有6处遗产进入濒危名录，次多的是刚果（金）和利比亚，各有5处遗产进入濒危名单；美国大沼泽地国家公园第二次进入名录；中国没有世界遗产位列濒危名录。在第38届世界遗产委员会会议上，由巴勒斯坦申报的耶路撒冷河谷的橄榄园项目虽然被国际古迹遗址理事会评定为第四类不予列入项目，但因为阿拉伯国家提出这处遗产是濒危遗产，委员会通过表决同意该项目直接列入《世界遗产名录》，同时确定为濒危世界遗产，开了国际古迹遗址理事会评定为第四类项目而被世界遗产委员会直接列入的先河。

（七）人类口述和非物质遗产

人类口述和非物质遗产（简称非物质文化遗产）又称无形遗产，是相对于有形遗产，即可传承的物质遗产而言的概念。非物质文化遗产是指各民族人民世代相承的、与群众生活密切相关的各种传统文化表现形式（如民俗活动、表演艺术、传统知识和技能以及与之相关的器具、实物、手工制品等）和文化空间。根据联合国教科文组织的《保护非物质文化遗产公约》定义：非物质文化遗产（intangible cultural heritage）指被各群体、团体、有时为个人所视为其文化遗产的各种实践、表演、表现形式、知识体系和技能及其有关的工具、实物、工艺品和文化场所。人类非物质文化遗产是经联合国教科文组织评选确定而列入《人类非物质文化遗产代表作名录》的遗产项目。非物质文化遗产是相对于有形遗产，即可传承的物质遗产而言的概念。2003 年 10 月通过的《保护非物质文化遗产国际公约》指出，非物质文化遗产应涵盖五个方面的项目：

（1）口头传说和表述，包括作为非物质文化遗产媒介的语言。

（2）表演艺术。

（3）社会实践、仪式、节庆活动。

（4）有关自然界和宇宙的知识和实践。

（5）传统手工艺。

非物质文化遗产（简称“非遗”）的管理机构是联合国教科文组织下属的保护非物质文化遗产政府间委员会。世界级非遗项目分为人类口述与非物质文化遗产代表作和急需保护的非物质文化遗产两个名录。中国有国家级非物质文化遗产名录，申报联合国非物质文化遗产代表作需要先列入国家级非物质文化遗产名录。

中国目前已列入人类口述与非物质文化遗产代表作名录的项目有 32 项，见表 1–3。

表 1-3 已列入人类口述与非物质文化遗产代表作名录

序号	遗产项名称	批准时间
1	昆曲	2001 年 5 月
2	古琴艺术	2003 年 11 月
3	新疆维吾尔木卡姆艺术	2005 年 11 月
4	蒙古族长调民歌①	2005 年 11 月
5	中国传统桑蚕织技艺	2009 年 10 月
6	南音	2009 年 10 月
7	南京云锦织造技艺	2009 年 10 月
8	宣纸传统制作技艺	2009 年 10 月
9	侗族大歌	2009 年 10 月
10	粤剧	2009 年 10 月

续表

序　号	遗产项名称	批 准 时 间
11	格萨（斯）尔	2009 年 10 月
12	龙泉青瓷传统炼制技艺	2009 年 10 月
13	热贡艺术	2009 年 10 月
14	藏戏	2009 年 10 月
15	玛纳斯	2009 年 10 月
16	花儿	2009 年 10 月
17	西安鼓乐	2009 年 10 月
18	中国朝鲜族农乐舞	2009 年 10 月
19	中国书法	2009 年 10 月
20	中国篆刻	2009 年 10 月
21	中国剪纸	2009 年 10 月
22	中国传统木结构营造技艺	2009 年 10 月
23	端午节	2009 年 10 月
24	妈祖信俗	2009 年 10 月
25	中国雕版印刷技艺	2009 年 10 月
26	呼麦	2009 年 10 月
27	中医针灸	2010 年 11 月
28	京剧	2010 年 11 月
29	中国皮影	2011 年 11 月
30	中国珠算	2013 年 12 月
31	二十四节气	2016 年 11 月
32	藏医药浴法	2018 年 12 月

① 该项目与蒙古国共同申报。

列入急需保护的非物质文化遗产名录有 7 项，分别是羌年、中国木拱桥传统经营技艺、黎族传统纺染织绣技艺、新疆西热甫、中国水密隔舱福船制造技艺、中国活字印刷术、赫哲族伊玛堪民间说唱叙事长诗。

（八）其他遗产

其他遗产种类还包括世界记忆文献遗产、重要农业文化遗产、世界灌溉工程遗产、国际重要湿地遗产等。

1. 世界记忆文献遗产

世界记忆文献遗产是指符合世界意义，于 1992 年经联合国教科文组织世界记忆工程国际咨询委员会确认而纳入《世界记忆名录》的文献遗产项目。世界记忆文献遗产是世界文化遗产保护项目的延伸，但严格来说并不属于“世界遗产”范畴。世界记忆文献遗产侧重于文献记录，包括博物馆、档案馆、图书馆等文化事业机构保存的任何介质的珍贵文件、手稿、口述历史的记录以及古籍善本等。其目的是对世界范围内正在逐渐老化、损毁、消失的文献记录，通过国际合作与使用最佳技术手段进行抢救，从而使人类的记忆更加完整。

2. 重要农业文化遗产

从 2002 年起，联合国粮农组织、联合国开发计划署和全球环境基金开始启动设立全球重要农业文化遗产项目。其保护项目将对全球重要的受到威胁的传统农业文化与技术遗产进行保护。农业文化遗产不仅是杰出的景观，对于保存具有全球重要意义的农业生物多样性、维持可恢复生态系统和传承高价值传统知识和文化活动也具有重要作用，不属于“世界遗产”项目范畴。中国的哈尼梯田（图 1–14）、兴化垛田（图 1–15）都是重要的农业遗产。

3. 世界灌溉工程遗产

为了更好地收集古代灌溉工程的相关资料，了解灌溉发展史及其对文明的影响、学习古人可持续性灌溉的智慧、保护珍贵的历史文化遗产，国际灌溉与排水委员会（ICID）决定从 2014 年开始，每年对“世界灌溉工程遗产”进行评选。申请世界灌溉工程遗产的工程必须具有如下价值：是灌溉农业发展的里程碑或转折点，为农业发展、粮食增产、农民增收做出了贡献；在工程设计、建设技术、工程规模、引水量、灌溉面积等方面（一方面或多方面）领先于其时代；增加粮食生产，改善农民生计，促进

图 1–14　中国的哈尼梯田

图 1–15　兴化垛田

农村繁荣，减少贫困；在其建筑年代是一种创新；为当代工程理论和手段的发展做出了贡献；在工程设计和建设中注重环保；在其建筑年代属于工程奇迹；独特且具有建设性意义；具有文化传统或文明的烙印；是可持续性运营管理的经典范例。其不属于“世界遗产”项目范畴。四川都江堰就是世界灌溉工程遗产（图 1–16）。

图 1–16 四川都江堰

4. 国际重要湿地遗产

国际重要湿地是 2009 年由湿地国际联盟组织发起的项目，目前已经在中国计划开展湿地遗产评估的项目有青海湖、洞庭湖、泸沽湖等。国际重要湿地遗产不属于“世界遗产”项目范畴。

五、世界遗产提名与申报

（一）申报程序

一项遗产列入《世界遗产名录》需要经过以下 9 道程序。

1. 一个国家首先要签署《世界遗产公约》并保证保护该国的文化和自然遗产，成为缔约国。

2. 每个缔约国要把本土上具有突出普遍价值的文化和自然遗产列出一个预备名单。

3. 从预备名单中筛选要列入《世界遗产名录》的遗产。

4. 把填写好的提名表格寄给联合国教科文组织世界遗产中心。

5. 联合国教科文组织世界遗产中心检查提名是否完全，并送交世界自然及自然资源保护联盟和国际古迹遗址理事会评审。

6. 专家到现场评估遗产的保护和管理情况。按照文化与自然遗产的标准，国际古迹遗址理事会和世界自然及自然资源保护联盟对上交的提名进行评审。

7. 世界自然及自然资源保护联盟和国际古迹遗址理事会提交评估报告。

8. 世界遗产委员会主席团的 7 名成员审查提名评估报告，并向委员会提交推荐名单。

9. 由 21 名成员组成的世界遗产委员会最终决定入选、推迟入选或淘汰的名单。

（二）世界遗产申报步骤

从遗产的提名到被列入《世界遗产名录》要经历若干步骤。

世界遗产委员会成员国每年 7 月 1 日前，按照统一规定的严格格式和内容，将本国自认为条件已经成熟的预备项目正式申报文本送达世界遗产中心。

世界遗产中心将把有关材料转达国际专业咨询机构，由相关的专业咨询机构从当年年底至下一年的三四月份进行考察和论证，并向世界遗产委员会提交评估报告。

世界遗产委员会每年的 6 月底至 7 月初召开一次主席团（7 个成员国）会议，初步审议与世界遗产工作相关的事项，包括新的（上一年）世界遗产申报项目，提出建议；再于每年的 11 月底至 12 月初召开主席团特别会议，补充审议第一次主席团会议未尽事宜；然后将包括审定新的世界遗产申报项目在内的相关大事提交随后召开的世界遗产委员会全会通过。

办理申请的程序和时间安排如下：

（1）7 月 1 日，接受提名申请截止。

（2）9 月 15 日，联合国教科文组织秘书处登记并索要所缺材料，材料完整的申请将被交给国际古迹遗址理事会或世界自然及自然资源保护联盟，这两个组织再次检查并索要所缺材料。

（3）到次年 4 月 1 日前，这两个组织根据委员会制定的标准进行专业评估并将结果通知秘书处，结果有 3 种：无保留地建议列入名录；建议不列入名录；不清楚是否适宜列入名录。

（4）4 月，秘书处核对评估结果并通知委员会成员国。

（5）6 月和 7 月，遗产委员会办公室检查提名申请并向委员会提出建议，建议有 4 种：无保留地列入；不列入；发回申请国要求补充说明和材料；由于要进一步评估或研究而推迟审理。

（6）7—11 月，秘书处将办公室的建议发送给遗产委员会的全体成员国政府和其他有关国家的政府。属于建议列入名录的，秘书处要等候各国反馈的信息，收到后再转递给国际古迹遗址理事会、世界自然及自然资源保护联盟和遗产委员会各成员国。

（7）假如到 10 月 1 日收不到所需信息，在当年 12 月的委员会会议上就不再审议这项提名。对于要求补充材料的遗产，如果只是核对事实的材料，当年会再审议。

（8）12 月，世界遗产委员会召开全体会议，在委员会办公室建议、有关国家提供的附加信息，以及国际古迹遗址理事会和国际自然和自然资源保护联盟评估报告的基础上审核提名，最后通过决定，决定共有 3 种：列入；不列入；推迟审核。

（9）第三年 1 月，秘书处将世界遗产委员会上年 12 月会议上的全部决定送交所有国家的政府。

至此，一轮申报工作完成。也就是说，申报一项新的世界遗产，至少需要一年半的时间。

（三）遗产提名内容

世界遗产组织规定，缔约国应当尽力向世界遗产委员会递交一份本国领土内的适于列入《世界遗产名录》的遗产清单，并附有关的资料。遗产委员会委托国际古迹遗址理事会（ICOMOS）和世界自然及自然资源保护联盟（IUCN）分别对提名的文化遗产和自然遗产评估，对文化遗产中的文化景区则共同评估，决定其是否符合标准和真实性条件，并提供最终的评估报告。

遗产委员会规定，评估应尽量严格，还规定在遗产委员会评审提名是否可列入《世界遗产名录》时，提名国政府的代表，无论其是否为委员会成员，均不准对本国提名的遗产投赞成票。

遗产提名表格要求填写多项内容，主要有以下各项：

第一，确切地点。包括国家，省、市，遗产名称，标明遗产地点和地理坐标的地图和平面图。

第二，法律资料。包括遗产所有者，公有或私有，有关本遗产保护和管理的法律和条例，开放程度，管理机构和组织。

第三，说明材料。包括遗产描述和图表、照片以及影片资料、历史状况、文献资料。

第四，保存状况。包括现状描述、保护管理机构，此前的保管过程，保护措施，当地的开放计划。

第五，提议列入名录的理由。包括符合哪些规定的标准，在与其他同类地点比较的前提下评估本地点的保护状况，遗产的真实性。

第六，提名建筑群或遗址群所需的特别材料。包括不同范围内容和比例尺的地图、地形图和平面图，多种照片、幻灯片和光盘，有关本遗产研究成果的论著和相关机构的资料，有关保护的法律资料，各级管理机构的资料。

六、中国与世界遗产

（一）中国世界遗产概述

中国于1985年12月12日加入《世界遗产公约》。1999年10月29日，中国当选为世界遗产委员会成员。2017年11月14日（当地时间），在联合国教科文组织巴黎总部举行的《世界遗产公约》缔约国大会第21次会议上，中国以128票高票第三次当选联合国教科文组织世界遗产委员会委员国，任期为2017—2021年。自1985年加入《世界遗产公约》以来，中国政府对这项工作一贯高度重视。三十多年来，中国的世界遗产事业从无到有、从小到大，在世界遗产申报、保护、利用和管理等方面均取得了举世瞩目的历史性成就。此次再次当选，必将有助于中国进一步加强多边国际合作，保护国内外的文化和自然遗产。

近年来，尤其是党的十八大以来，我国的世界遗产主管部门认真贯彻落实党中央、国务院的决策部署和《世界遗产公约》要求，坚持保护优先、利用服从保护的原则，统筹协调好世界遗产和风景名胜区的保护与利用，更好地满足人民群众日益增长的优美生态环境需要，展示“中国精彩”的同时也为世界自然文化遗产保护与可持续利用提供中国经验、中国智慧。中国于1986年开始向联合国教科文组织申报世界遗产项目。自1987年至2018年7月，中国先后被批准列入《世界遗产名录》的世界遗产已达53处，其中文化遗产36处（包括文化景观5处）（图1-17和图1-18），自然遗产13处，自然与文化双重遗产4处，数量居世界第二位。其中世界自然遗产和双重遗产数均位列世界首位。

图1-17 世界文化遗产——青城山

图1-18 世界文化遗产——福建土楼

（二）中国世界遗产名单

中国有多处世界遗产，这里列出了中国的世界文化遗产、世界自然遗产以及世界文化和自然双重遗产的名单。

1. 中国的世界文化遗产名单（36 处）

（1）周口店北京猿人遗址（北京，1987.12）

（2）长城（北京，1987.12）

（3）敦煌莫高窟（甘肃，1987.12）

（4）明清皇宫［北京故宫（北京），1987.12；沈阳故宫（辽宁），2004.7］

（5）秦始皇陵及兵马俑坑（陕西，1987.12）

（6）承德避暑山庄及周围寺庙（河北，1994.12）

（7）曲阜孔府、孔庙、孔林（山东，1994.12）

（8）武当山古建筑群（湖北，1994.12）

（9）布达拉宫（大昭寺、罗布林卡）（西藏，1994.12）

（10）丽江古城（云南，1997.12）

（11）平遥古城（山西，1997.12）

（12）苏州古典园林（江苏，1997.12）

（13）颐和园（北京，1998.11）

（14）天坛（北京，1998.11）

（15）大足石刻（重庆，1999.12）

（16）明清皇家陵寝［明显陵（湖北）、清东陵（河北）、清西陵（河北），2000.11；明孝陵（江苏）、十三陵（北京），2003.7；盛京三陵（辽宁），2004.7］

（17）皖南古村落（西递、宏村）（安徽，2000.11）

（18）龙门石窟（河南，2000.11）

（19）都江堰—青城山（四川，2000.11）

（20）云冈石窟（山西，2001.12）

（21）中国高句丽王城、王陵及贵族墓葬（吉林，2004.7）

（22）澳门历史城区（澳门，2005）

（23）安阳殷墟（河南，2006.7）

（24）开平碉楼与古村落（广东，2007.6）（图 1-19）

（25）福建土楼（福建，2008.7）

（26）天地之中（河南，2010.8）

（27）元上都遗址（内蒙古，2012.6）

（28）中国大运河（北京、天津、河北、山东、河南、安徽、江苏、浙江，2014.6）

（29）丝绸之路：长安—天山廊道（哈萨克斯坦、吉尔吉斯斯坦、中国，2014.6）

（30）土司遗址（湖南、湖北、贵州，2015.7）

（31）鼓浪屿（福建，2017.7）

另有5处文化遗产属于文化景观分项：

（1）庐山（江西，1996.12）

（2）五台山（山西，2009.6）

（3）杭州西湖（浙江，2011）

（4）哈尼梯田（云南，2013.6）

（5）花山岩画（广西，2016.7）

2. 中国的世界自然遗产名单（13处）

（1）九寨沟（四川，1992.12）

（2）黄龙（四川，1992.12）

（3）武陵源（湖南，1992.12）

（4）三江并流（云南，2003.7）

（5）大熊猫栖息地（四川，2006.7）

（6）中国南方喀斯特地貌［石林（云南）、荔波（贵州）、武隆（重庆），2007.6］

（7）三清山（江西，2008.7）

（8）中国丹霞地貌（湖南、广东、福建、贵州、江西、浙江，2010.7）

（9）澄江化石地（云南，2012.6）

（10）天山（新疆，2013.6）（图1-20）

（11）神农架（湖北，2016.7）

（12）可可西里（青海，2017.7）

（13）梵净山（贵州，2018.7）

3. 中国的世界文化和自然双重遗产（4处）

（1）泰山（山东，1987.12）

（2）黄山（安徽，1990.12）（图 1–21）

（3）峨眉山—乐山（四川，1996.12）

（4）武夷山（福建，1999.12）（图 1–22）

（三）申报形势

随着加入《世界遗产名录》的项目越来越多，世界遗产组织对申报的要求也越来越高。

一是申报名额减少。由于申报“世界遗产”的国家和所报的项目（小项）越来越多，已有 37 项。2002 年 4 月 28 日召开的世界遗产委员会第 26 次会议决定，今后审批世界遗产的条件将更加严格，一个国家一次最多申报两处遗产（其中至少包括一项自然遗产提名），尚没有世界遗产景点的国家将享有优先权。

2004 年 7 月 7 日，第 28 届世界遗产委员会会议通过“苏州决定”，将《世界遗产公约》缔约国原先每年只能申报一项世界遗产的“凯恩斯决定”修改为从 2006 年起，一个缔约国每年可至多申报两项世界遗产，其中至少有一项是自然遗产。自 2006 年起，世界遗产委员会每年受理的世界遗产申报数增加到 45 个，包括往届会议推迟审议的项目、扩展项目、跨国联合申报项目和紧急申报项目。决定指出，这一修订仍然是一个“试验性和过渡性”的措施。

二是力求平衡。世界遗产委员会长期致力于解决《世界遗产名录》中世界遗产类型不平衡、区域分布不平衡、时代分布不平衡的问题，先后数次调整申报规则。2016 年通过决议实行新的“限额制”：最多每年审查每个缔约国的 1 项申报项目，每年审查申报项目由 45 项降至不超过 35 项，并且更多地鼓励自然遗产、混合遗产、跨国项目

图 1–19　开平碉楼

图 1–20　新疆天山

图 1–21　安徽黄山

图 1–22　福建武夷山

的申报，向世界遗产数量过少的国家、新近加入《世界遗产公约》的国家、若干年内未申报的国家倾斜。新“限额制”将于 2018 年开始执行，中国等世界遗产数量较多的国家在今后的申遗道路上将因此而面临更加严峻的挑战[1]。

三是要求更加严格。当前国际国内申遗形势的变化给申遗城市带来了更大的压力。世界遗产委员会要求遗产申报向跨国项目、名录空白国家项目、数量偏少类型项目、填补空白类型项目倾斜，对中国这样的遗产大国（目前数量列世界第二位）限制越来越多。

世界遗产委员会对申报项目的保护管理、环境景观、法规体系、旅游控制，特别是对遗产价值认证、遗产本体的真实性、完整性等提出了越来越严格、细致甚至苛刻的要求。世界范围内申报世界遗产的成功率持续走低。

针对这样的形势，国家文物局有关领导表示，将从以下几方面入手，进一步加强世界文化遗产申报工作，积极应对挑战：

一是遵循有利于突出中华文明历史文化价值，有利于体现中华民族精神追求，有利于向世人展示全面、真实的古代中国和现代中国的根本原则，树立正确的申报理念，科学开展项目遴选。

二是做好世界文化遗产申报项目的培育，对进入预备名单的具有突出普遍价值的遗产，依照世界文化遗产的高标准和严要求开展保护管理工作，争取培育一批在各方面均达到世界文化遗产水平的潜力项目。

三是推动开展海上丝绸之路、丝绸之路—南亚廊道等项目跨国联合申遗，进一步加强与周边国家的文化交流与合作。

四是加强部门协调，统筹制定申报计划，全力做好每年的申报工作。

五是加强遗产管理监测，确保已列入《世界遗产名录》的世界文化遗产项目保持良好的状态，同时发挥示范作用，带动我国其他文物古迹保护管理水平的整体提升。

六是重视人才培养和输送，积极参与文化遗产保护相关国际事务，切实提高中国在国际世界遗产领域的影响力和话语权。

通过上述措施，积极化解、努力降低新规则带给我国的不利影响，使我国世界文化遗产工作延续以往的良好势态[2]。

（四）中国世界遗产预备名单

2012 年 9 月，国家文物局公布了新的世界文化遗产预备名单，共 45 个。

1 摘自国家文物局网站《中国世界文化遗产申报面临更加严峻挑战——从良渚古城遗址申遗谈起》。
2 摘自国家文物局网站《中国世界文化遗产申报面临更加严峻挑战——从良渚古城遗址申遗谈起》。

（1）北京中轴线（含北海）（北京市）

（2）大运河（北京市、天津市、河北省、江苏省、浙江省、安徽省、山东省、河南省）

（3）中国白酒老作坊：杏花村汾酒老作坊（山西省汾阳市）、成都水井街酒坊（四川省成都市）、泸州老窖作坊群（四川省泸州市）、古蔺县郎酒老作坊（四川省泸州市）、剑南春酒坊及遗址（四川省绵竹市）、宜宾五粮液老作坊（四川省宜宾市）、红楼梦糟房头老作坊（四川省宜宾市）、射洪县泰安作坊（四川省射洪县）

（4）辽代木构建筑：应县木塔（山西应县）、义县奉国寺大雄殿（辽宁义县）

（5）关圣文化建筑群（山西省运城市）

（6）山陕古民居：丁村古建筑群（山西省襄汾县）、党家村古建筑群（陕西省韩城市）

（7）阴山岩刻（内蒙古自治区巴彦淖尔市）

（8）辽代上京城和祖陵遗址（内蒙古自治区赤峰市）

（9）红山文化遗址：牛河梁遗址（辽宁省朝阳市）；红山后遗址、魏家窝铺遗址（内蒙古自治区赤峰市）

（10）中国明清城墙：兴城城墙（辽宁省兴城市）、南京城墙（江苏省南京市）、临海台州府城墙（浙江省临海市）、寿县城墙（安徽省寿县）、凤阳明中都皇城城墙（安徽省凤阳县）、荆州城墙（湖北省荆州市）、襄阳城墙（湖北省襄阳市）、西安城墙（陕西省西安市）

（11）侵华日军第七三一部队旧址（黑龙江省哈尔滨市）

（12）金上京遗址（黑龙江省哈尔滨市）

（13）扬州瘦西湖及盐商园林文化景观（江苏省扬州市）（图 1-23）

（14）无锡惠山祠堂群（江苏省无锡市）

（15）江南水乡古镇：甪直（江苏省苏州市）、周庄（江苏省昆山市）、千灯（江苏省昆山市）、锦溪（江苏省昆山市）、沙溪（江苏省太仓市）、同里（江苏省吴江市）、乌镇（浙江省桐乡市）、西塘（浙江省嘉善县）、南浔（浙江省湖州市）、新市（浙江省德清县）

（16）丝绸之路（河南省、陕西省、甘肃省、青海省、宁夏回族自治区、新疆维吾尔自治区）；海上丝绸之路（江苏省南京市、扬州市，浙江省宁波市，福建省泉州市、福州市、漳州市，山东省蓬莱市，广东省广州市，广西壮族自治区北海市）

（17）良渚遗址（浙江省杭州市）

图 1-23 扬州瘦西湖

（18）青瓷窑遗址（浙江省慈溪市、龙泉市）

（19）闽浙木拱廊桥（浙江省泰顺县、景宁县、庆元县；福建省寿宁县、周宁县、屏南县、政和县）

（20）鼓浪屿（福建省厦门市）

（21）三坊七巷（福建省福州市）

（22）闽南红砖建筑（福建省厦门市、南安市）

（23）赣南围屋（江西省赣州市）

（24）“明清皇家陵寝”扩展项目：潞简王墓（河南省新乡市）

（25）黄石矿冶工业遗产（湖北省黄石市）

（26）土司遗址：唐崖土司遗址（湖北省咸丰县）、容美土司遗址（湖北省鹤峰县）；老司城遗址（湖南省永顺县）；海龙屯遗址（贵州省遵义市）

（27）凤凰区域性防御体系（湖南省凤凰县）

（28）侗族村寨（湖南省通道侗族自治县、绥宁县；广西壮族自治区三江县；贵

州省黎平县、榕江县、从江县）

（29）南越国遗迹（广东省广州市）

（30）灵渠（广西壮族自治区兴安县）

（31）花山岩画文化景观（广西壮族自治区崇左市）

（32）白鹤梁题刻（重庆市涪陵区）

（33）钓鱼城遗址（重庆市合川区）（图 1-24）

图 1-24　钓鱼城

（34）蜀道：金牛道广元段（四川省广元市）

（35）古蜀文明遗址：金沙遗址、古蜀船棺合葬墓（四川省成都市），三星堆遗址（四川省广汉市）

（36）藏羌碉楼与村寨（四川省甘孜藏族自治州、阿坝藏族羌族自治州）

（37）苗族村寨（贵州省台江县、剑河县、榕江县、从江县、雷山县、锦屏县）

（38）万山汞矿遗址（贵州省铜仁市）

（39）哈尼梯田（云南省元阳县）

（40）普洱景迈山古茶园（云南省澜沧拉祜族自治县）

（41）芒康盐井古盐田（西藏自治区芒康县）

（42）统万城（陕西省靖边县）

（43）西夏陵（宁夏回族自治区银川市）

（44）坎儿井（新疆维吾尔自治区吐鲁番地区）

（45）志莲净苑与南莲园池（香港特别行政区）

此次重设的名单公布后的6年中，已经有哈尼梯田、中国大运河、丝绸之路（长安至天山廊道）、花山岩画、土司遗址、鼓浪屿等文化遗产列入世界遗产名录。根据联合国教科文组织规定，至少每 10 年要修订一次世界遗产预备名单。不久的将来，国家文物局将会重新公布世界文化遗产预备名单，并提交中国教科文全委会，由其将名单报送至联合国教科文组织世界遗产中心。中国文化遗产标志如图 1-25 所示。

图 1-25　中国文化遗产标志

第二章 中国大运河申遗过程

如果从 2004 年正式提出大运河申遗算起，到 2014 年中国大运河申遗历时 10 年，真可谓“十年磨一剑”。

一、中国大运河申遗的提出

大运河申报世界遗产具体是由谁提出的，不好确定。客观地说，它的提出有一个过程。中国大运河申遗的正式提出是在 2004 年。时任国家文物局局长的单霁翔在参加南水北调东线工程中文物保护项目调研时，发现南水北调东线工程可行性研究报告中，对大运河和沿线文物古迹的保护没有给予应有的重视，使大运河文化遗产保护面临严峻挑战。为此，在 2004 年 3 月召开的全国政协十届二次会议上，单霁翔邀请樊锦诗、安家瑶等 7 位政协委员联名，提交了《关于大运河文化遗产保护亟待加强的提案》，提出“大运河主河和沿线文物古迹始终没有被列入全国重点文物保护单位，没有列入《世界文化遗产名录》，没有制定一部法规来肯定和保障它的历史地位。所以，亟待重新确定大运河作为人类文化遗产的历史特质与重要地位”[1]。其实“运河申遗”这个概念早在 20 年前就已经提出了，在长城申遗时，罗哲文和郑孝燮两位老先生就提出运河也要申遗。但是由于种种原因，当时没有申遗。2005 年 12 月，罗哲文和郑孝燮、朱炳仁 3 人联名向京杭大运河沿岸 18 个城市的市长发出《关于加快京杭大运河遗产保护和“申遗”工作的信》，信中呼吁加快京杭大运河申报物质文化和非物质文化两大遗产的工作进程。在 2006 年全国两会上，全国政协委员、全国政协文史委副主任刘枫领衔 58 名全国政协委员草拟了一份影响深远的“大运河申遗提案”。当年 6 月，国家文物局将京杭大运河公布为全国重点文物保护单位，当年 12 月，又将其列入《中国世界文化遗产预备名单》，从而正式启动了大运河申报世界遗产的进程。夕阳下的

图 2-1 夕阳下的大运河嘉兴段

1 单霁翔 . 大运河遗产保护 . 天津大学出版社，2013 年，第 7 页。

大运河嘉兴段异常壮美，如图 2-1 所示。

中国大运河申遗意义重大，中国大运河是世界上开凿时间最早、延用时期最久、长度最长的人工运河。它在不同地域间的经济、文化交流，在国家统一、政权稳定、经济繁荣、文化交流和科技发展等方面发挥了不可替代的作用。作为线性活态文化遗产，中国大运河的价值非凡，它有着 2500 年的历史，流经 8 个省直辖市、35 座城市，长达 3200 千米的河流流经地区的市域面积占国土面积的 3.22%，人口占全国人口的六分之一，GDP 占全国的四分之一。中国大运河被国际古迹遗址名录评价为世界科技史上最有价值的运河，大运河沿线蕴藏着丰富的物质遗存和非物质遗产。中国大运河申遗对于提高大运河的国际知名度，提升沿线人民对运河遗产的保护意识，更好地保护好、传承好、利用好运河文化都有着积极的意义。长河煤龙——徐州万寨港一角如图 2-2 所示。

图 2-2　长河煤龙——徐州万寨港一角

二、中国大运河申遗的过程

从 2006 年列入中国世界遗产预备名单开始到 2014 年申遗成功，大运河申遗工作经历了 8 年，大致分为 3 个阶段，一是 2006—2008 年的准备阶段；二是 2009 年—2012 年的保护规划和法规制订阶段；三是 2013—2014 年的申遗冲刺阶段。

（一）准备阶段

大运河申遗之初面临着非常困难的局面。由于历代兴废、黄河改道，隋唐大运河早已成为遗址，埋于地下。20 世纪初，“漕运”终结以后，京杭大运河济宁以北的部分也淤塞、断流，运河遗产大多年久失修。此外，由于过去我们一直没有将大运河整体作为文化遗产进行专门的研究和保护，导致大运河遗产整体保护起步非常晚，面临工作基础薄弱、遗产家底不清、保护状况较差、多头管理等一系列问题。这就给中国大运河的遗产价值研究工作带来了相当大的困难，也直接增加了申报世界遗产工作的难度。

这一阶段主要事件为，2007 年 9 月 26 日，大运河联合申报世界文化遗产办公室（简称“大运河联合申遗办”）在扬州挂牌成立。2008 年 3 月，国家文物局在扬州召开了大运河保护与申遗第一次工作会议（图 2–3），成立了大运河保护与申遗城市联盟，明确了大运河申遗工作方案，各项工作正式启动，此后每年都在扬州召开一次大运河保护与申遗工作会议。2009 年 4 月，国务院牵头大运河申遗工作，同时成立了省部际会商小组（由 8 个省、直辖市，13 个部委联合组成），2009 年 4 月 23 日在北京召开了第一次会商小组会议，正式建立了省部会商机制。

（二）保护规划和法规制订阶段

2009 年以后，根据国务院统一部署，文化部、国家文物局和相关省市、有关部门通过扎实、高效的工作，建立了跨部门、跨地区协调工作机制，完成了大运河遗产资源调查，构建了大运河“国家—省—地市”三级保护规划体系，启动了大运河保护立法工作，公布实施了专项法规和标准规范，初步建立了“国家—遗产地”两级监测预警系统，实施了一大批大运河重要河段和节点的保护、整治、展示工程，从根本上改变了大运河遗产的保护管理状况。

这一阶段的主要事件为，2009 年运河沿线各城市先后完成了市级保护规划的编制并颁布实施，在此基础上开始着手编制大运河省级保护规划；直到 2012 年完成《中国大运河遗产保护与管理总体规划》的编制，这一阶段还启动了大运河申报世界文化遗产预备名单的遴选工作，2011 年 4 月 12 日，第四次大运河保护和申遗工作会议在扬州召开，公布了大运河申报世界文化遗产的预备名单。2012 年 6 月 14 日，大运河（扬州段）监测预警平台项目首期工程通过验收，扬州在大运河沿线率先开展

图 2–3　大运河保护和申遗工作会议

遗产监测预警平台建设并取得显著成果。2012 年 7 月 20 日，大运河联合申遗办在北京召开《大运河遗产保护联合规定》（暂定名）专家咨询会，为“大运河遗产保护实行统一规划、分级负责、分段管理，坚持真实性、完整性、延续性原则”进行立法准备。2012 年 8 月 14 日，中华人民共和国文化部令第 54 号公布《大运河遗产保护管理办法》(简称《办法》）。该《办法》共 15 条，自 2012 年 10 月 1 日起施行。2012 年 8 月 17 日，扬州市政府常务会议通过《扬州市大运河遗产保护办法》，并于同年 10 月 1 日起施行。这是运河沿线城市中首个保护大运河遗产的规范性文件，从而启动了保护大运河的地方立法工作。2012 年 9 月 26 日，在“2012 中国 • 扬州世界运河名城博览会暨世界运河大会”上，大运河保护与申遗城市联盟的 35 个城市代表共同签署了《大运河遗产保护联合协定》，标志着大运河遗产立法保护工作迈出重要一步。

（三）申遗冲刺阶段

2013 年，大运河申遗进入最后的冲刺阶段，这一阶段的主要事件为，2013 年 1 月底，国家文物局向世界遗产中心上报了《中国大运河申遗文本》。2013 年上半年，沿线各地完成了遗产点修缮和环境整治。2013 年 7 月 2—14 日，国家文物局组织了大运河沿线的模拟考察。2013 年 7 月 15 日，完成了大运河遗产监测预警平台和档案系统建设。2013 年 9 月，接受了世界遗产委员会委派的两位世界遗产保护专家的现场考察。2014 年 6 月 22 日，在卡塔尔首都多哈召开的第 38 届世界遗产委员会会议上，中国大运河被列入《世界遗产名录》。

（四）国际专家现场考察大运河遗产

在申遗冲刺阶段，有社会意义的事件，还有国际专家的现场考察。通常国际古迹遗址理事会（ICOMOS）对一个遗产地的考察只委派一名专家，因为中国大运河遗产实在太大，因此，ICOMOS 专门委派了两名专家考察。2013 年 9 月 16—26 日，联合国教科文组织世界遗产委员会的咨询机构——ICOMOS 委派两名国际专家对中国大运河世界文化遗产申报项目进行了现场考察评估。两位专家分为 A 组和 B 组，对大运河申遗的 31 个遗产区进行现场考察评估。A 组国际专家是印度籍的考古学家、作家及历史学家莉玛 • 胡贾（Rima Hooja）女士，她是印度国家历史文物局成员、ICOMOS 印度临时执委会副主席；B 组国际专家是韩国籍的环境学博士姜東辰（Dong-Jin Kang）先生，他是韩国釜山庆星大学城市设计系教授。2013 年 9 月 16 日，两位国际专家抵达中国，17 日上午两位专家赴中国文化遗产研究院考察了大运河监测和档案系统国家总平台，参加大运河遗产保护管理座谈会，听取大运河遗产价值和保护管理总汇报，与有关部委代表进行了座谈。17 日下午至 25 日，A、B 两组专家分组考察。A 组专家考察了通惠河北京旧城段、通惠河通州段、北南运河天津三岔口段、南运河沧州—衡水—德州段、会通河临清段（含临清运河钞关）、会通河阳谷段（含阿城下闸、阿城上闸、荆门下闸、荆门上闸）、戴村坝、南旺枢纽、会通河微山段、中河台儿庄段、中河宿迁段（含龙王庙行宫），宁波三江口、浙东运河宁波段、上虞—余姚段、杭州萧山—绍兴段，江南运河嘉兴段、南浔段、杭州段（含杭州富义仓、拱宸桥、桥西历史文化街区）等遗产区。B 组专家考察了黎阳仓遗址、卫河（永济渠）浚县段、滑县段，通济渠郑州段、含嘉仓 160 号仓窖遗址、回洛仓遗址、通济渠商丘南关段、夏邑段、淮北隋唐大运河博物馆和柳孜运河遗址、通济渠泗县段、淮安总督漕运公署遗址、清口枢纽、淮扬运河扬州段、大运河扬州段遗产监测预警和档案中心、江南运河常州城区段、无锡城区段（含清名桥历史文化街区）、江南运河苏州段等。25 日晚，国家文物局副局长童明康代表中国古迹遗址保护协会会见了两位专家。26 日上午两位国际专家交流考察情况，下午，国际专家离境。两位专家还分别于 23 日下午和 25 日下午，在扬州和杭州召开了利益相关者座谈会，听取了扬州市和杭州市大运河遗产保护管理汇报，并与各方利益相关者座谈。

在考察的过程中，中国大运河给专家们留下了深刻的印象，专家们认同大运河是人类历史的一项杰作。姜東辰认为，对历史杰作的含义，应该包括历史发展、古代环境带来的经济、产业以及在人的各个方面的关系协调当中所形成的内涵。而大运河在这几个方面的综合性表现，不仅作为千百年历史的积淀，而且现在依然在利用中，这在全世界是很少见的。莉玛•胡贾女士评价，大运河管理十分到位，在所有运河城市的共同努力下，大运河沿线城市的管理水平相当高。她说，看到的大运河的独特美景，大运河活态遗产的保护与整个区域之间紧密结合、市民共享的举措让人震撼。通过考察，她发现中国为大运河做出了许多努力和贡献。

图 2–4 国际专家考察大运河扬州段遗产监测管理中心

国际专家考察大运河扬州段遗产监测管理中心如图 2–4 所示。

（五）考察后的较量

大运河申遗的路并不是一帆风顺的，国际专家考察后，到了 2013 年年底，从 ICOMOS 传来消息，说中国大运河申报世界遗产工作还有许多要整改的地方，特别是对缓冲区的保护还不够。2014 年 3 月该消息得到证实，在 ICOMOS 召开的世界遗产工作组会议上，审议大运河项目时，专家对于中国大运河的意见是 Refer（补充材料次年再申报），要求中国做好材料补充工作再申报。面对国际专业机构的质疑，大运河能否做到 2014 年申遗成功，悬而未决。针对世界遗产中心的意见，我国相关部门迅速召开了大运河保护和申遗省部际会商小组第五次会议，研究部署整改措施和申报对策。为了做好补救工作，国家文物局开始组织编写两个文件——《中国大运河缓冲区界限管理细则》和《大运河环境景观保护与协调管理导则》，制定大运河全线缓冲区管理和运河周边景观控制要求。到了 4 月份召开两个文件的讨论会时，正式介绍了 ICOMOS 运河工作组对大运河的意见。专家对于中国大运河寄予了更高的希望，认为中国所进行的事都是对的，但都正在进行中。ICOMOS 运河工作组提了 10 个建议，主要是缓冲区划定的问题、运河水质的问题、监测档案中心太小的问题等，建议中国补充材料，明年再报。国内一些专家也建议等做好所有准备工作后，明年再行申报。因为 2014 年中国除了申报大运河外，还有一处自然遗产——南方喀斯特的扩展项目，同时还有一项与中亚哈萨克斯坦、吉尔吉斯斯坦两国共同申报的丝绸之路起始段及天山廊道。后一项因为是跨国项目，是国际古迹遗址理事会自己力推的项目，已确定登录。而一个国家一年同时上三个项目，这是国际古迹遗址理事会不愿意看到的，大运河申遗存在很大变数。会上笔者代表大运河联合申遗办发言提出，明年再报不仅不利于继续做好大运河相关工作，相反可能让运河沿线城市丧失信心，甚至有破罐子破摔的想法。中国文化遗产研究院的同志也支持这个观点，认为从 Refer 到 Inscriped（直接列入），在世界遗产申报的历史上几乎每年都有。国家文物局意见很明确，大运河项目 2014 年争取通过。因此，会上决定将两个补充文件——《中国大运河缓冲区界限管理细则》和《大运河环境景观保护与协调管理导则》提交省部际会商小组讨论后，作为补充材料提交给世界遗产组织及国际古迹遗址联合会，争取得到认可。至此，中国确定将大运河项目提交 2014 年 6 月召开的世界遗产大会进行表决。

根据第 38 届世界遗产委员会会议提供的资料，成员国向本届大会提交或联合提交了 40 项关于加入《世界遗产名录》的申请报告，其中包括 9 项自然遗产申请、2 项自然与文化双重遗产申请以及 29 项文化遗产申请。中国向本届大会提交了“中国南方喀斯特二期”自然遗产申请和“中国大运河”文化遗产申请，还与吉尔吉斯斯坦、哈萨克斯坦联合提交了“丝绸之路：起始段和天山廊道的路网”文化遗产申请报告。因为此前 ICOMOS 对丝绸之路项目的意见是 Inscriped，也就是立即列入，而对中国大运河遗产的意见是 Refer，需要继续争取。因此，联合申遗办代表团一到多哈就与国家文物局、联合国教科文组织中国全委会及中国古迹遗址保护协会的代表进行了紧急磋商，并制订了相应的对策。经过前面几天的会议议程，在当地时间 20 日下午 4 时开始，第 38 届世界遗产大会开始申报项目的审议工作，首先审议的是文化遗产项目，到了 21 日中午，眼看就要审议大运河项目了，大会主席宣布上午议程基本结束。就在大家都认为下午第一个项目会是大运河项目时，风云突变，会议主席宣布，有几个国家提出要下午提前审议墨西哥、德国、越南、韩国等国家申报的 5 个项目。如果这样，当天中国大运河项目就不能审议了。联合申遗办代表团已订好当天夜里的机票，如果推迟到第二天，他们就不能见证大运河申遗的关键时刻。中国代表团向执行主席提出申诉。午饭时，大家都在焦急地等待组委会的回复。到了下午，大会主席团作出回复，中国代表团的申诉不予接受。联合申遗办代表团经请示领导，同意延期，退掉了机票，坚持在现场见证大运河申遗的结果。

北京时间 22 日下午 14 时 30 分，多哈当地时间 22 日上午 9 时 30 分，开始审议大运河项目。ICOMOS 专家米歇尔介绍大运河项目，大运河项目的图片实在太漂亮了，米歇尔讲得很多，超时了 5 分钟，还在说真实性、完整性，米歇尔用了规定时间的双倍时间才介绍完，同时表明 ICOMOS 意见是 Refer。主持人让委员们发言，首先是牙买加代表发言帮助中国说话，认为 ICOMOS 提的意见可以在大运河成为世界遗产后再进行完善。印度的代表发言了，支持列入世界遗产。哈萨克斯坦代表发言，建议列入，后来马来西亚代表发言，葡萄牙代表发言，都支持列入。黎巴嫩代表提出增加大运河符合的世界文化遗产的第六条标准，又是为大运河加分的建议，土耳其支持，阿尔及利亚支持，有国家提出缓冲区问题可以在列入世界遗产以后解决，建议立即列入。塞内加尔代表发言，表示支持，德国代表发言支持列入……中国代表陈述了对提出意见的回复，表明中国有信心保护好大运河遗产。ICOMOS 代表米歇尔对各国意见进行回应，他解释说因为大运河体量太大，牵涉遗产较多，本来建议 Refer，给大运河更多的时间准备，但认为中国大运河的价值是举世公认的。米歇尔话音刚落，主持人就敲响了锤子，宣布大运河列入世界遗产。中国代表激动地拥抱庆祝，各国代表纷纷来到中国代表席，向中国代表团表示祝贺。时间定格在当地时间 22 日上午 10 时 20 分，北京时间22日下午15时20分，8年的努力终于得到了回报，许多人喜极而泣。通过大量工作和艰辛努力，中国大运河终于申遗成功，把大事办好、把难事办成，体现了国家有关部门和大运河沿线各级政府“敬终为始，善作善成”的精神，彰显了各级政府和文物工作者敢于担当的品格和攻坚克难的作风，证明了大运河遗产保护前所未有的凝聚力和向心力。联合申遗办代表团在世界遗产大会现场如图2–5所示。申遗成功后笔者在世界遗产大会现场留影如图2–6所示。

图2–5 大运河联合申遗办代表团在世界遗产大会现场

图2–6 申遗成功后笔者在世界遗产大会现场留影

三、中国大运河的申遗主体

（一）大运河保护与申遗城市联盟

中国大运河申遗采用的是城市联盟联合申遗的形式，申遗的主体就是大运河保护与申遗城市联盟。2008年3月出席大运河保护与申遗工作会议的33座城市代表在扬州共同组成了大运河保护与申遗城市联盟，会上还通过了《大运河保护与申遗城市联盟章程》。大运河联合申遗办作为城市联盟的秘书处，具体负责联盟的事务。这33座城市为北京市（通州区）；天津市；邯郸市、邢台市、廊坊市、沧州市、衡水市（河北省）；无锡市、徐州市、常州市、苏州市、淮安市、扬州市、镇江市、宿迁市（江苏省）；杭州市、湖州市、嘉兴市（浙江省）；淮北市、宿州市（安徽省）；枣庄市、济宁市、泰安市、德州市、聊城市（山东省）；郑州市、开封市、洛阳市、安阳市、鹤壁市、新乡市、商丘市、焦作市（河南省），2009年，随着浙东运河列入中国大运河，绍兴和宁波也成为申遗联盟城市，城市联盟扩展到35个成员。

（二）大运河保护和申遗省部际会商小组

中国大运河申遗的最高协调机构是大运河保护和申遗省部际会商小组。2009年4

月 23 日，经中国国务院批准，中国文化部、国家文物局牵头，13 个国务院主管部门和大运河沿线 8 个省、直辖市人民政府共同设立了大运河保护和申遗省部际会商小组。中国文化部部长任会商小组组长，国家文物局局长任会商小组副组长，中国国务院各主管部门分管的副部长，省、直辖市人民政府的分管副省长、副市长为会商小组成员。会商小组下设办公室作为办事机构，国家文物局局长兼任办公室主任，国务院各主管部门相关司长，省、直辖市文物局局长为联络员。大运河保护和申遗省部际会商小组的成员单位为国家发展和改革委员会、财政部、国土资源部、环境保护部、住房和城乡建设部、交通运输部、水利部、文化部、国务院法制办公室、国家测绘局、国家文物局、教科文全委会、国务院南水北调工程建设办公室、北京市人民政府、天津市人民政府、河北省人民政府、江苏省人民政府、浙江省人民政府、安徽省人民政府、山东省人民政府、河南省人民政府。大运河保护和申遗省部际会商小组的主要职责是研究协调解决大运河保护和申遗工作中的重大问题；研究制定促进大运河保护与申遗的制度、措施；分析大运河保护与申遗的形势，部署相关工作；审定大运河保护规划；监督、督促大运河保护和申遗工作的实施。大运河保护和申遗省部际会商小组通过每年至少一次的会商小组全体会议、不定期的会商小组办公室会议及其他形式的会议，协调大运河遗产保护中涉及多个行业的重大事项，会商解决中国大运河遗产保护区划范围内有关文化遗产保护的重大问题。

（三）中国大运河申遗的牵头城市

中国大运河申遗的牵头城市是江苏省扬州市。在 2006 年前，大运河的保护管理工作缺乏统一有效的协调机制，在各省市，基本上各自为政，各管一段，缺乏统一协调、统一规划、统一治理的机制，处于散乱状态，从而使大运河实际上成为各段各地的“小运河”。这种状况既影响了大运河的文化遗产保护工作，也不利于航运和地方建设的协调发展。为此，中国文化部决定在大运河沿线城市中选出一个城市牵头组织“大运河申遗办公室”，带动大运河沿线相关城市建立合作、协商和对话机制。当时江苏扬州、无锡和山东济宁都希望竞争大运河申遗的牵头城市。2007 年 9 月 26 日，首届世界运河名城博览会暨运河名城市长论坛在扬州开幕。开幕式上，国家文物局领导宣布，扬州成为中国大运河申报世界文化遗产牵头城市，大运河联合申遗办公室设在扬州。当时的国家文物局局长单霁翔亲自为大运河联合申报世界文化遗产办公室揭牌。从此，大运河申遗工作进入了正式的启动阶段。

扬州之所以能够牵头大运河申遗，一是因为扬州段运河（图 2–7）的突出价值，

图 2–7　大运河扬州段

二是因为扬州在运河保护工作方面的突出贡献。扬州段运河是有文字记载的历史上最早的运河，《左传·哀公九年》：“秋，吴城邗，沟通江淮。”扬州与运河是同生共长的关系，运河兴则扬州兴。扬州是运河博物馆，有各个历史时期的运河遗存；大运河对扬州的影响巨大，无论是汉代吴王刘濞“开山铸钱，煮海为盐”成为最富的诸侯国，唐代“扬一益二”地位的取得，还是清代扬州成为全球 10 座 50 万以上人口的城市之一，扬州的数度繁荣都来自于运河的恩赐。扬州依靠运河赋予的区位优势和巨大能量，集南北文化于一城，融东西文明于一体，形成了独特的城市文化。进入 21 世纪，扬州加大了对大运河的保护力度，对城区 13 千米的运河沿线进行了环境整治，搬迁了几十座工厂，治理了水环境，使城区段运河成为美丽的风光带。对运河沿线建设行为进行了严格控制，运河两岸 30 米范围内禁止新建任何建筑，在 30 米之外的 50 米作为建设控制地带，对建筑的体量、高度、形制都有严格要求，有力地保护了运河的视觉空间。对郊野地带的运河注意保护其堤岸的真实性、完整性，使运河与周边环境相协调。扬州成为大运河全线保护的典范。

作为牵头城市，扬州围绕大运河申遗做了大量的工作，主要发挥了两个作用。首先是牵头协调作用。8 年来，扬州积极配合国家文物局做好大运河申遗的沟通联络、调研督查、协调推进、宣传动员等工作，承办每年一度的大运河保护与申遗工作会议，调研督查沿线省市申遗工作，利用简报、网站等媒介做好大运河保护与申遗宣传工作，牵头制定并发动沿线城市共同签署了《大运河遗产保护的联合协定》，建设大运河遗产监测预警通用型平台，并复制到大运河沿线的 31 个遗产区，在迎接世界遗产专家考察中发挥了积极的作用。其次是示范引领作用。扬州在大运河申遗工作中有几项第一：2009 年 9 月，扬州在申遗联盟各城市中第一家公布实施市段保护规划——《大运河（扬州段）遗产保护规划》；2012 年 10 月 1 日，第一家颁布实施大运河保护地方性规范性文件——《扬州市大运河遗产保护办法》；2012 年 3 月，第一家建成大运河遗产监测管理平台——大运河扬州段监测预警平台；2013 年 3 月，在沿线城市中第一家成立大运河保护志愿者总队。同时，积极编制遗产保护和环境整治方案，实施了扬州盐业历史遗迹保护工程、邵伯明清运河故道及周边运河遗产保护展示工程等一批工程，使扬州的运河遗产价值得到了极大提升。正是因为遗产价值高、保护状况好，扬州共有瘦西湖、个园等 10 个遗产点列入大运河遗产名单，成为全线列入遗产最多的遗产区。

图 2-8 大运河扬州段保护与申遗工作会议

扬州市在大运河保护与申遗中建立了一套行之有效的协调推进机制，在资料收集、价值研究、保护规划编制和公布、保护法规制定、保护工程实施等方面都发挥了积极的作用。扬州成立了以市长为组长，市委、市政府分管领导为副组长的申报世界文化遗产工作领导小组，市申遗、文物、交通、建设、环保等部门作为成员单位，每年召开会议（图 2-8），落实国家文物局相关要求，协调解决工作中遇到的重大问题。市政府每年都对遗产保护工作目标责任进行分解落实，将遗产保护作为一票否决的内容纳入对相关部门的年度目标考核，由申遗办牵头，实行百分考核，各相关县市区和部门都有责任，如达不到一定分数，单位不得参加评先评优。市领导提出了两个服从的原则，即“城市建设服从古城保护改造复兴，古城保护改造服从遗产保护工作”。规定所有涉及大运河遗产的建设项目在送规划委员会讨论前，首先必须书面征询市申遗办的意见，从而在规划层面为运河遗产保护设置了红线。市申遗办与水利局、交通局、建设局、环保局等相关单位在运河遗产保护工作中密切配合，形成了比较顺畅的沟通协调机制，同心协力推进大运河保护与申遗。相关部门在日常工作中都很重视遗产保护，牵涉大运河遗产的各类事务与工程时，都与遗产保护管理部门进行沟通，征求意见或会商。2012 年扬州水利部门在编制瓜洲运河综合整治方案时，向文物申遗部门征求意见，并根据遗产保护部门提出的修改意见，对原有方案进行了相应修改，降低直立式挡墙的高度，减少对运河风貌的影响；同时将原来只做水下清淤、驳岸工程，改为水下与沿岸环境保护一并进行，提升了瓜洲运河的生态环境。在此基础上，遗产保护部门又编制了瓜洲运河保护展示方案，增加了文物保护的内容，经省文物局上报国家文物局，得到国家文物局批准。正是因为协调机制推动有力，扬州先后叫停了高邮市里运河故道房地产工程等有可能对运河遗产产生破坏的工程，确保大运河扬州段遗产不因城乡建设项目的实施而遭受破坏。扬州段运河遗产的保护工作受到了来中国考察大运河遗产的国际古迹遗址理事会专家姜東辰先生的高度评价。国家文物局局长励小捷在大运河申遗成功后的大运河遗产保护管理工作会议上说："作为大运河申遗牵头城市，扬州市委、市政府始终将大运河遗产保护放在全市工作重要位置，纳入各级政府绩效考核指标。通过多年如一日的坚守与努力，扬州古城的整体风貌和运河遗产点段得到妥善保护。如今走在运河盐商私宅聚集的瘦西湖畔，可以看到遗产周边景观风貌和重要视线廊道得到妥善保护，看不到任何不和谐的现代建筑物或构筑物。此外，扬州市还建立起了覆盖全部遗产点段、监测指标较完备、多部门联动的大运河扬州段遗产监测预警体系（图 2–9），为其他大运河遗产组成部分监测预警体系和国家级总平台建设作出了重要贡献。"联合申遗办督查沿线城市大运河保护与申遗工作如图 2–10 所示。

（四）中国大运河申遗的工作机构

中国大运河申遗工作是在国家文物局的领导下开展的，大运河申遗的常设工作机构是大运河联合申报世界文化遗产办公室。

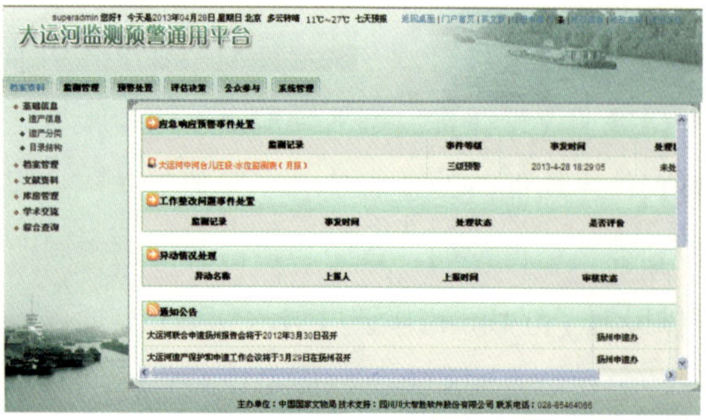

图 2–9 大运河遗产监测系统

大运河联合申报世界文化遗产办公室认真办好大运河遗产保护与管理简报、大运河遗产网站，连续 5 年举办"大运河遗产保护通讯员培训班"，推进大运河遗产保护管理的宣传工作。与中国文化遗产研究院合作开展了大运河——淮扬运河段现存遗产体系研究，为全线运

图 2-10 联合申遗办督查沿线城市大运河保护与申遗工作

河遗产现存体系的研究提供范例和制定标准。为加强全线的大运河遗产保护管理和申遗后期保护利用研究工作，联合申遗办按照国家文物局要求，制定了大运河遗产点段专项巡查及申遗后期保护利用专题研究工作方案，组织对各遗产地的巡查并编制了《大运河遗产点段专项巡查报告》，编印了《大运河遗产保护管理手册》，组织大运河遗产保护利用课题研究。在大运河遗产保护统一立法受阻的情况下，联合申遗办还起草了《大运河沿线城市关于大运河遗产保护的联合协定》，并由 35 座城市政府负责人共同签署，作为中国大运河遗产保护的法律文件，提交联合国世界遗产中心。大运河联合申遗办揭牌如图 2-11 所示。联合申遗办赴北京通州督查大运河申遗工作如图 2-12 所示。大运河申遗宣传资料如图 2-13 所示。

图 2-11 | 图 2-12
图 2-13

图 2-11 大运河联合申报世界文化遗产办公室揭牌

图 2-12 联合申遗办赴北京通州督查大运河申遗工作

图 2-13 大运河申遗宣传资料

大运河申遗成功后，国家文物局于 2014 年 9 月 26 日在扬州召开大运河遗产保护管理工作会议。会上决定将大运河保护与申遗城市联盟更名为大运河遗产保护管理城市联盟，制定了联盟章程，决定继续由扬州牵头大运河保护与管理工作。并在扬州市设立了城市联盟的秘书处，作为大运河沿线城市协调管理责任单位。时任国家文物局局长励小捷在讲话中说："在大运河申遗阶段，大运河申遗办发挥了重要作用。在今后的大运河保护管理工作中，希望大运河保护办要进一步加强机构建设和人才培养，要在大运河遗产档案管理、监测预警、专题研究、宣传推介和教育培训等方面发挥积极作用，尽快成为名副其实的大运河遗产保护中心、研究中心、培训中心，带动各遗产地保护管理整体水平提升。"

大运河沿线各省市也纷纷成立了大运河保护与申遗的领导小组和工作机构，专职负责大运河保护与申遗工作，为大运河成功申遗作出了积极的贡献。大运河遗产保护管理城市联盟章程如图 2–14 所示。

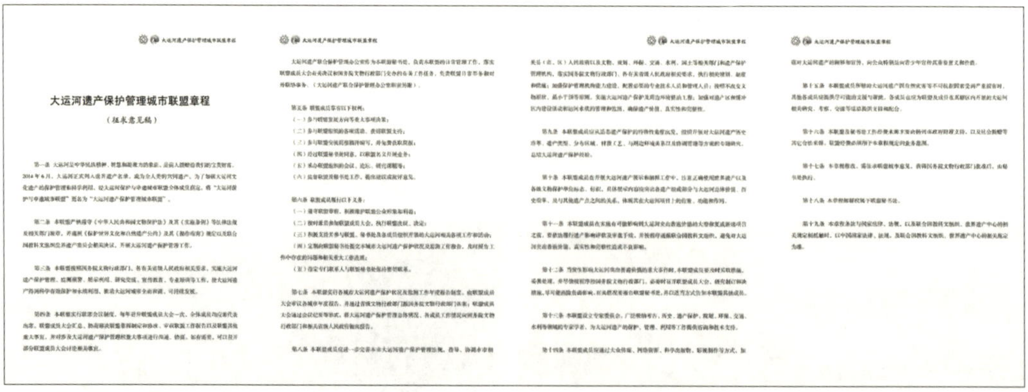
大运河遗产保护管理城市联盟章程

（征求意见稿）

图 2–14　大运河遗产保护管理城市联盟章程

第三章 中国大运河遗产概述

一、中国大运河概念

中国大运河的概念是因为申报世界遗产而出现的一个专有名词。它是三条运河的总称，一条是始凿于公元前486年，于隋代贯通的以洛阳为中心，北到涿郡，南到余杭的隋唐大运河；第二条是在元代裁弯取直的元明清大运河，又称京杭大运河；第三条是从杭州到宁波的浙东运河。中国大运河是世界上开凿最早、沿用时间最久、长度最长的人工运河。图3-1展示了中国大运河的壮美风光。

图3-1　在大地上流淌的中国大运河

从开凿历史来看，中国大运河最早有文字记载的历史来自于《左传·哀公九年》中的一句话："秋，吴城邗，沟通江淮。"这句话说的是在2500年前，吴王夫差为北上伐齐，组织民工开凿了一条从长江边的邗（今天扬州）到淮河边的末口（今天的淮安）的南北水道邗沟，这就是说大运河最早的河段邗沟开凿于2500年前。

从长度来看，中国大运河的总长度为全长3200千米，这里计算的是隋唐大运河、京杭大运河和浙东运河主线部分的总长，减去了其中重复的部分。这个长度是苏伊士运河（全长172千米）的18倍，是巴拿马运河（81千米）的40倍。有人做过统计，中国大运河比世界上所有其他人工运河加起来的总长度还要长。因此，中国大运河是世界上长度最长、开凿历史最久的人工运河。

（一）中国大运河概念的形成

中国大运河概念的形成有一个过程。历史上，大运河一般是指贯通于隋代的隋唐宋大运河，元代以后，随着隋唐大运河的废止，经过裁弯取直的元明清大运河又成为大运河的专称。1958年大运河经整治后，从北京到杭州的大运河被称为京杭大运河，直到2006年，我国公布第六批全国重点文物保护单位和世界文化遗产预备名单时，仍旧称为京杭大运河。随着申报世界遗产工作的进程，专家发现用"京杭大运河"这一名称不能涵盖整个大运河，于是提出了"中国大运河"的概念，而2008年在扬州成立大运河保护与申遗城市联盟时，参与的城市只有隋唐大运河和京杭大运河沿线的33座城市，也就是说大运河包括的范围只是隋唐大运河和京杭大运河。直到2009年，从文化遗产的战略高度出发，提出了将浙东运河列入中国大运河，这样可以通过中国大运河将沙漠丝绸之路和海上丝绸之路连接在一起，因此浙东运河沿线的宁波、绍兴也列入大运河保护与申遗城市联盟。这时，完整的中国大运河概念才出现。必须提醒的是，中国大运河在英语中的名称就是"The Grand Canal"，不能加上"Of China"。

（二）中国大运河的范围

中国大运河位于中国中东部，沿途经过北京、天津、河北、山东、安徽、河南、江苏、浙江八个省级行政区，南北向运河北至北京，南至浙江杭州，纬度30° 12′ ~ 40° 00′；东西向运河西至河南洛阳、东至浙江宁波，经度112° 25′ ~ 121° 45′。

（三）中国大运河的组成河段

中国大运河由10段河段组成，各段河道分段凿成，时有兴废。依据不同历史时期大运河的分段和命名习惯，大运河总体上分为通济渠段、卫河（永济渠）段、淮扬运河段、江南运河段、浙东运河段、通惠河段、北运河段、南运河段、会通河段、中河段[1]。中国大运河是一个复杂变化的时空体系，由以上10个始建于不同年代、处于不同地区、各自相对独立发展演变的河段组成。这些河段大多历经了复杂的发展过程，其构成、主要特点在不同历史阶段存在着较大的差异。但7世纪和13世纪的两次大沟通，将这些河段改造、连接起来，组成了贯通中国南北的中国大运河，并持续运行了上千年，对中国和世界的政治、经济、文化都产生了巨大而深远的影响。

其中，南运河与卫河是在东汉末年曹操所开白沟、平虏渠和利漕渠等区间运河基础上形成的，约始建于3世纪初；淮扬运河的前身是公元前5世纪开凿的邗沟；江南运河于公元前3世纪已经出现雏形；浙东运河的兴建始于春秋越国的山阴水道，约建成于公元前5世纪；通济渠部分河段的修建可上溯至战国时期魏国的鸿沟水系，约始建于公元前4世纪。

7世纪初，隋代中央政府在以上多条区域运河的基础上，通过统一的规划、施工，新修了部分河道，将之前已有的多个地方性内陆水运体系连通起来，完成了中国大运河历史上第一次的南北大沟通。

通惠河与会通河都是元代初期（13世纪）第二次南北大沟通时开凿建设的运河河段，北运河为相对稍早的金代开凿的运河河段，中河是清代为了进一步畅通漕运而开凿的河段。这些河段都是中国大运河第二次大沟通过程中重要的通航河段。

隋唐大运河的永济渠、通济渠、邗沟和江南运河均是在原有自然水道和运道基础上疏通联系、提升航道等级，与其说是运河开凿工程，不如说是航道整治工程。元代的大运河除临清至安山一段的会通河为新开凿的外，其余各段均有旧迹可循。因而，中国大运河的建造并非一次形成，而是在各个区域运道不断发展、丰富的基础上，经数朝数代，不断加以贯通、疏浚，终成一体。

迄今为止，淮扬运河、江南运河、浙东运河、中河以及会通河等河段依然作为在用的区域性航运河道，为中国的社会发展做出巨大的贡献。两千五百年来，中国大运河的运输功能一直未停止，进入海陆空运输时代的今天，大运河依然扮演着水运时代沟通中国南北的交通枢纽角色，成为活态遗产的代表。作为大运河的重要组成部分，大运河江苏段近10年货运量年均递增8%，苏北运河货运量达3.6亿吨，苏南运河货运量达3.03亿吨，超过江苏境内长江航道的运量。

（四）中国大运河的发展阶段

中国大运河的开凿肇始于公元前 5 世纪的春秋时期，隋代完成第一次全线贯通，形成隋唐宋时期以洛阳为中心，沟通中国南北方的大运河。元代时由于中国政治中心的迁移，将大运河改线为流经河北、山东、江苏，直接沟通北京与南方地区，形成元明清时期第二次大沟通。大运河历经两千余年的持续发展与演变，直到今天仍发挥着重要的交通与水利作用。中国大运河的主体工程建设主要集中在 4 个时期。

一是春秋战国时期（公元前 5 世纪至公元前 3 世纪），各诸侯国出于战争和运输的需要竞相开凿运河，但都各自为政，规模不大，时兴时废，没有形成统一的体系。这一时期最著名的事件是邗沟的开挖，它沟通了淮河与长江，成为中国大运河河道成型最早的一段，并作为重要的区域性交通要道得到不断的维护与经营。

二是隋朝时期（7 世纪初），为了连通南方经济中心和满足北方的军事需要，在帝国政府统一的规划、建设和管理下，先后开凿了通济渠、永济渠，并重修江南运河和疏通浙东航道，从而将前一时期的各条地方性运河连接起来，形成了以国都洛阳为中心，北抵涿郡、南达宁波的大运河体系，完成了中国大运河的第一次全线贯通，并在唐代和宋代得到维系和发展。如图 3-2 所示即为隋代运河示意图。

三是元朝时期（13 世纪后期），由于中国的政治中心从关中地区迁移到北京，元世祖忽必烈组织开凿了会通河、通惠河等河道，从而将大运河改造为直接沟通北京与江南地区的内陆运输水道，形成中国大运河的第二次南北大沟通。明清两朝维系了大运河的这一基本格局，并进行了多次大规模的维护与修缮，使大运河一直发挥着漕粮北运、维系国家稳定繁荣等重要作用。如图 3-3 所示即为元代运河示意图。

四是 20 世纪下半叶至今。中华人民共和国成立后，一直对大运河进行着修复和整治工作。经过数十年的现代化治理，大运河北方段部分恢复航运，山东济宁以南的河段一直保持畅通，成为连接山东、江苏、浙江三省，沟通淮河、长江、太湖和钱塘江水系，纵贯中国东部沿海地区的水运主通道，也是世界上最繁忙的运输航道之一。山东济宁以南大运河全年通航河段达 875 千米，大运河黄河以南段季节性通航里程达 1050 千米，年货物运输量达 5 亿吨。大运河苏北段是国家北煤南运的“黄金水道”，承担了江苏北部地区绝大部分经济发展所需原材料的运输，货运量达 3.6 亿吨。同时，国家还大力发展“绿色航运”，在航道整治中引入生态理念，以减少对原有生态环境的破坏，不仅使货物运输量稳步提高，也使沿线水环境和生态环境得到不断改善。如苏北段 2011 年全线达到国家二标航道标准，还专门在航运沿线各船闸实行“GPS 一票通”服务，让船员不出船舱就能完成船舶过闸的所有流程，在节约燃油的同时大大减

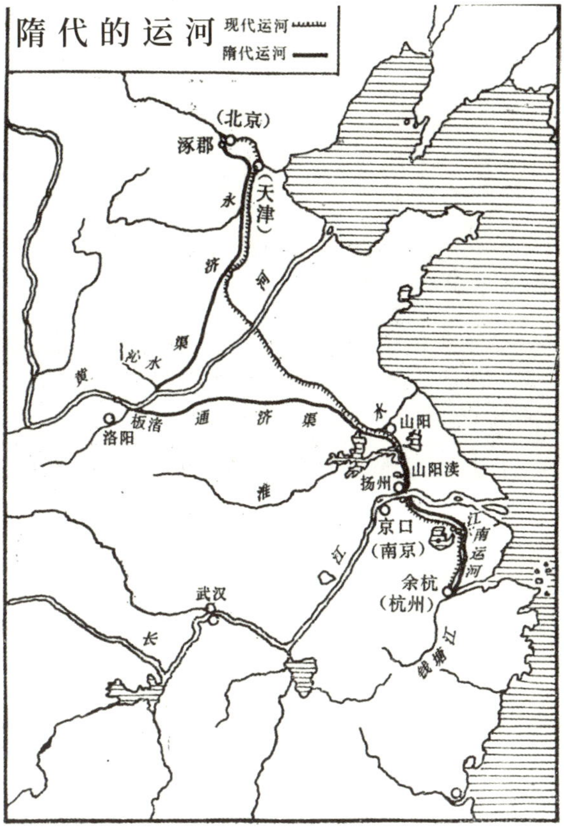

图 3-2　隋代运河示意图

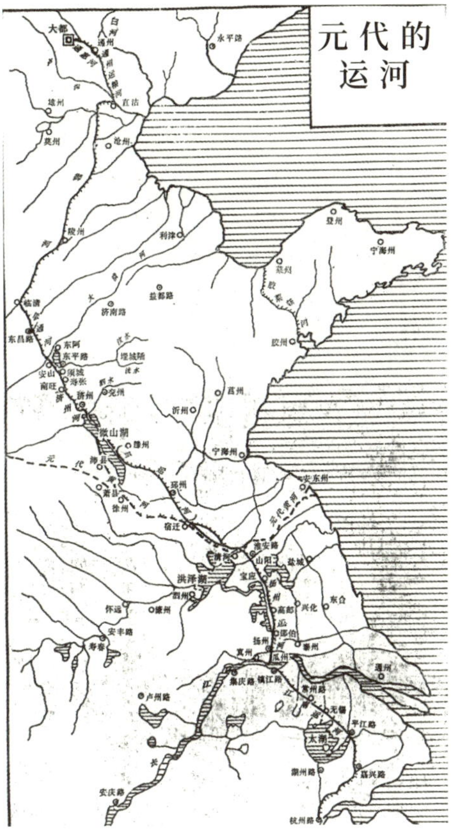

图 3-3　元代运河示意图

少了碳排放量。此外，大运河还发挥着巨大的排涝、灌溉、行洪、供水、沿河城镇建设及环境生态等综合功能。

2006 年，京杭大运河被国务院列入第六批全国重点文物保护单位。2009 年，在全国政协委员的呼吁下，经中央领导批示，大运河被列入中国 2014 年申报世界文化遗产项目。文化部、国家文物局牵头，组织国家发改委、财政部、国土资源部、环境保护部、住房和城乡建设部、交通运输部、水利部、国务院法制办、国家测绘地理信息局、教科文全委会、国务院南水北调办等有关部委和大运河沿线的北京、天津、河北、江苏、浙江、安徽、山东、河南 8 个省、直辖市人民政府共同成立了大运河保护和申遗省部际会商小组。在大运河世界遗产点段中，淮扬运河扬州段、江南运河苏州段、江南运河嘉兴—杭州段、浙东运河杭州萧山—绍兴段、浙东运河上虞—余姚段、中河宿迁段河道仍然承担着重要的航运功能。其他河段主要发挥着行洪、输水及灌溉的功能，而通惠河段、会通河段、卫河（永济渠）段、通济渠段等有部分河道为遗址状态，也得到了较好的保护。现今的大运河航运如图 3-4 所示。

图 3-4 现今的大运河航运

二、中国大运河遗产价值

（一）大运河遗产价值概述

根据《中国大运河申遗文本》中表述：大运河是世界唯一一个为确保粮食运输安全，以达到稳定政权、维持帝国统一的目的，由国家投资开凿、国家管理的巨大运河工程体系。它是解决中国南北社会和自然资源不平衡问题的重要措施，实现了在广大国土范围内南北资源和物产的大跨度调配，沟通了国家的政治中心与经济中心，促进了不同地域间的经济、文化交流，在国家统一、政权稳定、经济繁荣、社会发展等方面发挥了不可替代的作用，产生了重要的影响。大运河也是一个不断适应社会和自然变化的动态性工程，是一条不断发展、演进的运河[1]。

中国大运河遗产价值研究团队认为，大运河由三条运河组成（图 3-5），地跨北京、天津、河北、山东、江苏、浙江、河南和安徽 8 个省级行政区，跨越三千两百多千米，沟通了海河、黄河、淮河、长江、钱塘江五大水系。大运河在自隋贯通后长达一千四百余年的时间里，针对不同的自然、社会条件变迁，作出了有效的应对，开创了很多古代运河工程技术的先河，形成了在农业文明时代特有的运河工程范例。大运河以世所罕见的时间与空间尺度，展现了农业文明时期人工运河发展的悠久历史，代表了工业革命前运河工程的杰出成就。依托大运河持续运行的漕运这一独特的制度和体系跨越多个朝代，运行了一千多年，是维系封建帝国的经济命脉，体现了以农业立国的集权国家独有的漕运文化传统，显示了水路运输对于国家和区域发展的强大影响

1 国家文物局．中国大运河申遗文本，2013.1，第 299 页。

力，见证了古代中国在政治、经济、社会等诸多方面的发展历程，在历史时空上刻下了深深的文明印记。

中国大运河遗产价值研究团队还认为，大运河是中国春秋战国以来“大一统”政治理想的印证，更加强了地区间、民族间的文化交流，推动了中国作为统一多民族国家的形成。大运河促进了沿线城市聚落的形成与繁荣，与重要城市的形成与发展密切相关，并塑造了沿岸人民独特的生活方式，直至今天成为中国人民心目中的“母亲河”。图 3-6 展示了大运河上的繁荣景象。

中国大运河因其独有的技术特征、文化传统而与其他重要的人工水道，包括已列入《世界遗产名录》或《世界遗产预备名单》的运河遗产有着较大的差异，具备不可取代的特征和成就[1]。

（二）中国大运河遗产符合的价值标准

中国大运河遗产价值研究团队认为，根据《实施世界遗产公约操作指南》第 77 段，中国大运河申报遗产符合世界文化遗产标准（i）、（iii）、（iv）、（vi）这 4 条标准。

符合标准（i），中国大运河是人类历史上超大规模水利水运工程的杰作，创造性地将零散分布的、不同历史时期的区间运河连通为一条统一建设、维护、管理的人工河流，其为解决高差问题、水源问题而形成的重要工程实践是开创性的技术实例，是世界水利水运工程史上的伟大创造。中国大运河以其世所罕见的时间与空间尺度，证明了人类的智慧、决心与勇气，是在农业文明技术体系之下难以想象的人类非凡创造力的杰出例证（图 3-7）。

符合标准（iii），能为现存的或

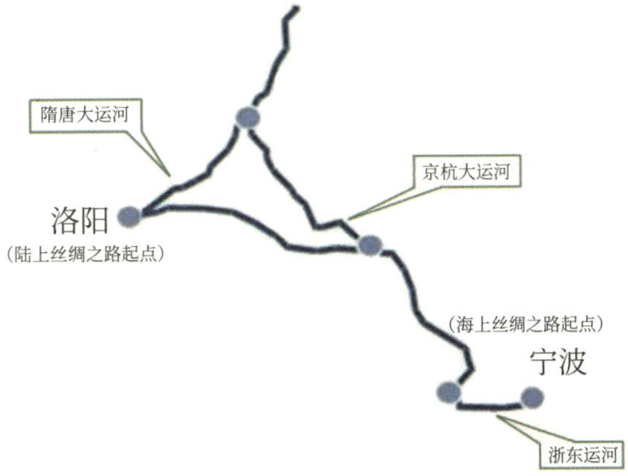

图 3-5　中国大运河由三条运河组成

图 3-6　繁忙的中国大运河

1　国家文物局．中国大运河申遗文本，2013.1，第 300 页。

图 3-7 淮扬运河上的邵伯三线船闸

已消逝的文明或文化传统提供独特的或至少是特殊的见证。中国大运河见证了中国历史上已消逝的一个特殊的制度体系和文化传统——漕运的形成、发展、衰落的过程以及由此产生的深远影响。漕运是中国大运河修建和维护的动因，中国大运河是漕运的载体。中国大运河线路的改变明显地受到政治因素的牵动与影响，见证了随着中国政治中心和经济中心改变而带来的漕运的不同要求。漕运的需求深刻影响了都城与沿线工商业城市的形成与发展，围绕漕运而产生的商业贸易促进了中国大运河沿线地区的兴起、发展与繁荣，这些也在中国大运河相关遗产中得到呈现。

符合标准（iv），是一种建筑、建筑群、技术整体或景观的杰出范例，展现历史上一个（或几个）重要发展阶段。中国大运河是世界上延续使用时间最久、空间跨度最大的运河，被《国际运河古迹名录》列为世界上“具有重大科技价值的运河”，是世界运河工程史上的里程碑。中国大运河所在区域的自然地理状况异常复杂，开凿和工程建设中产生了众多的因地制宜、因势利导的具有代表性的工程实践，并联结为一个技术整体，以其多样性、复杂性和系统性体现了具有东方文明特点的工程技术体系。它展现了农业文明时期人工运河发展的悠久历史阶段和巨大的影响力，代表了工业革命前土木工程的杰出成就（图 3-8、图 3-9）。

符合标准（vi）与具有突出的普遍意义的事件、文化传统、观点、信仰、艺术作品或文学作品有直接或实质的联系。大运河是中国自古以来大一统思想与观念的印证，

图 3-8 扬州运河三湾

图 3-9 宁波水则碑

并作为庞大农业帝国的生命线，对国家大一统局面的形成和巩固起到了重要的作用。大运河通过对沿线风俗传统、生活方式的塑造，与运河沿线广大地区的人民产生了深刻的情感关联，成为沿线人们共同认可的“母亲河”[1]（图 3−10、图 3−11）[1，2]。

图 3−10　南浔镇的居民在运河边洗衣

图 3−11　运河边生活的人们

三、中国大运河遗产的组成

中国大运河遗产就是指列入中国大运河申遗文本，并被世界遗产委员会认定的遗产点段。

图 3−12　中国大运河遗产区位图

中国大运河申遗文本中分别选取各个河段的典型河道段落和重要遗产点，共包括大运河河道遗产 27 段（长度总计 1011 千米）和遗产点 58 处（包括运河水工遗存、运河附属遗存、运河相关遗产等），共计 85 个遗产要素。这些遗产根据地理分布情况，分别位于 31 个遗产区内，其中每处遗产区均包括了十大河段中最具有典型性和代表性的遗产，是十大河段的代表性段落，具有线路和位置关键、技术特点突出和历史意义重大等特征。面积总计 73566 公顷，其中申报的遗产区为 20819 公顷，缓冲区为 52747 公顷。如图 3−12 所示即为中国大运河遗产区位图。

1　国家文物局. 中国大运河申遗文本，2013.1，第 325 页。

（一）中国大运河的遗产区

根据《中国大运河申遗文本》，中国大运河由 31 个遗产区组成，详见表 3-1。

表 3-1 中国大运河的 31 个遗产区

编号	遗产区名称	遗产区所具有的典型性和代表性
01	含嘉仓 160 号仓窖遗址	是位于大运河历史端点之一——隋唐洛阳城皇城之内的皇家粮仓，其位置、储量与出土遗存证实了唐代大运河漕运与朝廷供给的重要关联
02	回洛仓遗址	是大运河沿线的大型国家性漕仓之一，具有完整的仓城格局和众多仓窖遗址，反映了隋代大运河漕运的规模与相应的国家直属的仓储设施建设的情况
03	通济渠郑州段	是仅有的两段通济渠现存河道之一，反映大运河河道的线路、走向，其考古遗存解释了早期运河的形态、规模以及通济渠与作为水源河道的黄河的关系
04	通济渠商丘南关段	通济渠沿线重要的河道与水工遗存，展现了唐宋时期通济渠夯土驳岸的形制与工艺，以及通济渠巨大的河道规模，反映了河道历史的线路与走向
05	通济渠商丘夏邑段	通济渠沿线重要的河道与水工遗存，展现了隋唐宋时期通济渠河道巨大的规模尺度，河堤的形制与工艺，反映了河道历史的线路与走向
06	柳孜运河遗址	通济渠沿线重要的水工及桥梁构筑物遗存，出土的船只直接见证了运河漕运的事实，展现了隋唐宋时期河道的规模与走向，以及高超的石构水工技术
07	通济渠泗县段	是仅有的两段通济渠现存河道之一，反映了通济渠河道夯土驳岸的形制与工艺、以及河道的线路与走向
08	卫河（永济渠）滑县浚县段	是卫河（永济渠）目前保留的最为典型的一段运河故道，反映了卫河（永济渠）河道的线路走向
09	黎阳仓遗址	是大运河沿线的大型转运漕仓之一，位于黄河与永济渠之间，战略位置重要，始建于隋沿用至北宋。体现了隋至宋，由仓至库的形制变化，以及永济渠重要的军事战略位置
10	清口枢纽	是为了解决运河会淮穿黄的难题而建设的大型综合性水利枢纽，是大运河上最具科技价值的节点之一，持续维护运行了两百多年
11	总督漕运公署遗址	现存最重要的漕运管理机构遗址
12	淮扬运河扬州段	是延续使用时间最长的河段之一，见证了大运河沿线的河湖水系变迁以及运河初期借湖行运，后期与自然水系逐渐脱离的过程
13	江南运河常州城区段	是南方城区段运河的典型段落。反映了城市与运河相伴相生的特点
14	江南运河无锡城区段	是南方城区段运河的典型段落，反映了城市与运河相伴相生的特点
15	江南运河苏州段	是延续使用时间最长的河段之一，反映了城市与运河相伴相生的特点，城市因运河而繁荣的过程以及太湖水系对运河的影响，也是当前大运河在运量方面最繁忙的黄金水道
16	江南运河嘉兴—杭州段	是延续使用时间最长的河段之一，是江南水网地区的网状运道物证。反映了城市与运河相伴相生的特点，城市因运河而繁荣的过程，是大运河沟通钱塘江水系的段落

续表

编号	遗产区名称	遗产区所具有的典型性和代表性
17	江南运河南浔段	是完好保存的江南运河支线的河道，反映了城市与运河相伴相生的特点，以及运河带来的区域繁荣
18	浙东运河杭州萧山—绍兴段	见证了运河沟通钱塘江与曹娥江的重要交通枢纽，是大运河沿用时间最长的段落之一
19	浙东运河上虞—余姚段	是沟通了曹娥江与姚江的重要河段，对两岸的经济繁荣具有重要影响
20	浙东运河宁波段	为避免潮汐影响而建造的航道，反映出人们为了应对潮汐问题而采取的措施
21	宁波三江口	中国大运河整体的终点，是大运河宋代以来连接海上丝绸之路的连接点
22	通惠河北京旧城段	包含了元明清时期中国大运河的北方终点段落——什刹海以及通往什刹海的玉河故道，也见证着运河规划设计对城市形态、格局的影响
23	通惠河通州段	位于通惠河与北运河交汇的节点位置，是明清两代大运河漕运的转运关键节点
24	北、南运河天津三岔口段	北方城区运河典型段落之一，南运河与北运河的交接处，见证海漕转运的节点
25	南运河沧州—衡水—德州段	南运河三弯抵一闸技术的典型例证，包括了现存完好的清代运河夯土水工设施遗存
26	会通河临清段	位于会通河与卫河（永济渠）、南运河交汇的关键位置，并包括了申报遗产中唯一的钞关遗存
27	会通河阳谷段	集中体现了会通河作为“闸河”特点的典型段落
28	南旺枢纽	是为了解决大运河跨越水脊难题而建设的大型综合性水利枢纽，大运河上最具科技价值的节点之一
29	会通河微山段	大运河全段唯一一段湖中运道，是大运河为摆脱借黄河行运而开凿的河段，体现了大运河沿线人工干预下的河湖水系变迁以及运河工程与之相适应的演进历程
30	中河台儿庄段	是北方城区运河典型段落之一
31	中河宿迁段	是大运河为摆脱借黄河行运，而开凿的河段，中河的建成标志着大运河全段实现了完全的人工控制

（二）中国大运河的27段河段

中国大运河的27段河段分别是通济渠的郑州段、商丘南关段、商丘夏邑段、柳孜运河遗址、通济渠泗县段，卫河（永济渠）的滑县浚县段，淮扬运河的清口枢纽、扬州段（图3–13），江南运河的常州城区段、无锡城区段、苏州段、嘉兴—杭

图3–13　淮扬运河扬州段繁忙景象

州段、南浔段，浙东运河的杭州萧山—绍兴段、上虞—余姚段、宁波段、宁波三江口，通惠河的北京旧城段、通州段，北、南运河的天津三岔口段，南运河的沧州—衡水—德州段，会通河的临清段、阳谷段、南旺枢纽、微山段，中河的台儿庄段、宿迁段。

（三）中国大运河遗产类型的划分

按照其功能，中国大运河的 85 个遗产要素按类型可进行如下划分：大运河由保障其运行的工程遗存、配套设施及管理设施遗存以及与其文化意义密切联结的相关古建筑群构成。其中，运河水工遗存（包括河道、湖泊）共 63 处；运河附属遗存包括配套设施、管理设施共 9 处；运河相关遗产包括相关古建筑群、历史文化街区共 12 处；由多处河道、水工设施、相关古建筑群或遗迹组成的综合遗存 1 处。总计 85 处。表 3–2 中列出了大运河遗产要素类型。

表 3–2　遗产要素类型表

序号	组成部分名称	遗产要素	遗产要素类型		备注
			大类	小类	
1	含嘉仓 160 号仓窖遗址	含嘉仓 160 号仓窖遗址	运河附属遗存	配套设施	考古遗址
2	回洛仓遗址	回洛仓遗址	运河附属遗存	配套设施	考古遗址
3	通济渠郑州段	通济渠郑州段	运河水工遗存	河道	小部分为考古遗址
4	通济渠商丘南关段	通济渠商丘南关段	运河水工遗存	河道	考古遗址
5	通济渠商丘夏邑段	通济渠商丘夏邑段	运河水工遗存	河道	考古遗址
6	柳孜运河遗址	通济渠柳孜段	运河水工遗存	河道	考古遗址
		柳孜运河桥梁遗址	运河水工遗存	水工设施	考古遗址
7	通济渠泗县段	通济渠泗县段	运河水工遗存	河道	
8	卫河（永济渠）滑县—浚县段	卫河（永济渠）滑县—浚县段	运河水工遗存	河道	
9	黎阳仓遗址	黎阳仓遗址	运河附属遗存	配套设施	考古遗址
10	清口枢纽	淮扬运河淮安段	运河水工遗存	河道	
		清口枢纽	综合遗存	河道、水工设施、相关古建筑群	考古遗址
		双金闸	运河水工遗存	水工设施	
		清江大闸	运河水工遗存	水工设施	
		洪泽湖大堤	运河水工遗存	水工设施	

续表

序号	组成部分名称	遗产要素	遗产要素类型		备注
			大类	小类	
11	总督漕运公署遗址	总督漕运公署遗址	运河附属遗存	管理设施	考古遗址
12	淮扬运河扬州段	淮扬运河扬州段	运河水工遗存	河道	
		刘堡减水闸	运河水工遗存	水工设施	考古遗址
		盂城驿	运河附属遗存	配套设施	
		邵伯古堤	运河水工遗存	水工设施	
		邵伯码头	运河水工遗存	水工设施	
		瘦西湖	运河水工遗存	湖泊	
		天宁寺行宫	运河相关遗产	相关古建筑群	
		个园	运河相关遗产	相关古建筑群	
		汪鲁门宅	运河相关遗产	相关古建筑群	
		盐宗庙	运河相关遗产	相关古建筑群	
		卢绍绪宅	运河相关遗产	相关古建筑群	
13	江南运河常州城区段	江南运河常州城区段	运河水工遗存	河道	
14	江南运河无锡城区段	江南运河无锡城区段	运河水工遗存	河道	
		清名桥历史文化街区	运河相关遗产	历史文化街区	
15	江南运河苏州段	江南运河苏州段	运河水工遗存	河道	
		盘门	运河水工遗存	水工设施	
		宝带桥	运河水工遗存	水工设施	
		山塘河历史文化街区	运河相关遗产	历史文化街区	
		平江历史文化街区	运河相关遗产	历史文化街区	
		吴江古纤道	运河水工遗存	水工设施	
16	江南运河嘉兴—杭州段	江南运河嘉兴—杭州段	运河水工遗存	河道	
		长安闸	运河水工遗存	水工设施	考古遗址
		杭州凤山水城门遗址	运河水工遗存	水工设施	
		杭州富义仓	运河附属遗存	配套设施	
		长虹桥	运河水工遗存	水工设施	
		拱宸桥	运河水工遗存	水工设施	
		广济桥	运河水工遗存	水工设施	
		杭州桥西历史文化街区	运河相关遗产	历史文化街区	

续表

序号	组成部分名称	遗产要素	遗产要素类型		备注
			大类	小类	
17	江南运河南浔段	江南运河南浔段（頔塘故道）	运河水工遗存	河道	
		南浔镇历史文化街区	运河相关遗产	历史文化街区	
18	浙东运河杭州萧山—绍兴段	浙东运河杭州萧山—绍兴段	运河水工遗存	河道	
		西兴过塘行码头	运河水工遗存	水工设施	
		八字桥	运河水工遗存	水工设施	
		八字桥历史文化街区	运河相关遗产	历史文化街区	
		古纤道	运河水工遗存	水工设施	
19	浙东运河上虞—余姚段	浙东运河上虞—余姚段（虞余运河）	运河水工遗存	河道	
20	浙东运河宁波段	浙东运河宁波段	运河水工遗存	河道	
21	宁波三江口	宁波庆安会馆	运河附属遗存	管理设施	
22	通惠河北京旧城段	通惠河北京旧城段（玉河故道）	运河水工遗存	河道	考古遗址
		澄清上闸	运河水工遗存	水工设施	
		澄清中闸	运河水工遗存	水工设施	
		什刹海	运河水工遗存	湖泊	
23	通惠河通州段	通惠河通州段	运河水工遗存	河道	
24	北、南运河天津三岔口段	北、南运河天津三岔口段	运河水工遗存	河道	
25	南运河沧州—衡水—德州段	南运河沧州—衡水—德州段	运河水工遗存	河道	
		连镇谢家坝	运河水工遗存	水工设施	
		华家口夯土险工	运河水工遗存	水工设施	
26	会通河临清段	会通河临清段	运河水工遗存	河道	
		临清运河钞关	运河附属遗存	管理设施	
27	会通河阳谷段	会通河阳谷段	运河水工遗存	河道	
		阿城下闸	运河水工遗存	水工设施	
		阿城上闸	运河水工遗存	水工设施	
		荆门下闸	运河水工遗存	水工设施	
		荆门上闸	运河水工遗存	水工设施	

续表

序号	组成部分名称	遗产要素	遗产要素类型		备注
			大类	小类	
28	南旺枢纽	会通河南旺枢纽段	运河水工遗存	河道	考古遗址
		小汶河	运河水工遗存	河道	引河
		戴村坝	运河水工遗存	水工设施	
		十里闸	运河水工遗存	水工设施	
		邢通斗门遗址	运河水工遗存	水工设施	考古遗址
		徐建口斗门遗址	运河水工遗存	水工设施	考古遗址
		运河砖砌河堤	运河水工遗存	水工设施	考古遗址
		柳林闸	运河水工遗存	水工设施	
		南旺分水龙王庙遗址	运河相关遗产	相关古建筑群	考古遗址
		寺前铺闸	运河水工遗存	水工设施	
29	会通河微山段	会通河微山段	运河水工遗存	河道	
		利建闸	运河水工遗存	水工设施	
30	中河台儿庄段	中河台儿庄段（台儿庄月河）	运河水工遗存	河道	
31	中河宿迁段	中河宿迁段	运河水工遗存	河道	
		龙王庙行宫	运河附属遗存	管理设施	

1. 中国大运河水工遗存

中国大运河水工遗存包括河道、湖泊、水工设施，共63处。其中河道27处（包括在用、废弃的河道以及河道遗址），如淮扬运河扬州段、会通河微山段；湖泊2处，包括瘦西湖（图3－14）、什刹海；水工设施34处，包括南旺枢纽、长安三闸等。

图3–14　瘦西湖风光

2. 中国大运河附属遗存

中国大运河附属遗存包括配套设施、管理设施，共9处。其中配套设施5处，分别为洛阳含嘉仓160号仓窖遗址、洛阳回洛仓遗址、鹤壁黎阳仓遗址、高邮盂城驿（图 3-15）、杭州富义仓；管理设施 4 处，分别为淮安总督漕运公署遗址（图 3-16）、临清运河钞关、宁波庆安会馆、宿迁龙王庙行宫。

3. 中国大运河相关遗产

中国大运河相关遗产包括相关古建筑群、历史文化街区，共 12 处。其中相关古建筑群 6 处，分别为扬州天宁寺行宫（图 3-17）、个园、汪鲁门宅、盐宗庙、卢绍绪宅、济宁南旺分水龙王庙遗址；历史文化街区 6 处，分别为清名桥历史文化街区、山塘历史文化街区（图 3-18）、平江历史文化街区、杭州桥西历史文化街区、南浔历史文化街区、八字桥历史文化街区。

4. 中国大运河综合遗存

中国大运河综合遗存只有一处，就是清口枢纽，它由多处河道、水工设施、相关古建筑群或遗迹组成，是前三类遗存的综合。

清口枢纽位于黄河、淮河与淮扬运河北段、中河交汇的位置，是明清两代为解决运河会淮穿黄的难题而建设的大型综合性水利水运枢纽。

图 3-15　高邮盂城驿

图 3-16　总督漕运公署遗址

图 3-17　扬州天宁寺行宫

图 3-18　苏州山塘历史文化街区

“清口”，古代又叫泗口，是古淮水与古泗水交汇的地方，自古以来清口就是沟通南北的水上要津，在以自然河道作为交通主动脉的时代，由清口向东可以出云梯关入海，然后南下江浙，北上燕齐；向西可以通过浍、涡、颍、淝等淮水支流直入中原；向北可以由淮河的最大支流泗水、进徐伾而达黄河。

“淮泗口”之名最早见于《史记》，不过当时可能是指今安河洼下游的一个入淮口，已没于洪泽湖内。据北魏郦道元《水经注》记载，泗口在淮阴县城西北，即今淮阴码头镇对岸西北。泗水又称清水、南清河，因而泗口称作“清口”应该是“清河口”的简称。清水入淮有二口，码头对岸称“小清口”，下游十里左右称“大清口”（明清称“大河口”）。通常说的清口指小清口。清口，黄河夺淮以前专指泗口，南宋时期黄河夺淮后，因黄河借泗达淮，淮清而黄浊，“清口”的含义发生变化，转而指淮口。明万历以后，清口更是明确地专指洪泽湖（淮河）入黄河口门，有时也指运河口或泛指黄淮运交叉河口区域。[3] 南来北往的漕船每至清口，需过淮、穿黄，形势极为复杂。为解决清口地区面临的因黄河泥沙淤积而产生的河床抬升问题、黄河洪水倒灌运河与洪泽湖的防汛问题、保障运河水位的供水问题，以及克服运河、淮河、黄河之间的水位差进行通航问题,明清两代在清口进行了许多尝试与努力,并逐渐形成清口水利枢纽。

针对黄河夺淮改变了淮河水系的状况，清口枢纽集成了与水动力学、水静力学、土力学、水文学、机械等相关的经验型成果，建筑了水流制导、调节、分水、平水、水文观测、防洪排涝等大型工程，成为枢纽工程组群，完整体现了明代著名水利工程专家潘季驯“筑堤束水、以水攻沙、蓄清刷黄、济运保漕”的工程意图，是人类伟大创造精神的成果。

淮安清口枢纽体现了人类农业文明时期东方水利水运工程技术的最高水平，其整体性尤为突出，河道、闸坝、堤防、疏浚、维护、水文观测的工程共同组成运口大型水利枢纽，堪称人类水运水利技术整体的杰出范例。

清口水利枢纽现在已然废弃。现代清口主要指淮阴杨庄水利工程枢纽区。该区内建有淮阴节制闸、淮阴三线船闸和淮沭河船闸、淮阴抽水二站等十多项大中型水利、交通工程，为淮沂水系间的调度枢纽[1]。

淮安清口枢纽示意图如图 3–19 所示。

清口枢纽一角如图 3–20 所示。

（四）中国大运河遗产的分布

中国大运河遗产分布在 27 座城市，其中北京、天津为直辖市，其他 25 座城市为

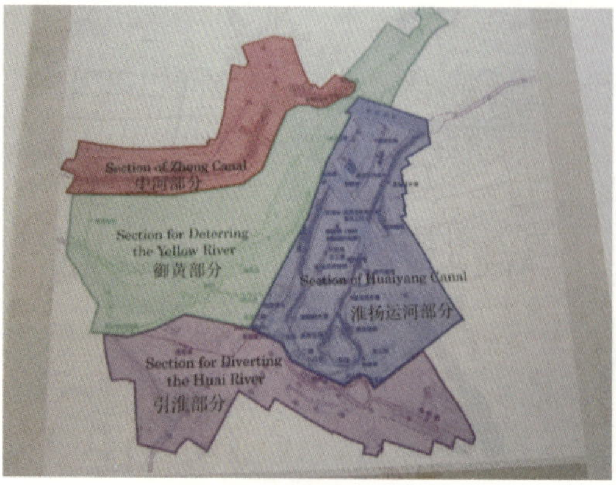

图 3-19 淮安清口枢纽示意图

图 3-20 清口枢纽一角

省辖市，它们分别是河北的沧州、衡水，山东的德州、聊城、泰安、济宁、枣庄，河南的安阳、鹤壁、洛阳、郑州、商丘，安徽的淮北、宿州，江苏的宿迁、淮安、扬州、常州、无锡、苏州，浙江的湖州、嘉兴、杭州、绍兴、宁波，见表 3-3。

表 3-3 大运河遗产分布

省 / 直辖市	地级市	申报遗产区	
北京（直辖市）		TH-01	通惠河北京旧城段
		TH-02	通惠河通州段
天津（直辖市）		BY-01	北、南运河天津三岔口段
河北	沧州	NY-01	南运河沧州—衡水—德州段
	衡水	NY-01	南运河沧州—衡水—德州段
江苏	无锡	JN-02	江南运河无锡城区段
	常州	JN-01	江南运河常州城区段
	苏州	JN-03	江南运河苏州段
	淮安	HY-01	清口枢纽
		HY-02	总督漕运公署遗址
	扬州	HY-03	淮扬运河扬州段
	宿迁	ZH-02	中河宿迁段
浙江	杭州	JN-04	江南运河嘉兴—杭州段
		ZD-01	浙东运河杭州萧山—绍兴段
	宁波	ZD-02	浙东运河上虞—余姚段

续表

省 / 直辖市	地级市	申报遗产区	
浙江	宁波	ZD-03	浙东运河宁波段
		ZD-04	宁波三江口
	嘉兴	JN-04	江南运河嘉兴—杭州段
	湖州	JN-05	江南运河南浔段
	绍兴	ZD-01	浙东运河杭州萧山—绍兴段
		ZD-02	浙东运河上虞—余姚段
安徽	淮北	TJ-06	柳孜运河遗址
	宿州	TJ-07	通济渠泗县段
山东	枣庄	ZH-01	中河台儿庄段
	济宁	HT-03	南旺枢纽
		HT-04	会通河微山段
	泰安	HT-03	南旺枢纽
	德州	NY-01	南运河沧州—衡水—德州段
	聊城	HT-01	会通河临清段
		HT-02	会通河阳谷段
河南	郑州	TJ-03	通济渠郑州段
	洛阳	TJ-01	含嘉仓 160 号仓窖遗址
		TJ-02	回洛仓遗址
	商丘	TJ-04	通济渠商丘南关段
		TJ-05	通济渠商丘夏邑段
	安阳	WH-01	卫河（永济渠）滑县—浚县段
	鹤壁	WH-01	卫河（永济渠）滑县—浚县段
		WH-02	黎阳仓遗址

淮扬运河上的邵伯节制闸如图 3-21 所示。

大运河无锡城区段如图 3-22 所示。

图 3-21 淮扬运河上的邵伯节制闸

图 3-22 大运河无锡城区段

参考文献

[1] 国家文物局 . 中国大运河申遗文本，2013 年 1 月 .

[2] 国家文物局 . 中国大运河申遗文本，遗产申报遵循的标准 .2013 年 1 月 .

[3] 张卫东 . 洪泽湖水库的修建——17 世纪及其以前的洪泽湖水利 [M] . 南京：南京大学出版社，2009.

第四章 中国大运河水工遗存（一）

中国大运河所有遗产种类中，水工遗存的数量最大。中国大运河水工遗存包括河道、湖泊、水工设施，共63处。其中遗产河段27处（包括在用、废弃的河道以及河道遗址），如淮扬运河扬州段、会通河微山段；遗产湖泊2处，包括瘦西湖、什刹海；水工设施遗产34处，包括南旺枢纽、长安三闸等。

本章将介绍中国大运河水工遗存中的27段河段，这27段河段又分布在十大传统河道上，如图4-1所示即为中国大运河最北端的水源地白浮泉。下面就按十大传统河道的顺序来分别介绍大运河的27段遗产河段。

图4-1 中国大运河最北端的水源地白浮泉

表4-1中给出了中国大运河27段遗产河段与十大传统河道的关系。

表4-1 中国大运河27段遗产河段与十大传统河道的关系

河道名称	包含的河段	河段特点
通济渠	通济渠郑州段、商丘南关段、商丘夏邑段、柳孜运河遗址、通济渠泗县段	开凿时间较早、规模较大、体现中国古代早期规划思想和建造工艺的技术高峰的重要河段
永济渠	卫河（永济渠）滑县—浚县段	开凿时间较早、具有关键性的军事战略意义的重要河段，是维系中国中原与北方地区紧密联系的河段之一
淮扬运河	清口枢纽、淮扬运河扬州段	运河修建和维护历史较长，体现了受到运河影响的时空范围内大规模河湖变迁和运河逐渐人工化过程的河段
江南运河	江南运河常州城区段、无锡城区段、苏州段、嘉兴—杭州段、南浔段	体现了特定自然环境条件下线路规划的合理性，表现了中国古代高超的水工设计、施工、管理技术成就
浙东运河	浙东运河杭州萧山—绍兴段、上虞—余姚段、宁波三江口	连通了大运河与海上丝绸之路
通惠河	通惠河北京旧城段、通州段	体现了特定自然环境条件下线路规划的合理性，表现了中国古代高超的水工设计、施工、管理技术成就
北运河	北、南运河天津三岔口段	历史上见证海漕转运的节点
南运河	南运河的沧州—衡水—德州段	以众多弯道工程降低纵比降保证航运畅通的河段
会通河	会通河临清段、阳谷段、南旺枢纽、微山段	具有众多节制闸群、穿越大运河全段水脊的水利枢纽工程的河段
中河	中河台儿庄段、宿迁段	是完成大运河完全人工化的标志性河段

图 4–2 所示为大运河的最北端通惠河通州段。

一、通济渠

通济渠修建于隋代，是隋唐宋大运河的重要组成部分。隋唐宋大运河的修治与经营是中国古代以农业立国的南北统一的国家维持自身经济命脉的必要手段。自隋代以后至今的 1400 年间，大运河南北水路通道是历代政府维持全国统一政治格局的必要经济和政治措施。

隋炀帝大业时（605—618 年）开凿永济渠和通济渠，系统地整治了山阳渎（邗沟）、江南运河，建立了以东都洛阳为中心的大运河，永济渠从洛阳向北直抵涿郡（治蓟，今北京西南）；通济渠向东南与淮河相通，将前代开凿的淮扬运河（邗沟）、江南运河联系起来，运河体系南至钱塘江口（宋代延伸至宁波出海口），建成了跨越南北、沟通全国政治中心与经济中心，并兼顾军事需要的隋代大运河系统。

（一）开凿背景

隋代开凿的通济渠（后称汴河或汴渠）位于华北平原，北端以黄河为水源，南端以淮河为水源。华北平原多年平均降水量为 700 ~ 880mm，降水时间集中在 5—8 月，占年降水量的 55% ~ 80%，地势平衍，呈西北高东南低地势。通济渠呈西北东南走向，地面比降为 0.020% ~ 0.012‰，利于水运。较好的自然条件使通济渠水道平直，工程设施较少。

虽然通济渠的水资源和地形条件比较优良，但是通济渠受黄河洪水和泥沙的困扰很大。由于通济渠北段的主要水源是黄河，在黄河的高含沙量水流和暴涨暴落的水位影响下，汴河通航条件较为恶劣，溃堤、决口、断航等情况经常发生，而水道疏浚更是工程浩大。

图 4–2　大运河的最北端通惠河通州段

黄河泛滥往往导致大量的泥沙随洪水进入运河，冲决堤防，湮塞水道，尤其对于运河与黄河相通的运口，或相邻的水道产生巨大的影响。引黄带来的泥沙和黄河泛滥带来的洪水极大地干扰着通济渠的运用，这段河道所有的工程措施都为解决这两个难题而部署。

12 世纪初，黄河向南改道，经过原泗河、淮河水道入海。通济渠（时称汴河）受到这一变化的巨大影响。在巨量泥沙作用下，通济渠很快淤废，19 世纪时，通济渠河道最终淹埋于黄河南泛留下的泥沙之下，成为黄河一千年以来变迁的见证。

图 4–3 所示为现今中国大运河的壮阔景象。

（二）历史成就

通济渠是隋唐时期南北大运河中较早开凿的一条。通济渠东段可上溯至战国时期（公元前 5 世纪至公元前 3 世纪）开凿的鸿沟水系，西段始于东汉时期（公元 1 世纪至 3 世纪）开凿的阳渠。

隋大业元年（605 年），隋代政府在地方性运河的基础上，统一勘察设计、统一施工修建了通济渠，并于一年之内完成全线建设施工，反映了中国古代高超的水利工程技术。

通济渠分为三段：西段起自洛阳西苑，引谷水、洛水，向东注入黄河；中段自洛口到板渚，是利用黄河的自然河流；东段起自板渚，引黄河水向东注入淮水，沟通黄河与淮河水系。史籍记载通济渠宽约 60 ~ 80 米，可容纳规模很大的船只通航。随后，隋代政府于 605 年改造邗沟，608 年开凿永济渠，610 年开通镇江至杭州段的江南运河。形成以当时东都洛阳为中心，通过永济渠、通济渠、邗沟和江南运河沟通了海河、黄河、淮河、长江和钱塘江五大水系，北通涿郡（北京）、南达余杭（杭州）的大运河水路运输体系。

图 4–3　现今的中国大运河

隋代开凿的通济渠，在后来的唐宋时期继续发挥重要的漕运功能，成为支撑国家经济的骨干交通。唐代时期（7世纪至10世纪），通济渠改名广济渠，习惯上也称汴渠、汴水或汴河。北宋时期（10世纪至12世纪），通济渠被称为汴河，以开封为中心东南入淮河，成为维系都城——东京汴梁的重要漕运通道，汴河漕运空前发达。

南宋（1128年）时期，黄河人为决堤，导致黄河向南改道，使汴河断航，并逐渐被黄河泛滥所带来的泥沙所淹埋。

黄河泥沙的掩埋下，明代安徽以上汴河基本不存，今仅存考古遗迹（例如商丘南关段、夏邑段遗址、安徽柳孜段）。安徽境内尚存部分河道，现为景观、灌溉用途（如位于安徽泗县的河道）。

曾经由于水运而繁华的城市和乡镇，由于水运中断，以及黄河河患不断，消失在黄河的泥沙之下，其中宋朝都城开封城曾数次为黄河洪水淹没，现位于地表之下10米。

（三）代表性价值

1. 完善的漕粮运输和保障体系

通济渠建立了一整套完整、严密的水利、航运配套体系和管理制度，保障了大运河漕运的持续顺利进行。漕运管理制度自从秦汉时期就开始成为王朝统治的经济措施之一，这一制度在隋唐时期得到完善，并为其后各朝代所沿用。

隋代通济渠、永济渠的开通，形成了政治中心与经济重心的连通，位于水运枢纽的洛阳成为漕粮与物质转运的集散地。为适应漕粮从江南各地集中运输到北方的运输中转，隋代开始建设一系列漕粮储存仓和中途转运仓场，并初步形成了水运储仓体系。至唐代，这一体系不断完善，形成相对独立的管理体系。

隋代开皇三年（583年），开始设置水运仓储：

黎阳仓建于隋代早期，位于黎阳县西南大坯山麓，西临永济渠，东临黄河，永济渠开通后，这里成为漕粮的集散地，并成为永济渠和黄河之间的转运仓。隋炀帝征辽东时，黎阳仓曾作为北运军粮的重要漕运枢纽。黎阳仓一直沿用至宋代。

回洛仓建于大业二年（606年），位于洛阳北七里，仓城周回十里，包括两百多座仓窖，是隋代洛阳周边最重要的粮食仓储。

含嘉仓建于大业元年（605年）炀帝建东都洛阳城时，位于城东以内，以供东都百官、皇室之需。含嘉仓的规模有粮窖400座以上，每座粮窖储约250吨粮食。据此推断，含嘉仓约储粮12.5万吨，并沿用至唐末。

隋朝一系列漕粮仓储的建设，初步形成了漕粮运输仓储管理体系。唐代的漕运管理仍然沿袭隋代漕运制度，其仓窖体系的布局以隋代时的为基础，基本沿用。北宋首都汴京（今开封），居民加上几十万禁军有常住人口约 150 万人，对汴河漕运的依赖程度超过唐代。

宋代漕运量在太平兴国时（976—984 年）约为四百万石[1]，至道初时（995 年）汴河漕运量为五百八十万石。景德四年时（1007 年）为六百万石，大中祥符初（1008 年）为七百万石，仁宗时多至八百万石，后有所减少。每年各州为漕运造船 2000 ~ 3000 艘。自淮南入汴河，常有船 6000 艘，可见宋代漕运规模的庞大。

2. 先进的水利工程管理维修制度

唐宋时期采用了多种措施来完善如水源和河道疏浚制度，运河的水源受到严格的控制。在各运河上开掘河堤，私自偷引河水者，将送官惩治。

疏浚有岁修制度，在河底埋石人、石板等可作为疏浚里程和应挖深度的标志。汴河疏浚制度规定每年一浚。运河的运输和河道管理有专业队伍负责，汴河防汛则是禁兵的任务。

3. 高超的水利工程勘察和设计成就

北宋时期的河道、堤岸工程规模宏大、工艺精湛，这些都可从通济渠的考古遗址中得以体现，其中包括河道遗址、驳岸遗址、河堤遗址、桥墩遗址等。其他临时性的措施虽无法留存，但在史籍中都有明确记载，它们对于汴河的修建及利用发挥了巨大作用。

宋代科学家沈括所著的《梦溪笔谈》中记载了熙宁五年（1072 年），采用“分层筑堰法”测得开封和泗州之间地势高度相差十九丈四尺八寸六分。这种地形测量法是把汴渠分成许多段，分层筑成台阶形的堤堰，引水灌注入内，然后逐级测量各段水面，累计各段方面的差。利用水平对地势高度进行计算时，其单位竟细到了寸分，反映了我国古代卓越的科学技术成就。

此外，北宋采用先进的河道护岸工程——木岸狭河的方法，体现了 11 世纪人们对泥沙理论的掌握与实践，通过缩窄航道、加快流速来提高水流的挟沙能力，进而避免航道淤积。

通济渠的开通和持续使用对沿线区域发展产生了重大影响，促进了沿线城镇的发展。隋代东都洛阳是与大运河通济渠同期规划实施建设（605 年）的规划史上堪称典

---

1 宋代 1 石合 92.5 宋斤，1 市斤是 640 克，因此一石大米就有 59200 克，即 59.2 千克。沈括的《梦溪笔谈》卷三中有“凡石者以九十二斤半为法，乃汉秤三百四十一斤也”。

范的城市。洛阳是通济渠的起点，洛水为运河提供水源，城市也因此有完善的城河水系。北宋都城开封在选址、规划上也深受运河的影响。遗憾的是这座人口过百万的大城在12世纪被黄河泥沙掩埋，遗迹难寻。通济渠对沿线商丘、柳孜等城镇的形成、发展也起到了重要的作用。

中国大运河遗产价值研究团队认为通济渠的价值体现在以下几点：

通济渠（汴河）是中国内陆最重要的两条江河——黄河和淮河之间的运河，它的建设和运用使隋、唐、宋三朝拥有了强大的经济纽带，不仅是600年连续运用的水路大动脉，更见证了中国最重要的隋、唐、宋三代王朝的兴衰与更迭。通济渠（汴河）的运用正值中国最富庶的朝代——唐宋时期，唐代日本遣唐使、宋代日本僧人北上朝佛都是经由江南运河和通济渠北上，大运河因此为唐宋时期中国与日本的文化交流提供了条件。这一时期的运河因此凸显出较高的文化价值。

通济渠沿线的回洛仓、含嘉仓遗址均为隋唐时期大运河沿岸的重要官仓遗址，反映了隋代大运河漕运的规模与相应的国家直属仓储设施建设的情况。

通济渠沿线的水工考古遗址，直接反映了在隋、唐、宋时期运河水利工程的真实情况，如运河河道的历史规模、走向、形态，驳岸与河堤的历史材料、工艺，是早期运河工程技术宝贵的实物证据，并解释了通济渠与作为水源河道的黄河的紧密关系。

通济渠在黄河南徙700年间，是黄河南泛的主要水道。在黄河巨大泥沙的影响下，汴河及其水系发生了极大的变化。现存主要为考古遗址与南部的部分景观河道。

（四）申报遗产

通济渠河段申报遗产主要包括五处考古遗址以及两段运河故道。分别是含嘉仓，回洛仓，通济渠郑州段、泗县段、商丘南关段和夏邑段，柳孜运河遗址。下面逐一介绍通济渠的遗产。

遗产河段一　通济渠郑州段（河段按27段遗产河段统一排序）

通济渠郑州段（图4–4）的前身为鸿沟［战国时期（公元前5世纪至公元前3世纪）开辟的沟通黄淮流域的运河水系］的一部分，现存包括索须河运河故道和一段汴河遗址。通济渠郑州段反映了通济渠河道的线路、走向以及通济渠与作为水源河道的黄河的关系。

目前索须河全长约16千米，部分河段面宽达四十余米，两岸设有堤防，河堤基宽二十余米，顶宽近7米，河床宽200～300米不等。索须河段目前是郑州市西北部主要的泄洪排涝及景观河道，河道规整、道路便达、水质较清。

汴河遗址北起黄河南岸，流经惠济桥注入通济渠后东折。目前引黄河水入渠的这段河道已经深埋于地下。虽然历史上黄河多次变道，数次湮没汴河故道，但此段河道在元代末期之前仍作为区域航运水道历经疏浚，直到明清时代此段运河逐渐废弃不用。

图 4-4 通济渠郑州段

考古调查确定，此段古河道宽150至220米。河道两侧残存断断续续的河堤，堤上有路，宽6～7米。

河堤上还发现有晚期路土堆积。分析认为，在原始的运河古道的河堤上应有路，在河道和河堤被黄河泛滥淤埋后，这段河堤仍被人们在老路的基础上继续沿用，形成了早晚两期路土相互叠压的状态。下层路土形成的年代不晚于元代。

故道中发掘出隋、唐、宋、元、明、清时期堆积层及大量文化遗物，从而证明惠济桥一段河道至迟在隋代已经形成[1]。

通济渠郑州段，四角坐标（左上为A点，顺时针标注）：

A：113° 34′ 43″ E；34° 54′ 34″ N

B：113° 35′ 10″ E；34° 54′ 23″ N

C：113° 43′ 36″ E；34° 52′ 08″ N

D：113° 43′ 30″ E；34° 52′ 08″ N

中心地理坐标 113° 38′ 13″ E；34° 53′ 37″ N。

遗产河段二 通济渠商丘南关段

通济渠商丘南关段（图4-5）位于商丘古城南约2.5千米，是通济渠沿线重要的河道与水工遗存，展现了唐宋时期通济渠夯土驳岸的形制与工艺，以及通济渠巨大的河道规模，反映了河道历史的线路与走向。

考古发现的商丘南关遗址段河道长约1千米，宽约120米，河深16米，呈东西走向，是目前通济渠沿线发现的规模较大的一处河道、驳岸遗址。

遗址核心内容包括一段长约60米的河岸及大面积伸向河道内的突堤遗存面，距地表深4.2～5.2米，遗存面上车辙和行人的足迹清晰可见，已清理出的河岸高度约5米，

1 据《顺治荥泽县志》载："汴河，在旧县南二百五十步，即裴侍中耀卿立其汴渠。……惠济桥，在县南五里，……大王庙，在渡口。……隋堤，凿汴河故道，隋炀帝所筑"。由此可知，惠济桥所跨河道应为通济渠引黄河水故道，其向南连接的河道应为通济渠。

均为夯土筑建，这为了解隋唐至北宋时期通济渠的使用时间、河道变迁、疏浚历史，以及河岸的筑建方法、加固方式、加高过程、用料选择等提供了考古实物资料。

商丘南关遗迹和遗物因有厚达 4 ～ 10 米的淤沙覆盖，保存完整，考古清理出土遗物丰富，且较为罕见。发掘所见的夯筑河岸地层中，包含大量砖、瓦、陶器瓷器等遗物，特别是碎瓦块数量众多，可见当时运河沿岸房屋建筑很多，生活居住的人也较多。从清理出的河岸堆积看，此段运河沿用历史较长。从两次发掘出土的各类遗物综合情况判断，目前经清理揭露的河岸的时代大致属于唐宋时期，最晚不会晚于金代，这与文献中关于商丘南运河历史的记载相吻合。河岸保存的最后使用时陡峭的立面及驳岸面上的各类遗迹也保存完整，为真实了解隋唐至北宋时期通济渠的使用时间、河道变迁、疏浚历史；驳岸的筑建方法、加固方式、加高过程、用料选择；驳岸的构建形态、道路分布、功能分区等首次提供了经科学发掘的实物证据。

通济渠商丘南关段遗址坐标：115° 36′27.7″E；34° 20′54.9″N。

遗产河段三　通济渠商丘夏邑段

通济渠商丘夏邑段（图 4–6）是通济渠沿线重要的河道与水工遗存，展现了隋唐宋时期通济渠河道巨大的规模尺度、形制与工艺，反映了河道历史的线路与走向。

该遗址中发现了规模较大的河堤文化遗存和河道遗存，主要包括：堤顶宽 25 米的早、中、晚三个时期上下叠压的南侧大堤遗存，堤顶宽 30 米的北侧大堤遗存，两堤之间宽 100 ～ 120 米的河道遗存，晚期大堤外侧多个时期堆筑的大堤外护坡遗存，黄沙土黏土混合筑成的晚期大堤顶面密集分布的木桩、遗迹等。由在晚期大堤表面发现的典型宋代清釉瓷碗片推测，大堤的筑建使用年代为唐宋时期（7 世纪至 12 世纪）。

三个时期上下叠压的大堤遗存反映了此段运河在唐宋时期（7 世纪至 12 世纪）持续进行修筑与维护的情况。几个时期筑建的规模巨大的护坡大堤和木桩痕迹证明了人

图 4–5　通济渠商丘南关段

图 4–6　通济渠商丘夏邑段

们在使用大运河的过程中经常清淤疏浚的历史事实，反映了大运河大堤在使用期间得到经常性维修保护、加固清理的情况，是大运河通济渠段作为宏大尺度的水利工程的考古证据，也印证了史书记载大运河大堤筑建时使用树桩加固大堤的史实，反映了隋唐宋时期通济渠河道巨大的规模尺度，是中国古代水利工程高超水平的直接见证。

此外，在南侧大堤外侧发现了顺沿河堤方向修建的古代道路遗存，宽约 16 米，印证了史书中关于大运河堤外为官道的记载，为我国古代交通史研究提供了考古资料。

通济渠商丘夏邑段：四角坐标（左上为 A 点，顺时针标注）如下。

A：115° 58′25″ E；34° 09′28″ N

B：115° 58′29″ E；34° 09′34″ N

C：115° 58′46″ E；34° 09′24″ N

D：115° 58′41″ E；34° 09′17″ N

中心点坐标：115° 58′35″ E；34° 09′26″ N。

遗产河段四　柳孜运河遗址

柳孜运河遗址（图 4–7）是我国首次发现的隋唐大运河建筑遗址，清理出石构建筑、木质沉船、瓷器、铜钱等一批重要的遗迹遗物，为了解、研究运河的形成、使用、淤塞、废弃过程提供了重要的实证资料，有力地证明了隋、唐、宋三个朝代期间（7 世纪至 12 世纪）。大运河通济渠段的流经路线、航运方式、货物运输等重要历史事实。

遗址主要包括运河河道、左右两岸的河堤、两岸的石筑台体（可能为运河桥梁遗址）、河道中间的石墙体、木桩、木船、灰坑等。

北宋早期（10 世纪）的运河两岸石筑台体（初步判定为桥墩）是大运河沿岸重要的桥梁建筑遗址。其中右岸（南岸）石筑台体长 14.3 米，宽 9.2 米，高 5.05 米，保存较好；左岸（北岸）石筑台体长 12.7 米，宽 7.7 米，残高 4.5 米。两者相距 18.7 米，形制和砌筑方法相同，初步判断建于北宋早期，根据考古推测可能是桥墩。在南岸石筑台体迎水立面的下方河道中，发现若干一端削尖的横置木桩，木桩直径为 30 厘米左右，最长 5 米，为北宋时期木构件，推测可能为桥上

图 4–7　柳孜运河遗址

用料。

北宋时期（10 世纪至 12 世纪）的大运河右岸河堤遗址坡度为 45°左右，其河坡中成排的木桩遗址印证了史料中的“木岸狭河”[1]，即采用将木桩密集排列打入河中的方法，使河床束窄，水深加大，水流加快，以改善航运状况，并起到将断面宽度缩窄后，冲刷河床、减轻淤积的作用。它证实了宋代治汴实施的“木岸狭河、激流冲沙”，将隋唐大运河由 80 米缩为 40 米的史实。

遗址还包括多条沉船。其中压覆的两条沉船为宋代沉船。另外六条沉船发掘于南侧，即宋代河道的堤坝下，八条沉船中，两条为独木舟，可能为渡船，六条为中、大型运输船，根据残长推算，中型船运量可达1万千克、大型船可达3.5万千克，应为当时的主要漕船。工作人员对其中的 1 号船和 2 号船进行了考古整体提取，并将其转移至淮北市博物馆进行考古研究，并对外展出。

柳孜运河遗址坐标：116° 36′14″E；33° 49′16″N。

遗产河段五　通济渠泗县段

通济渠泗县段（图 4–8）现存故道共 6 千米，2012 年最新考古发掘较完整地揭露了该段运河的南堤、南坡及北坡的局部范围，揭示了该段古运河河口的走向及其河道结构。发掘证实该段运河故道南北河口间距（宽）为 43 ~ 46 米、深 4.75 米，南坡坡度约 15°、坡长 10.5 米，南堤宽约 5 ~ 7 米，北堤现存宽度约 5 米，余下部分被破坏，从钻探的情况分析其宽度应在 10 米左右。

图 4–8　通济渠泗县段

泗县运河故道历史上未经过大规模改造，是一段基本保持河道原貌的运河故道。泗县运河故道现虽不能通航，但仍发挥灌溉、分洪、景观等作用。

通济渠泗县段四角坐标（左上为 A 点，顺时针标注）如下：

A：117° 53′21″E；33° 28′58″N

1　仁宗嘉祐元年（1056 年），“自京至泗州置汴河木岸”。嘉祐六年（1061 年），“河自应天府抵泗州，直流湍驶无所阻。惟应天府上至汴口，或岸阔浅漫，宜限以六十步阔，于此则为木岸狭河，扼束水势，令深驶。”治平三年（1066 年），狭河木岸工程完工，结果使“旧曲滩漫流，多稽留覆溺处，悉为驶直平夷，操舟往来便之。”

B：117° 56′33″E；33° 30′34″N

C：117° 56′34″E；33° 30′33″N

D：117° 53′20″E；33° 28′56″N

中心点坐标 117° 55′11″E；33° 29′50″N。

二、卫河

卫河（永济渠）是由古代清水、屯氏河、白沟、永济渠演变而来的，并且与黄河的变迁有密切关系[1]。曹魏时期（3 世纪），卫河（时称“白沟”）是华北平原上的区间运河；隋唐时期（6 世纪至 9 世纪）其作为永济渠成为大运河的一部分，贯通华北平原；宋元时期（10 世纪至 13 世纪）改称“御河”，到明代（15 世纪至 17 世纪）改称为卫河，直到 20 世纪 70 年代，一直作为区域性水运要道。卫河从曹魏时期（3 世纪）的区间运河演变为隋代时期（7 世纪）贯通华北平原南北的永济渠历经约 400 年，从隋代时期（7 世纪）的永济渠到宋元御河（12 世纪）又经历了 500 年，作为元明清时期（12 世纪至 19 世纪）大运河的南运河运用至今约 700 年，其连续运用的时间长达 1600 年。

（一）开凿背景

永济渠位于黄河以北的华北平原，多年平均降水量为 700 ~ 880mm，降水时间集中在 5 ~ 8 月，占年降水量的 55% ~ 80%[1]。华北平原地势平衍，呈西北高东南低地势，平均高差约 0.001%，受黄河洪水和泥沙的困扰较大。黄河泛滥，往往大量的泥沙随洪水进入运河，冲决堤防，湮塞水道，因此，关于永济渠存在的主要技术难题是水源及泥沙问题。

（二）历史成就

卫河（永济渠）的发展与漕运需求密切相关。东汉末（3 世纪），白沟运河的开凿有利于曹操用兵华北，促进了全国的统一[2]。隋大业四年（608 年），隋代政府广征民众开挖永济渠，“诏发河北诸郡男女百余万开永济渠，引沁水，南达于河，北通涿

1 《畿辅安澜志》载：“卫河，古清、淇二水所导也，汉为白沟，亦曰宿胥渎，隋为永济渠，宋元曰御河，明曰卫河。”

2 “白沟起自浚县西，发源处接近淇水东岸，东北流下接内黄以下的古清河……以后，上起枋堰，下至今河北威县以南的清河，皆被称为白沟”（《辞海》1999 版）。建安九年（204 年），曹操为北征邺城（今河北省临漳县西南四十里），兴建了“遏淇水入白沟，以通粮道”（《三国志·魏书·武帝纪》）的白沟水运工程。

郡（治蓟，今北京西南）”[2]。

唐代（7世纪至9世纪）时期，永济渠是关中与河北、河东诸路沟通的主要交通。这一时期，河北、山东成为支撑唐朝的重要农业区。经永济渠，漕运的储粮供应中原的都城地区，在征辽东的军事行动中发挥了重要作用。

北宋时期（10世纪至12世纪），永济渠更名为“御河”，主要负责运送粮饷，通过水陆转运，担负向北方边境前线运送物资的重要任务。宋代御河中下游所经和唐代基本相同。[3]可通行三百石至四百石的船，四季可以通航。但是，黄河与御河之间并不通航，漕船过黄河后卸船，需经过陆运转运至河北黎阳（今浚县，黎阳仓遗址所在地），再装船入御河，向北运往华北的边境地区。由于黄河的影响，北宋末年御河基本处于不治，部分河段被黄河泥沙淤废。

黄河在1128年改道南行，御河脱离了黄河的干扰，河道逐渐稳定。1153年，金朝建都燕京（今北京附近），御河自南而北成为金朝的重要运道。御河北与潞水沟通（潞水即今北运河），可抵达今通州地区，再由今通州地区经闸河至金中都（在今北京城区西南隅）。金代水道已经基本呈现元代大运河北部的雏形。

元代定都北京，时称大都，御河依然是供给首都物资的重要运道。元至元二十年（1283年）至至元二十六年（1289年），修会通河，北到临清，入御河。至元三十年（1293年），开通惠河，解决了通州与大都的漕运。这样，形成了全国南北贯通的大运河，自此御河自临清以北被纳入南北大运河体系，成为中国大运河第二次南北大沟通中的一个重要河段。

明洪武元年（1369年）将永济渠改称为“卫河”。明清两代，卫河河道的变化很少。

虽然咸丰年间（19世纪末）漕运改由海运，但是，卫河的航运并未衰落，卫河作为豫北及河北平原地区与京津地区的重要交通通道，一直承担着繁忙的航运任务，直到20世纪70年代。之后因水源越来越少，导致水运中断。

现卫河（永济渠）在山东临清以北的河道，大部分保持历史时期面貌，是华北地区重要的输水通道。

（三）代表性价值

卫河（永济渠）在自隋唐至明清的一千多年间作为重要的水运线路持续发挥着航运功能，其河道没有根本性的变化，基本保持着原有的线路。卫河（永济渠）对天然河流的巧妙利用和改造，使运河的水源获得保障，通过减河和水道弯道的设计，实现了水量节制、航道纵比降延缓等功能，反映了中国古代高超的水利工程施工技术。

此外，开凿于 7 世纪的永济渠，为涿郡蓟城（今北京），逐渐从秦汉以来的地区性中心发展成为全国性的中心提供了基础条件。隋唐时代，永济渠为巩固东北边疆提供了重要保障。辽金元时代，永济渠又为北方民族进入内地，在北京建立北方民族的政权政治中心提供了良好的条件。可见永济渠对促进多民族的融合发挥了积极的、重要的历史作用，在中华民族发展、壮大的历史过程中有着不可磨灭的历史贡献。

（四）申报遗产

卫河（永济渠）河段申报遗产主要包括一段河段和一处考古遗址。卫河滑县—浚县段是卫河目前保留的较为典型的一段运河故道，反映了卫河河道的线路走向与规模形态。黎阳仓遗址是大运河沿线的大型转运漕仓之一，位于黄河与永济渠之间，战略位置重要，始建于隋沿用至北宋。体现了隋至宋，由仓至库的形制变化，以及永济渠重要的军事战略位置。

遗产河段六　卫河滑县—浚县段

卫河滑县—浚县段（图 4–9）北起浚县新镇双鹅头村，至安阳市滑县道口镇西部，呈西南—东北走向，宽约 30 ~ 50 米，是卫河目前保留的最为典型的一段运河故道，反映了卫河河道的线路走向。

图 4–9　卫河（永济渠）滑县—浚县段

历史上该段运河一直是华北平原上沟通南北的重要水道，对该地区的社会经济发展发挥了重要作用，并对沿线的道口镇、浚县等城镇的发展产生了巨大的影响。

现存大运河滑县—浚县段河道保存完整，是农田灌溉和排涝的主要河道，水质条件良好，景观风貌优美。河道两岸有乡村环境、城镇环境，其中乡村环境河道主要为土质堤岸，城镇环境多为砖石和局部混凝土加固堤岸。卫河滑县—浚县段是现存卫河保存完好、内涵丰富的河段之一。

卫河滑县—浚县段四角坐标（左上为 A 点，顺时针标注）：

A：114° 32′08″E；35° 40′32″N

B：114° 32′11″E；35° 40′33″N

C：114° 29′59″E；35° 34′46″N

D：114° 29′60″E；35° 34′48″N

中心点坐标：114° 30′07″E；35° 37′34″N。

三、淮扬运河

淮扬运河（又称“里运河”，如图 4-10 所示）是连接长江和淮河两大自然水系的人工河道，北起淮安清口枢纽，南至扬州瓜洲入长江。

淮扬运河由古邗沟发展演变而成，是中国大运河全线最早开凿的一段。明清时期称淮扬运河，近代始称里运河。淮扬运河南有长江，北有淮河，其间河湖相连，水源条件较好。淮扬运河在明末至近代以来曾起过分泄淮河洪水入海、入江的作用，现在是一条综合利用的河道，既可航运、分泄淮河洪水，又是南水北调东线的输水干线，其东堤则是保障里下河地区安全的屏障。目前航道达二级标准，可通航载重 2000 吨级的船舶。

图 4-10　淮扬运河主线

（一）开凿背景

淮扬运河跨越黄淮平原、江淮平原，流经区域为黄河、淮河与长江的冲积扇，整体地势北高南低，河段纵比降约为 0.09‰。

就地貌而言，其地形原为南高北低，后因黄河夺淮，淮河两岸逐渐淤高，至明代中叶逐渐转为北高南低，对由南向北航运行船造成较大的困难。

现淮扬运河以西地区原有很多洼地，即今白马湖、宝应湖、高邮湖、邵伯湖的前身。这一系列湖泊早先利于借自然水系航运行船，但后期由于湖中风浪较大，对航运造成了一定的影响。

12 世纪黄河向南改道，沿原淮河河道东流入海，对淮河河水下泄造成了很大的困难，并且其泥沙问题显著影响了大运河的持续通航，带来了运口处理、淮河下泄等一系列工程难题和挑战。

淮扬运河南端的瓜洲运河由于长江带来的泥沙淤积以及长江水流条件的不断变化，造成了长江北岸线的不断变化，淮扬运河入江口位置和入江线路也不断变化。汉代以后，长江北岸线逐渐向南推进。至清代，由于长江水流改变造成长江北岸坍塌，原瓜洲运口和瓜洲镇都没入长江，现均已不存在。

（二）历史成就

淮扬运河始建于公元前 486 年，是有确切记载的中国大运河最早开通的河段，至今仍在使用。由于淮扬运河所处位置的重要性和路线规划的科学性，自其开通后，无论在哪个时期，它始终是不可或缺的一环。两千多年来，虽实施过各种整治措施，但路线基本未变。

古代长江与淮河间的分水岭并不明显，大致位于今扬州市邵伯镇东。凿通这一分水岭，沟通江淮，始于公元前 486 年邗沟的开挖。为减少工程量，邗沟尽量利用天然河道和湖泊，以人工渠道相沟通。东晋末期（6 世纪）时，形成了相对固定的运输线路。7 世纪初，隋代形成的大运河第一次大沟通中，山阳渎（即邗沟）的扩建与改建是重要环节。

唐代，山阳渎又称“扬楚运河”。因长江泥沙的淤积，扬楚运河南端入江口已与原江中岛屿瓜洲并连，从而使长江北岸南移二十余里，运河难以通往长江。738 年，于瓜洲以北开伊娄河（今瓜洲运河前身），向北延伸二十五里至扬州接淮扬运河。

宋代，经过长期经营，淮扬运河基本形成完善的独立工程体系。为避开淮安以南湖中行运的风浪之险，开始实施河湖分离；为调节水位且便于船只通行，开始沿运河修建堰闸；为解决西来淮河河水的去路问题，开始沿运河东堤修建泄水设施，从而形成一个兼具航运、灌溉、排洪和防潮等综合效益的相对独立、完备的工程体系。

为解决船只过往卸粮盘剥频繁，造成船只易于损坏的问题，1018 年避开穿城路线，开扬州古运河，绕城南与淮扬运河相接。

经过隋、唐、宋三代的经营，淮扬运河形成排引得当的工程体系，明、清大运河的淮扬段基本是这一时期运河的继承。

元明清时期，由于黄河南袭，淮扬运河与黄河、淮河交汇于淮安清口一带，使得形势异常复杂，治理更为困难。明清采用蓄清刷黄、引清刷黄的策略，在黄淮运交汇地建设清口枢纽工程，这一工程成为中国大运河的咽喉，清代康熙、乾隆皇帝数次亲临督导治黄保运。

1597年，扬州城南南门二里桥一带运河河道过于顺直，水量难以蓄积，因此开新河，形成“运河三湾”。通过延长河道减小河流比降，从而使得河水下泄缓慢，上游水位得以抬高，解决了运河行船浅阻问题。

图4-11展现了淮扬运河历代的变迁。

（三）代表性价值

扬州市申遗办研究团队认为，淮扬运河拥有两千多年的历史，是有文献记载的京杭大运河最早开通的河段，也是持续运用时间最长的关键河段。它首次沟通了淮河与长江两大水系，规划设计的线路使用两千多年至今基本不变，代表了当时的先进水平；在处理与黄河、淮河的关系方面所采用的“蓄清刷黄”方略以及围绕这一方略在清口

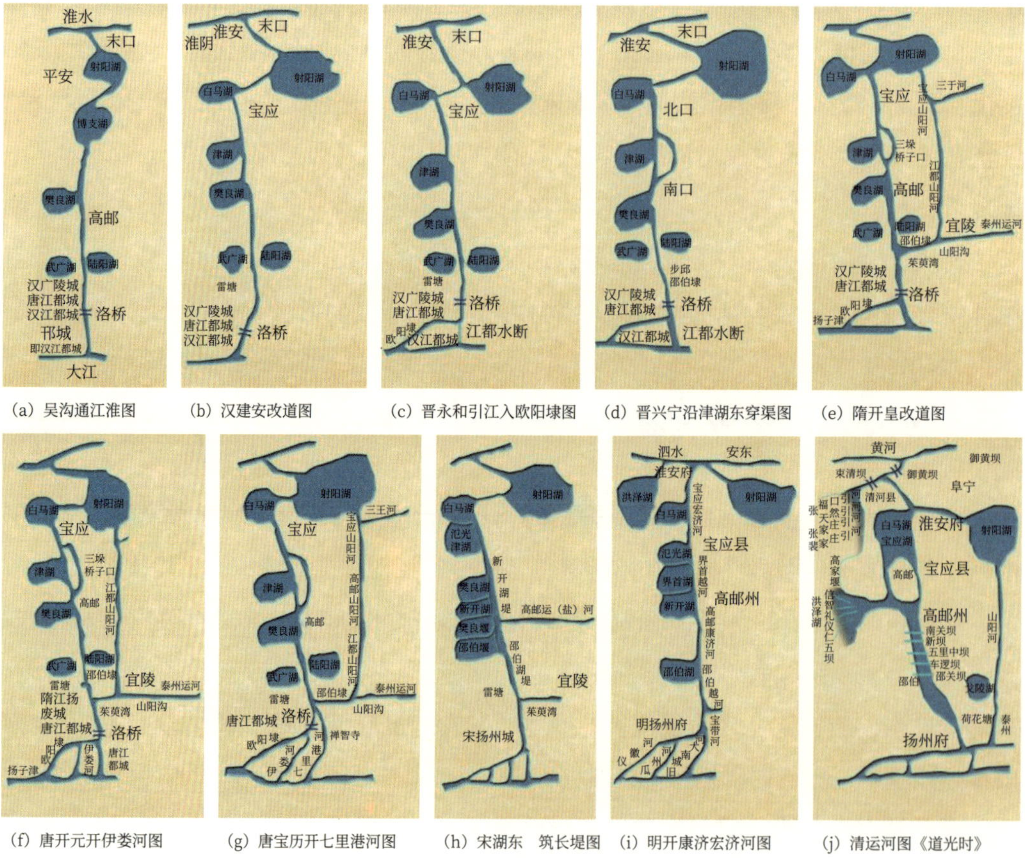

(a) 吴沟通江淮图　(b) 汉建安改道图　(c) 晋永和引江入欧阳埭图　(d) 晋兴宁沿津湖东穿渠图　(e) 隋开皇改道图

(f) 唐开元开伊娄河图　(g) 唐宝历开七里港河图　(h) 宋湖东　筑长堤图　(i) 明开康济宏济河图　(j) 清运河图《道光时》

图4-11　淮扬运河历史变迁示意图

一带建设的各种水工建筑物则代表了 16 世纪中国调水调沙技术的世界水平。

淮扬运河在线路规划设计上的科学性主要体现在如下几个方面：

一是淮扬运河主河道线路的规划设计。在运道沿线地形高差较大处采用弯道技术，放缓河道比降，降低流速，以利航行。如运河入淮穿黄处采用“U”形弯道，扬州高旻寺向北段采用“乙”形大弯。

二是淮扬运河主河道“河湖分离”规划设计。明代以前，淮扬运河以相互连通的众多湖泊为运道。为避免船行湖中屡遭覆溺，宋代、明代陆续修建运河东西二堤，逐渐实行运河与湖泊的分离。这不仅避免了船行湖中的风浪之险，还使高邮湖、宝应湖诸湖成为调节运河水量和水位的水柜。

淮扬运河的价值还体现在处理与黄河和淮河的关系方面。1128 年黄河夺淮后，黄河、淮河与运河在淮扬运河北端淮安相互纠结，从而使淮扬运河成为大运河沿线形势最严峻、工程最密集、管理最复杂的河段。明清时期，清口枢纽成为处置好与黄河、淮河的纠结关系，确保漕运畅通的关键，反映了中国古代高超的水利工程勘测、设计、施工和维护技术。

此外，淮扬运河中采用的泄洪工程设施和技术也具有极高价值，其中以里运河归江水道工程的设计为典型代表[4]。

（四）申报遗产

申报的“清口枢纽”是为了解决运河会淮穿黄的难题而建设的大型综合性水利枢纽，是大运河上最具科技价值的节点之一，持续维护运行了四个多世纪。

申报的“总督漕运公署遗址”是现存最重要的国家级漕运管理机构遗址。

“淮扬运河扬州段”是延续使用时间较长、反映了很长时期里在人工干预下河段沿线河湖水系变迁过程的河段。图 4-12 是淮扬运河段申报遗产分布图。

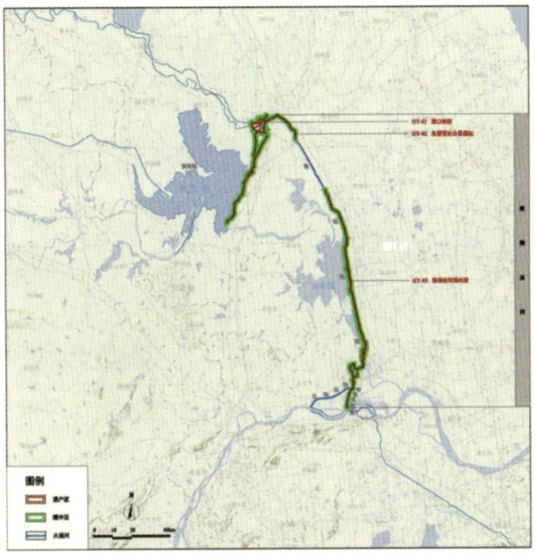

图 4–12　淮扬运河段申报遗产分布图

遗产河段七　淮扬运河淮安段

淮扬运河淮安段遗产区内主要有“清口枢纽”（图 4–13）和洪泽湖大堤。

淮扬运河又称“里运河”。公元 15 世

纪初（明代初期），为了避免漕船在黄河河道中行船面临的险滩等危险，减少借黄河河道行船的距离，疏浚宋代开凿的沙河为“清江浦”运河，此为清口枢纽区域的里运河部分。现里运河为五级航道[1]。

清代，为了解决黄河淤积清口的问题，不断筑坝建闸（其中包括惠济闸、通济闸、福兴闸），使清口附近的运道形成一个显著的U形河段，起到调控水位、利于通航的作用。

为了在航运过程中克服水位差，并调节黄河、淮河涨落对运河的影响，15世纪之后，在淮扬运河河道上陆续修建了清江大闸等水闸，起到调水通航的作用。

其中，清江大闸位于清口枢纽东侧的里运河上，是明代开凿的“清江浦”上4座协同工作的节制闸之一。明清两代，位于大运河南北交通要道的清江浦上的清江大闸，其地理位置十分重要，有漕运咽喉之称，闸体前后水位落差较大，水流湍急，每年过闸北运漕粮达400万石左右。现存清江大闸保存完好，正闸高11.5米，闸门宽7.3米。

里运河大堤坐标：118° 56'49.4"E；33° 32'33.5"N。

遗产河段八　淮扬运河扬州段

淮扬运河扬州段（图4–14）北起里排河与大运河连接处，南至长江边的瓜洲镇，全长151.3千米，地处江淮平原，东以里下河水网地区为界，西与白马湖、宝应湖、高邮湖、邵伯湖四个湖泊毗邻；北接淮安楚州，南至扬州邗江区瓜洲镇入江口，连接了白马湖、宝应湖、高邮湖、邵伯湖等湖泊和宝射河、大潼河、北澄子河、通扬运河、新通扬运河、仪扬运河等主要河流。

早期大运河，正是充分利用了天然湖泊水域，通过人工挖掘，将这些天然湖泊连缀成一条畅通的水路。作为国家漕粮运输的重要水上通道，大运河扬州段不断完善河道的渠化。今天，大运河扬州段形成了河湖并行的独特景观。

7世纪至8世纪，随着长江北岸的不断南移，在淮扬运河南端逐渐开凿了瓜洲运河等，将淮扬运河南端逐渐南延至瓜洲渡口。

9世纪至11世纪，随着扬州城区的发展，淮扬运河不断扩建，通航能力不断提高，运河主线逐渐绕开扬州城市最早发展的区域，逐渐形成了今天的淮扬运河“扬州古运河”段。

15世纪至16世纪，为避免借湖行运的扬州北部运河受到湖面风浪的影响，逐步在淮扬运河中部的几个湖中筑堤，分段修建月河，并把各段月河连接起来，初步实现

1　根据中华人民共和国《内河通航标准》（GB 50139—2014）的规定，内河航道应按可通航内河船舶的吨级划分为7级。其中一级航道：可通航3000吨；二级航道：可通航2000吨；三级航道：可通航1000吨；四级航道：可通航500吨；五级航道：可通航300吨；六级航道：可通航100吨；七级航道：可通航50吨；等外级航道：可通航50吨以下。

图 4-13　清口枢纽

图 4-14　淮扬运河扬州段

了河湖分开，并最终奠定了明清时期淮扬运河的主线。

20 世纪 50 年代，沿淮扬运河扬州段开凿了水深较深、宽度较宽的新运河，相邻的原运河河道遂被废弃，但现河道仍清晰可辨，与新建运河平行。新建运河仍被称作“里运河”，作为淮扬运河扬州段的一段承担着主要航运功能，现为二级航道。

大运河扬州段是漕运及漕粮转输重地。长江流域及南方漕粮都必须经过扬州北上。明清时利用大运河河堤作为驿道，大运河边水陆驿站并举，保障了国家通信体系的有效运作。大运河扬州段同时是盐的流通要道与集散中心。隋唐与明清时期，大运河扬州段也在国家专卖商品盐的流通中起了重要作用。

大运河扬州段对沿线城镇的兴起、繁荣起了很大的作用，并创造出独特的运河文化与生活。如宝应因河而盛、界首因驿成镇、邵伯因埭成镇、瓜洲因渡口成镇，扬州城在经济与文化方面一直都是中国历史城市的典范。大运河对沿线的城镇聚落的文化与生活方式的影响至今仍清晰可见。图 4-15 是大运河扬州段变迁图。

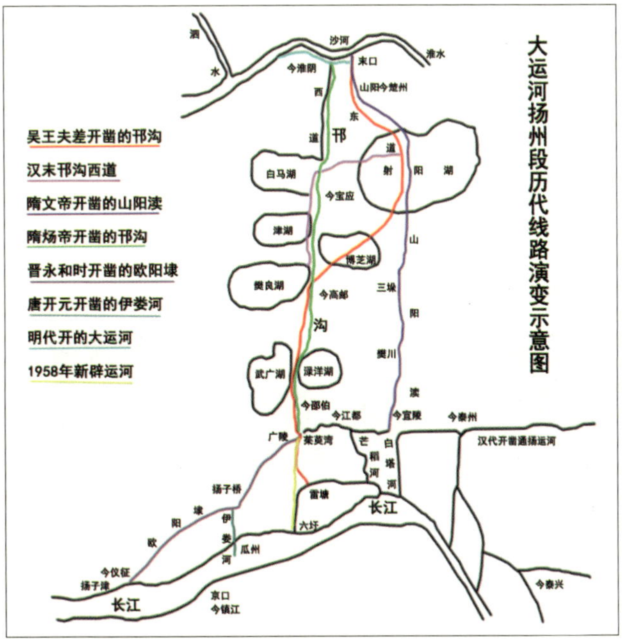

图 4-15　大运河扬州段历史演变示意图

1. 古邗沟故道

古邗沟故道（图 4-16）是扬州地区最早建成的人工水

道之一。现位于扬州城北，从螺蛳湾桥向东直达黄金坝，长 1.45 千米，目前作为景观河道使用。这段邗沟遗址的始建年代最早可以追溯到春秋时期（公元前 486 年），是大运河系统最早期的遗迹之一。从汉代至唐代，这段河道都是大运河的主航道，是历代漕运的主要通道。河道虽然历经整治，但都是在原始河道的基础上拓宽和修缮，因此保留了河道走向的真实性。

2. 里运河（高邮明清大运河故道）

里运河（图 4–17）北起扬州宝应里排河与大运河连接处，南至扬州市广陵区茱萸湾，连接了高邮湖、邵伯湖等湖泊，是大运河扬州段重要的组成部分之一。里运河现在仍然是主要的运输性河道。经过历年的拓宽和整治，已经达到二级航道的水平，可通行 2000 吨级别的船只。

高邮明清大运河故道北起高邮界首镇，南至高邮镇，全长 30 千米，现已无水。高邮明清大运河故道是大运河的重要组成部分，此段河道集中反映了大运河由湖道向河道演变的动态过程，是反映大运河河湖关系的“活化石”。该段最初直接利用湖泊作为航道，为了航行安全，自宋至明清逐渐修筑分隔河湖的堤防，开挖月河，使航道逐渐渠化并因此逐步东移。20 世纪 50 年代末期，在古运河的东侧开凿了现在的里运河。原运河故道局部填充，用作现运河西侧的堤防，上面栽植树木和农作物，但河道走向及河床河堤关系仍清晰可辨，形成两河三堤，古代运河故道与在用的里运河并行的独特景观。

淮扬运河宝应段坐标：119° 18′02.9″ E；33° 14′24.5″ N。

3. 邵伯明清大运河故道

邵伯明清大运河故道位于邵伯镇西，北至邵伯节制闸，南至南塘，长约 2000 米，

图 4–16　古邗沟故道

图 4–17　高邮湖明清运河故道

宽约 30 米。该河道目前功能已废弃，但河道整体走向、河岸护堤及码头仍然得以保留。

邵伯明清大运河的前身是邗沟的一部分。1600 年，为避免湖面的风浪影响漕运，在邵伯湖东侧修建堤坝，使大运河的主航道与邵伯湖彻底分开，成为独立的航道。邵伯镇西的这段大运河是清道光三十年（1850 年）三沟闸至梁家港的堤坝修建之后逐渐形成的。现在邵伯明清大运河故道为防洪排涝和景观河道。

在邵伯节制闸上游的“斗野亭”公园内，保存着一只镇水铁犀（图 4–18），长 1.98 米，高 1.10 米，重约 1500 千克，是昔日大运河泛滥，百姓祈求安康的见证。

4. 扬州古运河

大运河自湾头流向西南，经黄金坝后向南进入扬州城区段（图 4–19），直至瓜洲，全长约 30 千米。因 1958 年自邵伯向南开挖大运河新河道，直通长江，故原自邵伯经茱萸湾曲折绕城而过，通过瓜洲运河至长江的这段河道，现在被扬州人称为“古运河”。这段大运河被誉为扬州城的“母亲河”。大运河自扬州城东南穿城而过，沿线历史遗迹星列，人文景观众多。尤其在大运河西侧，遗产点密布，如瘦西湖、天宁寺（重宁寺）以及诸多盐商历史遗迹等，犹如一颗颗璀璨的明珠，与两岸丰富的民俗文化、多样的市井生活融为一体。

扬州城区段大运河不仅遗产众多，而且水景秀美，扬州三湾（即宝塔湾、新河湾和三湾子）便是其中最具特色的一段。它自文峰塔向南，呈横着的“几”字形，河道曲折，迂回三四千米，水面宽阔，流速平缓。从技术角度而言，大运河的开挖者为了消除地面高度差，使大运河的水面保持平缓，便采取了延长河道以降低坡度的办法，把这段河道挖得弯弯曲曲。这个方法是中国古代河工技术的杰出创造。扬州古运河现为六级航道。

图 4–18 邵伯斗野亭中的铁犀

图 4–19 大运河扬州城区段

5. 瓜洲运河

大运河穿过扬州市区至高旻寺，形成了一个三叉形的河口。至此，大运河一路向南，至瓜洲长江口汇入长江，这段长 12 千米的运河就是瓜洲运河（图 4–20）。它处于大运河扬州段的南端，始于唐代开元二十六年（738 年）开凿的伊娄河，有一千两百多年的历史。瓜洲原为江中沙洲，后与长江北岸相连，长江北岸线遂南移至瓜洲。这也导致漕船需绕行仪征，在江上常有漂损之灾。瓜洲运河的开凿，使漕船航行线路大为便捷。明清时期，仪征、瓜洲运口交替使用。此时，瓜洲作为大运河南下入江的交通要冲，其重要的战略地位一直未发生改变。清代，江流北徙，长江北岸仪征、瓜洲一带遭受强烈冲击。1884 年，瓜洲城和南端的瓜洲运河完全被长江吞没，大运河南端的运道至今瓜洲镇入江。1958—1960 年间，长江运口移至瓜洲镇区东侧。瓜洲运河现为六级航道。

四、江南运河

江南运河北起江苏镇江，绕太湖东岸经常州、无锡、苏州，南至浙江杭州，贯穿长江、太湖和钱塘江三大河湖水系，是中国大运河形成时间较早、连续运用时间最长、自然条件最好的河段之一（图 4–21）。

（一）开凿背景

江南运河位于长江三角洲地区，横贯太湖腹地，与太湖各水系纵横沟通，海拔多

图 4–20　瓜洲运河

在10米以下，河段纵比降约为0.01‰，航运条件良好。该地区雨水丰沛，气候温暖湿润，河网密布，自古就以水路为重要交通方式，同时也是主要的农业经济区。此外，江南地区主要城市沿江南运河分布，形成以运河为骨干、城河为节点的运河体系。

图4-21　江南运河江苏段

（二）历史成就

1. 线路规划

江南运河最早的河段始建于公元前5世纪（春秋后期），隋炀帝大业六年（610年），在沟通大运河过程中对这段运河进行整治拓宽，形成了南抵余杭的江南运河。江南运河的线路在这时也基本固定下来。

从隋代至清代（7世纪至19世纪末），作为大运河主要通航河段的江南运河一直是中国历代政府通过大运河从江南地区收集和汇聚漕粮的主要通道，期间历经多次疏浚、整治，但主要运河线路一直保持相对稳定，反映了古代高超的工程勘察、设计、施工以及后期管理技术和能力。江南运河的线路规划，充分考虑了地形条件，使整个线路能够在较小的纵比降下进行平稳的过渡。线路的规划充分利用了太湖、长江、钱塘江的水资源条件，使运河具有稳定的水源，保障了江南运河在一千多年的时间里，以基本稳定的线路保持着持续的航运通行。

2. 支线河道工程

江南水网密布，城镇密集。运河的支线河道工程适应这一现实情况，比如南浔頔塘等。这些支线大都具有供水、通航等多重功能，但不同水道和同一条水道不同时期的功能侧重也有所不同。众多支线运河是江南运河重要的水源工程，同时也是部分主线河段的替代运道；它们的存在大大提高了江南运河的通航效率，同时作为江南运河的延伸，也扩大了交通水网的辐射范围。除此之外，这些水道还具有为沿线土地灌溉供水的功能。支线运河多功能的特点体现了运河规划的综合利用性质以及工程运用管理的灵活性，用最少的设施实现最大的效益。

3. 塘路工程与纤道

江南运河塘路工程的完成标志着江南运河作为独立的人工工程体系最终完成。早先太湖与吴淞江之间是广阔的水域，不通陆路。始建于唐而完成于宋的吴江塘路（图 4–22）结束了江南运河中段吴江至平望一带河湖不分的历史，从此船行不再受太湖风浪波涛影响。后来逐渐演变为运河西堤与堤上纤道。塘路上设有很多通泄太湖洪水的口门，向吴淞江泄水。吴江塘路是调节运河、太湖与吴淞江之间水位的重要水工设施，不仅改善了大运河沿线的水陆交通运输情况，还对减轻湖东低田洪水威胁，提高太湖滞蓄能力起着显著作用。长堤的修建在一定程度上影响了太湖洪水的下泄，导致运河以东逐渐淤涨成陆。

4. 复闸和澳闸工程

江南运河上自古就采用了技术先进、管理有序的复闸和澳闸工程，是中国古代高超的水利工程设计、施工、管理技术成就的重要体现。

为解决行船过闸时缺水河段水量损失大的问题，唐宋时期江南运河上曾经多次将闸改建为坝，但这也造成了船只翻坝费时费力的问题。宋代复闸的创造很好地解决了以上问题，它的出现是航运工程设计的巨大进步。复闸运用水位可以调节的闸室来衔接上下游高差，实现船只的平稳过渡，闸门联合运用也大大减小了船只过闸的水量损失，这对水源经常不足的河段意义非常重大。长安闸是江南运河河道上的一处典型的有水澳的复闸，如图 4–23 所示。复闸的工程构造、工作原理与现代船闸完全相同。欧洲直到三百多年之后才出现类似工程。

5. 漕运管理制度

明代江南运河的管理由中央政府实施，清代主要归地方管理。江南运河除每年例行的漕运任务外，所承载的商船、民船运输量占整段运河总运输量的比例比其他河段大得多。江南运河的漕运量非常巨大，明代国家额定漕运量为每年 400 万石（约合 37.8 万吨），江南地区和浙江就占到 1/3 以上（12.6 万吨以上），成化八年（1472 年）

图 4–22　吴江塘路

图 4–23　长安闸

之后，这个比例更是增加到接近一半，达到 180 万石（约合 17 万吨）。清代沿用明代制度，仍岁征漕粮 400 万石，其中江南 179.44 万石（约合 17 万吨），浙江 63 万石（约合 5.9 万吨）。清代江南运河承担的漕粮运输任务为 242.44 万石（约合 22.9 万吨）。这些巨大的漕粮运量无不反映了当时国家围绕运河漕运专门建立的管理制度的先进性。

6. 江南运河对城镇发展的影响

大运河江南运河段主线基本将江南地区主要的城市串联起来，对城市的发展繁荣起到了推动和支撑作用。大运河对城镇的形成发展的影响主要表现在对自然环境的改造和对社会形态的影响。

以江南运河为纽带，自北向南将镇江、常州、无锡、苏州、嘉兴、湖州、杭州等著名城市贯穿其中。最初城市乡镇因运河而起，其后城市沿运河扩张，与运河沟通，交换水量。运河为城市提供水路交通，形成了运河穿过城区并与城河水系相沟通的格局，城河也成为运河体系的重要组成。城河往往具有城市输水、排涝的功能，南北沟通的大运河与城河相通，作为城市水系的调蓄，使城河的功能得到更好的发挥。

江南地区一直是我国经济、文化比较发达的地区，江南运河串联的城市都是太湖地区乃至全国的重要城市，运河的沟通促进了城市的发展，城市的繁荣也对运河功能的发挥具有促进作用。

7. 江南运河对 20 世纪初中国近现代工业发展的影响

江南地区是中国民族工商业较早发展的地区。依托运河带来的运输便利，20 世纪上半叶在常州、无锡、苏州、杭州附近兴起和发展了一批民族资本的工厂和企业。运河与这批近现代民族工商业遗产的关系是相互依存、相互促进的。近现代民族工商业依靠运河兴起和发展。同时，近现代民族工商业遗产形成运河沿岸多样的有地域特色的景观风貌。其中包括无锡茂兴面粉厂、杭州洋关（图 4–24）等。

图 4–24 杭州洋关

（三）代表性价值

中国大运河遗产研究团队认为，江南运河纵贯太湖流域，连接长江和钱塘江干流，是大运河中形成最早、自然条件最好、连续运用时间最长的河段。江南运河为国家政治稳定、经济发展做出了不可磨灭的贡献。

隋代对江南运河的全线整治及线路的确定标志着江南运河正式形成，而宋代塘路工程的建成则标志着江南运河全线从自然水系中脱离出来，成为独立的工程体系。

江南运河的科技价值集中体现在特定自然环境条件下线路规划的合理性和自然条件改变的情况下局部线路的调整改道等关键工程上。

此外，江南运河改善了区域交通状态，推动了地区内外的物质交流，同时也孕育了江南特有的运河文明,促进了江南地区经济的发展。运河沿线的历史街区是历史遗存、人文景观集中的地段，集中了大量历史建筑与传统民居，与大运河的关系紧密，证明了大运河突出的人文价值，也造就了江南运河沿线的特色景观。

江南运河是古代江南地区经济繁荣的历史见证，同时也是江南地区现代社会经济发展的支柱之一，大大促进了江南地区的城市发展。今天江南运河所跨越的长江三角洲地区，是中国经济最发达的区域，GDP 占全国总值的五分之一以上，聚集着历史悠久而富饶的城市群，在运河的滋养下生机勃勃[5]。

（四）申报遗产

江南运河常州城区段、江南运河无锡城区段和江南运河苏州段都是南方城区段运河的典型段落。

江南运河苏州段还包含了江南运河段的塘路工程（即吴江古纤道）和与之配套的塘路桥（苏州宝带桥等），它们是在太湖东岸界定运河堤岸的纤道和驿路，其建成标志着江南运河作为独立的水利工程体系的最终完成。苏州段中的盘门是目前申报的两处水城门之一，苏州段中的山塘河、平江历史文化街区反映了城市与运河相伴相生的特点。

江南运河嘉兴—杭州段是中国大运河各个段落中延续使用时间最长的河段之一，展现了杭嘉湖平原的大运河自春秋（公元前 5 世纪）至现代的完整演进历程。其中，凤山水城门是目前申报的两处水城门之一；长安闸是现存唯一被《国际运河名录》所记载的复闸例证；富义仓是目前申报的元明清运河中仅有的仓储设施遗存。

江南运河苏州段、杭州段和南浔段的多个历史文化街区反映了历史上中国大运河对沿线区域发展产生的强大影响力，以及大运河与苏州、杭州这些在世界城市史上的典范城市的形成发展所具有的实质性的联系。

江南运河南浔段的頔塘故道是保存完好的江南运河支线的河道，真实地反映了江南运河在古代通航时期的原有材料、位置和形态。南浔镇历史文化街区反映了城市与运河相伴相生的特点。

遗产河段九 江南运河常州城区段

江南运河常州城区段（图 4–25）是江南运河西段在常州市区内的主要河段，长约 23 千米，是南方城区段运河的典型段落。

春秋时代（公元前 5 世纪）是此段运河的始建时代。隋唐至明代之前，常州运河水系伴随着城市建设发展与航运、水利建设而逐渐完善；至明清时期，常州运河水系已趋完善，为当时常州城市依运河而盛的发展奠定了基础。由于运河水穿城而过、绕城而行，常州受到大运河的重要影响，形成了常州城依水而筑，水抱城的城水相依、人水相亲的格局。

19 世纪以前，此段运河一直是大运河沟通太湖与长江水系的主要航道的重要组成部分。19 世纪漕运结束后，此段运河作为江南运河的一部分，承担着区域航运功能。

2004 年起，在常州城区段运河以南新建了一段南移改线航段，将江南运河常州城区段河道绕开，使其失去了原有的航运主航道地位。其中，位于常州市核心区以内的“古运河”段已改为城市景观河道，失去了航运功能。其余部分江南运河河段仍保留了一定的航运功能，现为四级航道。

图 4–25 江南运河常州城区段

遗产河段十　江南运河无锡城区段

江南运河无锡城区段（图 4–26）是江南运河在无锡市区内的主要河段，长约 14 千米，是南方城区段运河的典型段落。

此段运河最早的河道（即“古运河”）始建于春秋时代（公元前 5 世纪）。隋代初期（610 年）重新疏浚和拓宽此段河道，并开凿了城区段另一段运河（即“老运河”），使江南运河无锡城区段成为沟通南北的中国大运河江南运河的一部分。隋唐宋时代（7 世纪至 12 世纪），沿着无锡江南运河河道，城镇市集持续发展并进一步增多。自 13 世纪至 19 世纪（元明清三代时期），此段运河作为江南运河的主要航道，承担了航运的主要功能，并对无锡城市发展产生了巨大的促进作用。明清时代，运河漕运促进了无锡米市的形成和发展。这些粮行堆栈都在古运河两岸沿线，形成了兴旺的城镇发展景象，反映了运河与地域社会经济发展密切相关，在很大程度上促进和带动了城镇的发展和区域经济社会的繁荣。

中国大运河漕运功能结束后，大运河无锡城区段依然承担了太湖周边与杭嘉湖地区的区域性内河航运功能。

在 1965 年和 1983 年的两次改道工程中，一段新开挖的运河完全绕开此段运河，使其失去了原有的航运功能，而改为城市景观河道与泄洪排水河道。

遗产河段十一　江南运河苏州段

江南运河苏州段（图 4–27）是江南运河在苏州市境内的主要河段，由不同历史时期开凿的多段运河组成，总长度约 73 千米。

江南运河苏州段最古老的河段（包括今“环城河”“胥江”）开凿于公元前 6 世纪，

图 4–26　江南运河无锡城区段

图 4–27　江南运河苏州段

公元前5世纪又开凿了向西北通往长江的一段河道（包括今“上塘河”）。隋代初期（610年）重新疏浚和拓宽江南运河苏州段的既有河道。9世纪初，在苏州城西北部，上塘河以北新开凿了山塘河，作为大运河北入苏州古城的又一条重要水道。此段河道后经过多次维护改建，一直是大运河江南运河的主航道，在漕运结束后仍作为区域运河发挥着重要的航运作用。

20世纪50年代和80年代，分别在苏州城西侧新开凿两段运河（上塘河与胥江之间、胥江与古运河之间的两段江南运河），绕开了原作为江南运河主航道使用的上塘河、西侧环城河与胥江、南侧环城河。上塘河、山塘河、胥江和护城河等河道自此不再作为大运河主航道使用，失去了航运的功能，改为城市景观河道与排水河道。

盘门是苏州城墙西南角的水陆结合的城门，是苏州古代军事、水运的重要通道，位于江南运河苏州城区运河故道上，是连接大运河与苏州古城的一个重要节点，战时可用于守城防御，汛期可防洪泄洪，平时可供水陆通行。

盘门始建于公元前514年，因苏州城重要的军事经济地位，在后世不断得到维护和加固。现存盘门为元至正十一年（1351年）重建，经明清两代续修。

盘门由两道陆门、瓮城与水门组成，水门内设置2道水闸，起军事防御与调控水位的作用。门朝东南，水陆两门并列，包括两道陆门和两道水闸门。两道陆门间为略呈方形的瓮城。

苏州位于长江下游多雨地区，又与运河相连，每年汛期都对苏州城产生影响，通过水门的设置，可以较好地解决城市的防洪、泄洪问题。盘门采用“面东背水”抹角做法，避开了水流方向，避免了水流的直接冲击，结构上采取水陆两门错位并列，砌筑水、陆两道城门，并把它们巧妙地组合成一个整体。

盘门是现存典型并具有地方特色的古代水陆城门，保存完好，作为遗址对外开放。

遗产河段十二　江南运河嘉兴—杭州段

江南运河嘉兴—杭州段（图4–28）北起苏州与嘉兴交界处，南至杭州钱塘江边，是江南运河联系太湖水系与钱塘江水系的河道，从北至南包括始建于不同历史时期的苏州塘、杭州塘、崇长港、上塘河、杭州中河、龙山河等多段河道。

江南运河嘉兴—杭州段始建于春秋时期（公元前5世纪）。7世纪初期（隋代）在前代开凿的运河基础上疏浚加深而成，作为江南运河南段实现了大运河全线贯通。10世纪至11世纪时（宋代时期）又在大运河与钱塘江交汇处开龙山河等河段，完善

图 4-28　江南运河嘉兴—杭州段

钱塘江运口。

其中，苏州塘、杭州塘北段始凿于汉代，全线贯通于隋代，现为运河主河道，大部分经升级拓宽改造以适应现代航运的要求。杭州塘南段开凿于元末，为运河主河道，基本保持原有线位，现为 4 级航道。南浔頔塘镇段基本保存原有尺度，保存状况较好。苏州塘、杭州塘为现今江南运河浙江段东线，长 132 千米，现为 4 级航道。

上塘河、崇长港为江南运河浙江段故道，隋唐至元末作为运河主航道，源自杭州施家桥，向东北至海宁崇福接东线主航道。其中上塘河为“三塘五坝”之一，前身为秦始皇开辟的陵水道之一段；崇长港前身为春秋时期的百尺渎、越水道。上塘河、崇长港长 46.5 千米，河道平均宽 30 ～ 70 米，现为 6 级航道，主要功能转为水利行洪。

杭州中河南北纵贯杭州城区中部，南接龙山河，水流方向由南向北汇入上塘河，现为城市景观河道。龙山河原是中河通钱塘江的水道，始凿于吴越钱镠时。宋代，龙山河由西向东北，由南水城门入城。清代末期，龙山河起自兴家桥，至大通桥外的闸口，水流由北向南，经龙山闸注入钱塘江。龙山河现南起闸口，北至凤山门，连接中河，全长 4400 米，与钱塘江已不相通，现为城市景观河道。

时至今日，江南运河嘉兴—杭州段仍作为长江三角洲地区重要的航运通道不断维护，在漕运结束后仍保持了航运功能，至今还是江南地区重要的内河航道。2011 年此段运河货运量就达到 1.15 亿吨。

江南运河嘉兴—杭州段在宋代即已采用复式船闸以实现不同水位河道间的航运功能，代表了当时世界水利水运工程的先进水平，并保存了大量拱形古桥梁，科技价值、艺术价值突出；沿线的历史文化街区都具有久远的历史，保存有较完整的运河城镇格局、历史街区、传统街巷和传统风俗，保留了典型江南水乡风貌。

大运河嘉兴段流经的地域属太湖水网平原，河港密布，在两千多年的发展治理过程中，其运河河道不断优化，形成了不同时期河道线路并存，通向各个中心城市运河河道相对独立的网状体系。

运河贯穿之地的众多物质文化遗存构成了丰富的城镇、郊野景观。运河所带来的经济、物质和文化的交流促使当地经济的发展和城镇网络形成。

遗产河段十三　江南运河南浔段

江南运河南浔段（图 4–29）的頔塘故道是完好保存的江南运河支线河道，是大运河在水网密布的长江三角洲地区延伸和扩展的河段。

頔塘运河始建于西晋太康年间（280—289 年），作为湖州地区的区域运河。隋代初期，贯通南北的大运河建成，頔塘成为湖州联系大运河的重要航道。南宋时期，頔塘成为大运河支线——江南运河西线的一部分。后多次疏浚维修，一直保持着航运功能。

1952 年于南浔镇北另开一段航道，绕开原頔塘河道，长约 1.6 千米的頔塘故道因而得以完好保留，现已无航运功能，主要作为城市排水与景观河道，河堤均为砖石护坡，有多处河埠，保存状况良好。

五、浙东运河

浙东运河位于中国大运河最南端，是中国大运河内河航运通道与外海连接的纽带，

图 4–29　江南运河南浔段

是古代海上丝绸之路的重要端点之一。

浙东运河西起杭州市钱塘江南岸，跨曹娥江，经过绍兴市，向东汇入宁波市甬江入海，与海上丝绸之路相连。浙东运河包括西兴运河、绍兴城内运河、绍兴护城河、山阴故水道、虞余运河、慈江、刹子港等河段。

（一）开凿背景

浙东运河地处浙江省东北部，钱塘江海湾南岸腹地宁绍平原上。南倚会稽山、四明山北麓，北与海岸线大致平行，自西向东横穿山前平原。区域地形南高北低，东比西略低，浙东运河一线地面高程在 4 ~ 6 米之间。

浙东地区受季风环流影响显著，雨量充沛，主要集中在 5—6 月和 8—9 月[1]，水资源总体来说比较丰富。宁绍平原的主要自然河流有浦阳江（下游称钱清江、西小江）、曹娥江以及东部的余姚江，它们都是山区型河流，水位洪枯变化很大。这些河流也是潮汐河流，下游受海潮涨落影响十分明显，给运河行运带来较大挑战。

受自然地理及台风、海潮等特殊条件的影响，浙东运河人工水道与渠化自然河道并存。从杭州至绍兴的运河基本为人工水道，有完善的水量控制工程；绍兴至宁波利用姚江及其支流，通过堰坝集中落差，改善水道水力特性，是高度渠化的水道。

（二）历史成就

浙东运河的兴建始于春秋越国的山阴水道；至南北朝时以渠化天然河道为主的运河体系已初步形成。唐代的浙东运河在绍兴以西有局部改建。宋代是浙东运河的形成时期，其标志是运河上的工程设施和管理制度的完备，国家对运河实行准军事化的管理，而且在文献中也开始正式有了“运河”之名[2]。宋代浙东运河上的工程设施也更加完善，至此浙东运河自钱塘江经绍兴、宁波通海的完整水运体系已经形成。

南宋时临安（今杭州）为都城，明州（治今宁波）、绍兴、台州是经济最富庶的地区，浙东运河成为水路干道，也是沟通海外的水道。

南宋国家政府对浙东运河直接进行管理，各段运河有军队专事维护、疏浚，实行准军事化的运河航运管理制度。

明代的浙东运河，经行路线与宋代相比大体没有什么变化。到了清代，浙东运河地位已不如明代，后期及近代更是因为政治、经济原因及交通工具的变革而日益衰落。

1　浙江省水利志．北京：中华书局，1998：155-158。

2　据姚汉源先生的研究成果，宋《元丰九域志》中，在两浙路，越州的萧山、上虞二县下中均注有“运河”，于山阴县下注有“莲河”，疑为“运河”之误。

现代，在新式交通方式的冲击下，浙东运河逐渐被取代，但仍发挥着区域性的航运、水利作用。

（三）代表性价值

1. 线路规划

特定的自然环境，赋予浙东运河独特的工程技术特点。浙东运河的线路充分利用了浙东地区自然条件，将河道开凿于山前平原上，基本沿等高线行走，人工河段的高程基本控制在 4 ～ 6 米之间，使运河水流平稳、水量充足不走泄、河道畅通，保障了航运的长期稳定运行。并且保持河道尽量远离海岸线，使运河尽可能避免海潮直接侵扰和钱塘江湾的变迁对运河的影响，保障了运河安全。

从历史时期来看，相对中国大运河各河段来说，浙东运河是出现问题最少、运行最稳定的一段运河，这一方面与浙东地区优越的自然地理环境有关，另一个重要原因就是运河线路规划的科学性。这是浙东运河能够长期稳定运行的基本条件。

2. 交流与繁荣的纽带

中国大运河遗产价值研究团队认为，浙东运河的形成，有效地把陆上主要贸易线路延伸到东海岸，这不仅使生产的南方与消费的北方相联系，而且刺激了运河所经过地区的生产专业化和经济发展，最为明显的是长江下游地区。

凭借经余姚、曹娥把宁波与杭州联系起来的水路及浙东运河，宁波实际上成了大运河的南端终点。由于杭州湾和长江口的浅滩和潮汐的影响，来自中国东南的远洋大帆船大多在宁波卸货，转驳给能通航运河及其他内陆航道的小轮船或小帆船，再由这些小船转运到杭州、长江沿岸港口以及中国北方沿海地区。而长江下游地区的产品则运集宁波出口。宁波港和浙东运河实际上为中国大运河提供了河海联运、接轨内外贸易的优良水道与港埠，是中国大运河连接世界大通道的南端国门。

此外，浙东运河不仅是古代中外物质交流的通道，也是文明交流的重要通道。宋代以来，来自高丽、日本等到中国交流的僧人大多由这条水路进入中原。北宋熙宁五年（1071 年），日本和尚成寻来华拜佛求法，由杭州经浙东运河去参拜天台山，据其记载，在杭州钱塘江北岸候潮涨后渡钱塘江，直入西兴运河，西兴无堰，但定清门有古闸基遗址；运河与钱清江交汇处有南北两堰，北堰临江，南堰距江五里，江宽“一町许”，上设浮桥以供行人往来；过绍兴城时从迎恩门入、都泗门出，都泗门用牛牵船过，此处应有堰坝；至曹娥江，候潮满后越曹娥堰入江南行，水路溯曹娥江至剡县，然后陆路去往天台山。《燕行录全集》中《锦南先生漂海录》中记载，崔溥（明成化二十三年，1488年）遭遇风暴，他及同船四十余人从朝鲜济州岛漂到浙江沿岸，经一系列波折之后，沿运河被护送至京城再走陆路回国的经历。其中关于浙东运河的记载说明了当时宁波及周边城镇运河码头和市场贸易的繁荣境况："江之两岸，市肆、舸舰纷集如云"。

（四）申报遗产

浙东运河杭州萧山—绍兴段中的西兴码头见证了运河沟通浙东运河、钱塘江的重要交通枢纽作用。其中的绍兴古纤道是中国大运河的两处纤道遗存之一。

浙东运河上虞—余姚段是联系曹娥江和姚江的重要河段，促进了沿线城镇的兴起与繁荣。

浙东运河宁波段是为避免潮汐影响而建造的航道，反映了水利、潮汐、航运技术在宋代的重要变化，并且是浙东运河通往宁波的最东段。

宁波三江口是中国大运河整体的终点，是中国大运河连接海上丝绸之路的连接点。

遗产河段十四　浙东运河杭州萧山—绍兴段

浙东运河杭州萧山—绍兴段包括如今的西兴运河、绍兴城内运河、绍兴护城河、山阴故水道等河段，西起杭州西兴的钱塘江边，东至上虞县东关镇曹娥江边，全长约90千米。

山阴故水道始建于春秋时代（公元前6世纪至公元前5世纪），是此段最早修建的一条人工水道。南北朝时期（4世纪）逐渐形成了以渠化天然河道为主的运河体系，唐宋时期在工程与制度上进行了较大的完善，形成了完整的水运体系（包括西兴运河、绍兴城内运河等河段）。而绍兴护城河由北宋皇祐年间（1049—1054年）开凿的护城壕发展而来。后来此段运河作为连接海上丝绸之路与大运河的交通要道不断受到疏浚和维护。现除了部分河道保留了原有的航运功能外，其余河道已无航运功能，改作为城市景观河道或泄洪排水河道。

遗产河段十五　浙东运河上虞—余姚段

浙东运河上虞—余姚段（虞余运河）（图4-30）东起上虞百官街道赵家村曹娥江边，至余姚斗门入姚江干流，总长25千米，是沟通曹娥江和姚江的运河河段，历史上对于促进沿线城镇的繁荣发挥着重要作用，至今仍保留着运河两岸村镇相依的自然风貌。浙东运河上虞—余姚段始建于宋代（10 世纪至 13 世纪），是利用当地的湖泊沼泽，经人工整理后形成的运河。现为六级航道，平均宽 22 米，水深 1.5 米。

遗产河段十六　浙东运河宁波段

浙东运河宁波段（图 4–31）是宋代（10 世纪至 13 世纪）浙东运河黄金时期开凿的航道，取代了丈亭以东姚江自然段，避免海潮对航运的影响，这种自然江河与人工塘河并行结合、复线运行、因势取舍的设计、构筑理念与航运方式，正是宁波地区古代航运系统的一个重要特征，体现了线路规划的科学性。通过基本人工化的慈江、刹子港进行航运。此段河道西起丈亭，经慈城向南抵小西坝，总长约 23 千米。现此段运河航运功能已减弱，为等外级航道，只可通航 50 吨以下船只。浙东运河从西往东到达明州府城的最后一段运河航程，为古浙东运河的末段。

图 4–30　浙东运河上虞—余姚段

六、通惠河

通惠河由北京向东流经通州，在通州与北运河交汇于通州北关闸，总长度二十余千米，全段纵比降约为 0.88‰。

图 4–31　浙东运河宁波段

（一）开凿背景

通惠河位于北京，地处华北平原的西北边缘，永定河和潮白河洪积冲积扇脊部，年际、年内降水分布极不均匀，平均的海拔高度在 20 ～ 60 米之间，是大运河地势较高的河段之一。

（二）历史成就

作为大运河最北端的一段，通惠河是在 13 世纪末（元代），元大都城（现北京城）同期勘察、规划、兴建、完工的漕运河道，是经过全面的前期勘察规划设计而兴建的水利航运工程。

通惠河于 1293 年 8 月修建完工，解决了漕船向北抵达当时中国的政治中心——北京的问题，使运输南方漕粮的漕船可以通过通惠河直达元代的首都，到达元代中国大运河的北方终点——积水潭（包括现今的什刹海、后海一带）。

15 世纪，通惠河部分河道被围入明代北京城皇城城墙内，自什刹海开始的一段通惠河失去航运功能，此段时称“玉河”。而通惠河终点也由元代时大都城内的什刹海改为北京城东南角东便门外的大通桥。

由于通惠河重要的水源地成为明代皇家陵寝所在地，以及明清皇城水系（北海、中南海等）对于水量的巨大需求，导致通惠河水量减少，在明代和清代的大部分时间里（15 世纪中叶至 19 世纪末），大部分南来的漕船将漕粮运输至通州，再由通州陆路转运至北京城内，仅有少量漕船可通过通惠河直达北京城附近。

19 世纪末 20 世纪初，在漕运结束后，通惠河逐渐失去了航运的功能，成为北京城市主要排水河道和景观河道。

（三）代表性价值

通惠河是与元代北京城同时兴建的水利航运工程，塑造了北京的城市河湖水系，对北京城市周边区域生态环境和城市风貌的塑造产生了长远的影响。

通惠河是第二次南北大沟通时期的大运河的北方终点段落，充分利用已有自然水系，经过前期勘查，进行统一的规划和设计，并一次施工建成，代表了中国古代高超的水利工程设计建设技术成就。

（四）申报遗产

通惠河河段中选取的申报遗产分别位于通惠河两端的两个遗产区内——“通惠河

北京旧城段”和“通惠河通州段”。

通惠河北京旧城段包含了元明清时期中国大运河的北方终点段落——什刹海以及通往什刹海的玉河故道，也体现了运河规划设计对城市形态、格局的影响。

通惠河通州段位于通惠河与北运河交汇的节点位置，是明清两代大运河漕运的转运关键节点。

遗产河段十七 通惠河北京旧城段

通惠河北京旧城段包含了中国大运河的北方终点段落——什刹海以及通往什刹海的玉河故道（图 4–32）。沿线运河遗产还包括澄清上闸、澄清中闸等。

玉河故道是从什刹海开始向东延伸至澄清中闸的运河故道，是始建于 13 世纪末（元代初期）的通惠河最北端的通往什刹海的一段河道，长约 0.5 千米。

玉河现存元、明、清河堤遗存，是北京中心城区内唯一的古河道遗址。这些遗址经历代维修沿用，包含了不同时期修建、维修的多组堤岸、河道遗址。这些河堤遗址大部分距地表约 3 ～ 4 米，河道宽度约 30 ～ 40 米，遗址现状保存良好，向公众开放。

玉河故道中心地理坐标：39° 55'56.1"E；116° 23'38.3"N。

遗产河段十八 通惠河通州段

通惠河通州段（图 4–33）是中国大运河最北方的河段——通惠河的端点段落，是通惠河在北京通州境内的一段河道，也是通惠河与北运河交接的重要河段。通惠河通州段始建于 13 世纪末（元代初期），河段西起永通桥，向东至通州北关闸汇入北运河，长约 5 千米，在元代至明初约两个世纪的时期内，是漕船经由通州向北京漕运的主要通道。

15 世纪至 19 世纪末，受到北京皇城用水增多的影响，此段运河水量不足，大部分南来的漕船将漕粮运输至通州，再由通州陆路转运至北京城内，仅有少量漕船通过

图 4–32 玉河故道

图 4–33 通惠河通州段

此段运河，将漕粮水运至北京城东侧的东便门。19世纪末漕运废弃后，此段河道主要用作北京城市排水行洪的水道。现部分河道已改为北京城市景观河道，驳岸已完全硬化，河道宽约30～40米。

通惠河通州段四角坐标（左上为A点，顺时针标注）：

A：116°36′55″E；39°54′27″N

B：116°39′39″E；39°55′05″N

C：116°39′42″E；39°55′03″N

D：116°36′56″E；39°54′23″N

中心点坐标：116°38′24″E；39°54′33″N。

七、北运河

北运河位于海河流域北部，其上游为温榆河。北运河从通州北关闸蜿蜒向南，于天津三岔口汇入海河，河段纵比降约为0.17‰，曾称沽水、潞水、白河，至明代多称运粮河，清雍正四年（1726年）改称北运河。

（一）开凿背景

北运河流域年际、年内降水分布极不均匀，各个季节河水水量差异较大，“夏秋水涨苦潦，冬春水微苦涩”，[3]在丰水期容易决口，且各水源河流上游流经山地，水流湍急，携带泥沙较多，导致北运河河流容易淤塞。北运河现状保存较好，两岸生态环境良好，现已失去航运功能，是一条重要的行洪排涝河道。

（二）历史成就

北运河始建于1205年（金泰和五年），以历史上的潞河为基础开凿，由三岔口北上至通州。13世纪末（元代初期）开挖通惠河，将漕运的航道向北延伸至大都（今北京），使漕运航船能直抵大都，促使北运河的航运业在元代兴盛一时。13世纪末至14世纪（元代时期、明初）大运河内河漕运与海上漕运[1]均经过北运河。15世纪至19世纪（明清两代），北运河主要承担内河漕运的功能。

由于北运河面临着诸多水利灾害，元代以来中国政府经常对其进行维护，形成每年一次的“岁修制度”，通过裁弯取直、疏浚河道、开挖减河等方法保持此段运河的

1 元代中期会通河不通，漕运无法通过大运河进行，因此以海船装载漕粮从长江口出海，经海河到三岔口改换河船北上到达北京。

持续畅通，进一步减少了运河水患的工程风险，体现了节制运河水量的工程能力。

（三）代表性价值

对北运河历经三个朝代、七个多世纪的不停修浚，体现出作为国家工程的中国大运河体系自古以来就受到国家的高度重视。为此，国家还设置了专门的维修运河的官员与体系，形成了固定的运河维护与管理制度，以保障运河漕运的顺利进行。这种持续的、系统的大运河维护和管理，有力地体现了漕运这一中国特有的文化传统与制度。

（四）申报遗产

北、南运河天津三岔口段是北方城区运河典型段落之一，是南运河与北运河的交接处。

遗产河段十九　北、南运河天津三岔口段

北、南运河天津三岔口段（图4–34）是南运河与北运河的连接段，包括北运河最南端的部分与南运河最北端的部分，总长度为71千米。其中北运河部分北起筐儿港减河与北运河连接处，南至天津三岔口狮子林桥，长48千米；南运河部分北起天津三岔口狮子林桥，南至天津杨柳青镇镇区，长23千米。

图4–34　北南运河天津三岔口段

其中，筐儿港减河始建于康熙四十三年（1704年），是为解决北运河在汛期难以迅速下泄洪水，导致决口冲毁运道的问题而修建的将洪水直排入海的减水河。此后筐儿港减河曾多次维修、疏浚，在分泄北运河洪水，保证漕运畅通方面起过很大作用。

三岔口是北运河、南运河与海河的交汇点。11世纪至12世纪时（金朝），由于漕运与制盐业的不断发展，三岔口成为来自南运河内河漕船北上和来自海河的海运漕船换船的交通枢纽和漕运中转站，并在三岔口附近逐渐形成了具有战略意义的重要市镇——天津（时称“直沽寨”）。13世纪末至19世纪，元明清三朝在北京建都，北运的南粮大增，无论通过海运或河运，进行漕粮航运均须经过三岔口进行转运，因此极大地促进了天津的城市发展与商业繁荣，并在周边的运河沿岸形成了杨柳青等一系

列古镇，促进了区域经济与社会的发展。因此，可以说三岔口孕育了天津城与周边城镇，是天津城市发展的“摇篮”[1]。

由于季节性水量分布不均匀、河流含沙量较大，容易淤塞甚至造成决堤，影响航运，北运河与南运河在历史上历经多次维护、改造。20 世纪初，天津遭受洪灾，在之后整治海河干流时，进行了三岔口裁弯取直工程，新建了一段河段，直接沟通狮子林桥与金刚桥，绕过北运河与南运河由狮子林桥向北的部分河段弯道，形成了今天的三岔口的形态。

北、南运河天津三岔口段现保存较好，原有堤岸和河道均有保留，河槽为单式 U 形断面，上口宽 25 ~ 110 米，堤距 45 ~ 1663 米，两岸生态环境良好。此段河道现已失去航运功能，改作城市排洪河道与景观河道。

八、南运河

南运河是运用了“三湾抵一闸”的弯道代闸技术的代表性河段，是中国大运河的重要组成部分，作为海河南系干流沟通了海河南系上游的诸多支流。河段纵比降约为 0.076‰，南起山东临清，向北在天津三岔口汇入海河。

（一）开凿背景

南运河位于华北平原中部，以卫河和漳河为主要水源，其最大地形特点是古河道高地与低地相间分布，使地面具有岗、坡、洼起伏的特点。南运河流域降水量地区分布很不均匀，全年降水量主要集中于夏季，7、8 两月的降水量占全年的 60%，河道丰枯水量变幅较大。

（二）历史成就

南运河始于 3 世纪初（东汉末年）开凿的白沟和平虏渠。7 世纪初（隋代初期）作为隋代大运河中永济渠的北部段落，之后一直沿用，宋元时期（10 世纪至 13 世纪）为御河的北部段落，到明代（15 世纪至 17 世纪）为卫河的北部段落。17 世纪至 19 世纪（清代），山东临清至天津三岔口段称为南运河。自 13 世纪末，元代大运河通过山

1 “运河自南而北，即臣所沿来之下水也。白河自北而南，即臣所溯去之上水也。二河合流于城之东以入海。城临两河之会。海在城之东十余里，即旧时江淮以南漕运皆浮大海复会于此，以达京师。今则疏凿水道，置闸闭纵，舟楫之利通于天下。城中有卫司及左卫、右卫之司，分治海运等事。”（摘自）《漂海录卷二·三月二十四日》。可见天津的发展得益于海运河运的畅通。

东北上，不再绕道中原，南运河也成为漕运在华北地区重要的交通干线。

19 世纪末 20 世纪初，漕运停止后，南运河仍可通航，直至 20 世纪 80 年代南运河航运中断，现作为区域行洪排水河道。

（三）代表性价值

1. 弯道代闸

为了解决水量变化较大给航运带来的困难，南运河在自然河道的基础上，通过人工弯道，以蜿蜒曲流的河道形态对航道水面坡降作出调整，将河道纵比降减缓，降低流速，便于行船，不建一闸而实现航道水力特性的调整，同时满足干流行洪的需要，并有效地提高了通航质量。其综合工程效益被归纳为“三弯抵一闸”。这种人工做弯体现了古代运河工程规划方面的科学性。

2. 固堤防洪工程

南运河地势较高，有些河段高于两岸地面，全靠堤防约束。而堤防多弯曲易导致堤岸坍落，险段甚多。为解决这一问题，南运河多采取夯土加固工程措施，对堤岸进行加固。南运河这种险工段加固工程，以及河道工程管理中用洪水冲淤、泥沙固堤等措施，都体现出古代河工技术中以堤治河、以河治河的特点。

（四）申报遗产

除了在前面提到的代表北运河与南运河交接的北、南运河天津三岔口段之外，申报的“南运河沧州—衡水—德州段”是南运河弯道技术的典型例证，包括了现存完好的运河夯土水工设施遗存。

遗产河段二十　南运河沧州—衡水—德州段

南运河沧州—衡水—德州段（图 4–35）北起连镇谢家坝，南至四女寺枢纽三角洲北缘，长 95 千米，是南运河弯道技术的典型代表。从地表形态来看，蜿蜒曲折，甚为壮观。

图 4–35　南运河沧州—衡水—德州段

南运河沧州—衡水—德州段现已失去航运功能，改为行洪排水河道，河道河堤保存完好。河槽为单式U形断面，河床上口宽48～84米，槽深5～6米，堤距为57～1030米。

九、会通河

会通河是元代政府在之前以洛阳为中心的大运河的基础上新修建的一段人工运河，以避免绕道迂回。并在明朝永乐九年（1411年）因严重淤塞，进行了重新整修。

（一）背景与挑战

会通河北起聊城临清市，南至济宁微山县，纵贯黄河中游冲积扇及山东丘陵西缘，地势以山东济宁南旺镇为最高，从南旺分水口向南北两侧降低，南、北两侧地形纵坡降为0.2‰左右。会通河是大运河全线地势最高、地形高差最大的河段。明代时期，会通河最高点南旺与南北两端最低点（分别位于扬州长江运口和天津静海附近）的最大高差曾达到约30米[1]。

由于会通河面临较大的年内和年际降雨不均、较高的地形高差带来的困难与挑战，决定了会通河对水源工程和水道控制性设施——节制闸的依赖。

会通河还受到黄河的巨大影响。会通河的济宁至徐州段利用泗水上游水道，12世纪起黄河南行时主流经原泗水河道，至淮安由淮河河道向东入海，对此段会通河产生了较大影响。此外，受到黄河北泛的影响，运河水道不断改道，随着南四湖（南阳、独山、昭阳、微山四湖）的形成和发育，运河河道逐渐自湖西向东迁移。

（二）历史成就

会通河开凿前，曾经有周密的区域河流水系考察和工程规划。元至元十二年（1275年），郭守敬勘察黄河、御河以及山东境内汶泗沂三河，论证黄河、山东诸水与御河沟通的可行性，确认了御河、汶水、泗水、黄河四河相互沟通的可行性，对大运河南北贯通的关键河段——会通河进行了初步规划。

1276—1289年，随着济州河和会通河的建成，此段运河初步形成[2]。元代时期，会通河的分水位置在济宁城附近。由于分水位置不在南旺最高点，元代会通河南旺段

1 《明史·河渠书》：南旺湖北至临清300里，地降90尺。南至镇口（徐州对岸）290里，地降116尺。明尺约为32厘米。
2 后来将会通河与济州河通称会通河，故济州河随时间的推移而少有提及。

难以持续运行，时常需要陆运转运。这一问题直到明初改造会通河时才得以彻底解决。1411 年重新开通会通河时，重新选址修建了会通河全段最重要的引水工程——南旺枢纽。通过修建戴村坝将汶河水位抬升，经由小汶河引水，在会通河全段的海拔最高点——南旺向运河供水。

南旺枢纽为会通河段带来了稳定水源，此后又通过建造水柜和节制闸的方式不断完善南旺枢纽。其中，兴建南旺、马踏、蜀山等四湖围堤及进水斗门，逐步建成南旺水柜，起到平衡丰枯水期水量、为运河保证供水的作用。15 世纪中叶开始，为了解决会通河纵比降较大的问题，达到平稳运河水位利于航运，并精确控制分水水量、节约用水的目的，陆续在会通河的分水岭南旺分水口南北建造一系列节制闸，形成了以南旺分水闸为最高点，全程水量节制的工程体系。

南旺枢纽水源工程和节制闸群工程是会通河上创造性的伟大工程，成功解决了会通河面临的两大问题，使会通河在五个多世纪的时间里持续畅通和运行。

12 世纪起，黄河向南改道后的 4 个世纪期间，黄河河道一直没有稳定，并不断向南北决口泛滥，对黄河中下游平原造成了很大的影响。由于 15 世纪开始，明代治理黄河采用了北堵南分的策略，在阻断黄河向北泛滥的同时，也阻断了泗水水系向东归海的水道，在会通河沿线的夏镇、鲁桥附近形成了南阳、独山、昭阳、微山四湖，后统称“南四湖”。16 世纪中叶，为了以昭阳湖为滞洪区，避开黄河北泛对运河的影响，将会通河由昭阳湖西改到昭阳湖东，至徐州附近入黄河，新河名为“南阳新河”。除了以昭阳湖为黄河泛水停潴之所，减轻了黄泛压力之外，南阳新河海拔较高，河面坡降较小，解决了原会通河河道由于所经地区地势低下且水位落差较大，造成的容易被洪水影响和水量容易流失的问题。

此后，为了进一步避开黄河的影响，减少借黄行运的河道长度，会通河南四湖以下不断向东开新河，逐渐形成了中河的北段。现存会通河除济宁以南段部分通航外，其余河道或作为遗址保存下来，或被用作排灌、行洪河道和城市景观河道。

（三）代表性价值

会通河是有卓越的规划设计、建造规模巨大的运河工程，使中国大运河实现了距离最短的南北贯通。

会通河沿线工程密集，是大运河工程技术最复杂的河段之一，也是大运河中通航困难最多、治理最难和管理最为复杂的一段。会通河穿越运河地势最高的一段——山东丘陵西部，在地形高差最大的河段，通过梯级船闸和南旺枢纽等运河全线的关键工程，成功地实现了多条河流的水源调配和水道水深的控制。会通河在较长距离的水道上实现连续节制闸的设置及运用，体现了中国水运工程的杰出施工维修技术和完善的管理体系。

除了完善的工程设施外，会通河段还有严格的水源管理制度，尤其是明清时期通过法律或规章，在会通河水柜——南旺诸湖等地严禁民间引水灌溉和围垦占种。会通河水源工程的闸坝体系，水道上具有节水、平水功能的闸群，这对工程管理提出了更高的要求。会通河凭借完善的工程管理制度，保证了此段河道持续运用五百多年，见证了中国古代政府专门为保证漕运而建立的系统性漕运体制。

南旺枢纽的建设、会通河南段为避黄改线的工程，历经数十年乃至百年方才成形，体现了大运河工程体系的动态性、适应性特点，也展现出为了保障大运河畅通而持续的开发过程。

总之，会通河在大运河全段地形高差最大的河段，通过水源工程、水道节制闸群成功地实现了多条河流的水源调配和水道水深的控制。会通河水道和水源工程规划以及水资源调度和管理，代表了在没有石化动力的水运时代，中国大运河卓越的技术成就。

（四）申报遗产

申报的“会通河临清段”位于会通河段的北端，是大运河卫河（清代临清以北称南运河）、会通河的交汇区域。申报遗产中包括了唯一的钞关遗存。

会通河阳谷段集中体现了会通河作为“闸河”的特点，基本保存了元代修建以来历时沿用的风貌。

南旺枢纽是为了解决大运河跨越水脊难题而建设的大型综合性水利水运枢纽，是大运河上最具科技价值的节点之一。

会通河微山段是大运河全段唯一一段湖中运道，体现了大运河沿线人工干预下的河湖水系变迁以及运河工程与之相适应的演进历程。

图 4–36　会通河临清段

遗产河段二十一　会通河临清段

会通河临清段（图 4–36）是大运河会通河最北端的河段，是卫河与会通河连接的两部分水道，其中北道称为元运河，南道称为小运河。元运河西起与卫河交汇处，东至鳌头矶；小运河西起与卫河交汇处，经过鳌头矶，东至邱屯枢纽。两部分运河总长 8 千米。此段运河后历经疏浚维护，直到漕运结束后，会通河临清段失去原有航运功能，改为排洪灌溉河道。现河道保存较好，基本保持原状，河道线路未发生明显变化，鳌头矶、北道、南道都仍留存。

遗产河段二十二　会通河阳谷段

会通河阳谷段（图 4–37）北起阿城下闸以北 1 千米处，南至金堤闸，长 19 千米。此段运河又名“小运河”，于元代至元二十六年（1289 年）开凿。14 世纪初陆续修建阿城上下闸、荆门上下闸，后明清时期历经多次维修。

漕运结束后，会通河阳谷段失去航运功能，改为排洪灌溉河道。现河道保存较好，河床宽 30 ~ 50 米，堤岸主要为土壤植被护坡，良好地保持了自元代以来历史沿用状态。

会通河特有的地形和水源条件，决定了此段河道上必须依靠工程措施提供水源和维持航道水深。会通河阳谷段连续闸的运用，体现出水运工程管理在元明清时期达到的最高成就。

遗产河段二十三　南旺枢纽

南旺枢纽（图 4–38）是为了解决大运河跨越水脊难题而建设的大型综合性水利水运枢纽，是大运河上最具科技价值的节点之一。它通过疏汶集流、蓄水济运、泄涨保运、增闸节流等措施，科学地达到了引汶、分流、蓄水的目的，实现了对水资源进行年际、年内调节的效果，从而保障了大运河在之后约四个世纪顺利通航。

1. 背景与挑战

南旺枢纽位于济宁汶上县南旺镇，是大运河全线位置最高的段落，平均海拔 43 米，

图 4–37　会通河阳谷段

图 4–38　南旺枢纽

由地势最高点南旺分水口分别向南北倾斜，与会通河南北两端高差达三十余米（明代测得），地势高而水源不足是此段面临的巨大挑战。

2. 措施与成就

南旺枢纽主要由戴村坝、引水河（小汶河）、南旺水柜、分水口组成。南旺枢纽修建于 15 世纪（明朝初期）。在此之前，于 13 世纪末（元代初期），为了解决大运河跨越水脊难题而修建了济宁分水工程，引汶河水由南旺以南的济宁附近汇入运河。但济宁地势较南旺低 8 米，造成济宁至南旺一段运河供水不足，难以行船。明初重新开通会通河时，在南旺东北的汶河上修建了戴村坝，将汶河水抬高，经小汶河将抬高的河水引入运河，由运河沿线地势最高的南旺分水口汇入运河，向南北两个方向给运河供水。在戴村坝建立之后约 70 年，为了精确调配供水与分水的水量，又在南旺分水口南北两侧的水道内陆续修建了柳林闸、十里闸、寺前铺闸等节制闸，起到调配向两侧供水水量的作用，多闸的联动和控制实现了会通河南北段的分水比例定量控制，达到了有效控制水道航深的目的。

又考虑到由于汶河属山溪型河流，汛期洪水水量占全年的 70%，水量分布十分不均衡，因此在引河水入运河处设置了多处水柜（南旺湖、蜀山湖、马踏湖等），蓄引多余水量和汛期洪水，以增加调剂运河供水的能力，并在水柜与运河之间设置了邢通斗门、徐建口斗门等水门以调控进出水柜的水量。水柜还起到为运河防沙防淤的作用。在汶河洪水期间开蜀山湖、马踏湖闸蓄水，泥沙随之入湖，经过沉淀后，再引入南旺湖蓄积，南旺湖的清水再入会通河，“如此，则二湖之役，不惟可为水柜，亦可为沙柜矣。[6]”有了沙柜容蓄，由河道清淤转而为沙柜集中清淤，疏浚可间隔数年进行一次。南旺疏浚工程巨大，但是集中在湖中疏浚，施工战线大大缩短，难度降低。

在地形上，运河高而湖低，平常湖水不能畅流入河，此外，在分水口附近还修建了分水龙王庙建筑群等辅助设施，逐步完善了南旺枢纽的配套设施，在四个多世纪的时间里实现了大运河全线最高的河段——会通河的持续畅通。

对于南旺枢纽，人们还围绕济运保水建立了一整套严格的航运、水利管理制度。明清两代均设立严格的规定，禁止侵占水柜湖泊，严格管理会通河水源，有力地阻止了地方生产生活行为对运河水工设施的影响，维持了水柜的调蓄作用，使会通河漕运量大大增加[1]，并得以畅通数百年[7]。

---

1 经过明朝初年的大力治理，会通河的通航能力大大提高，漕船载粮的限额由元朝的每船 150 料提高到明朝的每船 400 料；年平均运粮至京的数量由以前的几十万石猛增到几百万石。明初成功地重开会通河，加强了永乐帝迁都北京的决心，并宣布停止取道海上运输南粮。

3. 代表价值

中国大运河遗产价值研究团队认为，会通河南旺枢纽是大运河全段最有工程规划特点的一段，以至于17世纪访问中国的英国使团在路过南旺时表述出如此的感想："当时运河的设计者一定是从这个高度统筹全局的。他站在这块地势很高的地方，运用匠心设计出这条贯穿南北交通的巨大工程。他计算出从这里到南北两个方向的地势斜度，沿路河流所供给的水源，设计了许多道水闸，同时还估计到由于开闸放船所损失的水量可以由地势比这里更高的汶河的水补充过来，汇流之后分为两个不同方向的支流。"

位于大运河全段最高河段的南旺枢纽，以筑坝提升自然河流水位的方式，为运河行船提供持续有效的引水。这是在严酷的自然条件下，科学设计和系统管理的规模宏大、高效节约的运河水源工程，保障了大运河持续、畅通地运行了四个多世纪，比为法国米迪运河提供供水的黑山水源工程早两个多世纪，是世界范围内较早建设、有效解决运河供水问题的大规模水利工程设施[5]。

遗产河段二十四 小汶河

古汶水是山东中部的一条大型天然河道，它由泰蒙山涧诸水汇集而成，经大汶口等地至须昌（东平）的安民亭南入济水。因其流域面积大，集水快，加之堤防残缺，而且长年失修，所以历史上曾在其下游不断出现洪水漫溢决口，形成多股分流的状况。这些分流的水道，史料中称为溜道（即汶水故道）。

明永乐九年（1411年），为解决会通河水源不足的问题，人们堵塞了元代修筑的堽城斗门，在汶水下游戴村坝处（今大汶河）筑坝阻挡汶水，使其流经南旺入运。为将汶水引入南旺，在筑戴村坝的同时，重新疏通启用了这条汶河溜道，长八十余里，引汶水至南旺南北分流，南接黄淮，北通漳卫。明清两代曾多次疏浚治理，维修加固，新建大坝，调节水量。

清末，小汶河（图4–39）逐渐失去了济运作用，由于无人管理导致汛洪无法控制，时常泛滥成灾。

图4–39 小汶河

1959年，由山东省水

利厅主持修筑小汶河拦河坝（在泗汶庄西），结束了大汶河分水南流的历史。

1963 年，对小汶河河道做了局部调整，将北泉河曹营以上的 192.5 平方千米的面积改道入小汶河，并将小汶河下游通过二道沟，泄入总泉河，废除了小汶河拦河坝至曹营西北段河道 2.2 千米。

1965 年，修筑小汶河拦河坝复堤。

1977 年，经济宁、泰安、菏泽 3 市地及有关县协商，将小汶河自下游中王庄起，经十里闸北改道，直入梁济运河。

1979 年，小汶河改道工程由汶上县完成。废除了中王庄至南旺分水龙王庙河道 11 千米。改道后，小汶河从上游宁阳县东皋村东北至梁济运河全长 86.9 千米。

1980 年，修筑小汶河拦河坝石护坡。

1985 年，修筑小汶河拦河坝复堤石护坡。

1987 年，兴建了引汶补源工程。第一期工程主要是疏浚曹营至中王庄旧河道，开挖松山东至原松山水库大堤口 2.7 千米的引河，第二期为建筑物工程，兴建了松山东进水闸、李集节制闸，改建了琵琶山进水闸。

2006 年，小汶河作为京杭大运河一部分，被国务院列入第六批全国重点文物保护单位。

图 4–40　会通河微山段

遗产河段二十五　会通河微山段

会通河微山段（图 4–40）是大运河会通河段南部的一段河道，北起微山县南阳镇，南至利建闸，长约 9 千米，是大运河全线独特的位于湖内的一段运道，是明代开凿的南阳新河的一部分，又称“湖中运道”。

1128 年黄河改道南行后，至明（15 世纪初）已经两百多年，黄河下游河道已经抬高，黄河中游频繁决口北泛，对会通河干扰极大，甚至淤塞会通河河道达百余千米。1528—1567 年，新开凿一段河道，将会通河由南四湖[1]西改到湖东，试图以南四湖为滞洪区，缓冲黄河北泛对运河的影响。新开凿的河道名为“南阳新河”。

1　12 世纪黄河南泛，侵夺了泗水河道，因排水不畅而潴积成南四湖。

南阳新河对后世运河影响深远，此后，会通河南四湖以下，不断向东开新运河，陆续形成后来的中河段。

随着微山湖水域的扩大，万历末年，南阳新河全部淹没于南四湖中。本次申报的湖中运道即为其中位于南阳镇至利建闸间的部分。

19 世纪末至 20 世纪初，漕运逐渐中断，此段会通河遭到废弃。此段运河现主要功能为景观、防洪、排涝、蓄水、灌溉等。

根据相关考古与测绘工作成果[1]，会通河微山段与史书、碑刻记载的情况基本相符，现存原始河堤基本为土堤，运河宽度在 15 ～ 18 米，未淤塞河道深度最深为 5.5 米，最浅为 3.5 米，平均深度为 4.8 米，河道、堤岸保存状况较好。

十、中河

中河段北起山东微山县夏镇，经江苏北部徐州市、宿迁市和淮安市，南抵江苏淮安清口枢纽。中河北接会通河，南接淮扬运河，历史形成过程先后包括泇河、皂河与中运河 3 段河道。

（一）开凿背景

中河跨越黄淮平原，沿线地面高程由中河北部的 35 ～ 42 米，逐渐低落至淮阴市附近仅 10 米左右，河道地势北高南低，纵比降约为 0.1‰。

中河以汶水和沂沭泗河为主要水源，同时利用南四湖[2]、骆马湖等为水柜，调节运河水量和水位，保障运道畅通。沂沭泗河和淮河均有汛期集中、年际变化大的特点。洪水时，中河处于洪水威胁之下；干旱时，中河则失去沂沭泗河及淮河补给，常遇浅阻或断航。1128 年以后，中河段一度以黄河为运道或水源，由于黄河泥沙量大，不仅破坏了沂沭泗河和淮河水系，且使运河淤为地上河，至今仍为治理难点。现中河仍是物资南运的重要通道，通航条件较好，主航道具备二级航道规模，可通行 2000 吨级的船舶。

（二）历史成就

泇河、皂河、中运河 3 段运河的相继建成使中河段最终摆脱借黄河自然河道行运

1 详见《2012 年京杭大运（济宁段）湖中运道水下考古调查评估报告》。

2 南四湖形成后，四湖界限不清。1983 年后明确四湖界限。其中，微山湖位于南四湖南端；昭阳湖在南四湖中部，南接微山湖；独山湖在南四湖东北部，西北接南阳湖，西、南两面连昭阳湖；南阳湖在南四湖北端，东南接独山湖，南靠昭阳湖。清咸丰年间，南四湖总面积约两千平方千米（历史最大时期），由于淤垫，其面积逐渐缩小。1935 年洪水位时，全湖总面积为一千五百余平方千米。现面积为一千两百余平方千米。

的状况，标志着大运河全段实现了完全的人工控制。

元代初期，纵贯南北的大运河自徐州至淮阴借用黄河河道行运，形成所谓的“借黄行运”“漕行河道”的格局。由于黄河含沙量较高，河中险滩、水流湍急处较多，而且黄河又经常决口淹没淤塞北岸会通河，该段运道成为明代及清初运河治理的难点。为此，自 16 世纪末期（1593 年）便开始规划改移运河路线，先后在南四湖东侧接之前开成的南阳新河而开凿泇河[1]（1593—1604 年）、皂河（1680 年）[2]和中运河（1686—1699 年），并改造黄河北岸运口（1703 年）[3]，最终实现了运河与黄河的分离，不再通过黄河河道航运行船，并最终形成今天的大运河中河的路线。

大运河除与黄河在清口平交外，与黄河完全脱离，此后漕船重运一出清口即过黄河，顺中河北上，避黄河二百里之险。运河过淮后抵北京通州的时间较此前缩短一个月。

（三）代表性价值

中河开通之前，中国大运河第二次贯通南北仍需借道黄河。中河主要为避黄而开凿，其面临的问题主要集中在与黄河的复杂关系方面。为解决这些问题而在规划设计和工程技术方面所取得的成就代表了农业文明时代人类较为先进的科技与工程水平。

在多次改移黄运交汇的运口仍不能解决黄河行运艰险的情况下，明清时期逐步实施运河脱离黄河的规划设计，先后开通泇河、皂河和中河。中河的开通，不仅使运河彻底与黄河分离，而且代表着中国大运河空间格局的基本奠定。此后大运河路线较少变迁，直至今日。

（四）申报遗产

中河台儿庄段与宿迁段是中河段的代表性段落，见证着中国大运河在 17 世纪末最终全段彻底脱离了借自然河道行运的状况，实现了完全的人工控制。两处遗产区分别体现了运河与沿线城镇发展的密切关系，沿骆马湖畔行进的运河线路，中河宿迁段遗产区还拥有中国大运河遗产中申报的两处皇帝行宫之一——龙王庙行宫。

遗产河段二十六　中河台儿庄段

中河台儿庄段（图 4–41）北起台儿庄月河与韩庄运河西侧连接处，南至台儿庄月河与韩庄运河东侧连接处，长约 3 千米。

1　泇河使运河与黄河交汇处的运口位置随之发生变化，由徐州移至宿迁以北的直河口。运河部分与黄河脱离。
2　皂河北于窑湾接泇河，下通黄河。后改造黄河运口，黄河和皂河自西向东互相平行，不再交叉，为航运带来极大的便利。
3　原黄河北岸运口太直，易于倒灌清口枢纽，后于清口下游七里设新运口。自此，从淮扬运河北上的漕船一出清口，顺黄河行七里，再入中河，“扬帆北上而无溯黄逆挽之艰”，完全实现了运河与黄河的分离。

中河台儿庄段始建于16世纪末至17世纪初（明万历年间），后历经多次疏浚。在19世纪末至20世纪初漕运终止后，此段运河仍作为区域性航运线路保持了运输河道的功能，直到1959年在台儿庄城外新建一段运河，将运道主线改在城外，此段运河失去了原有的航运功能，作为城市景观河道保留至今。

图4–41　中河台儿庄段

目前此段运河河水水质良好，河道的河床宽27～100米，堤岸主要为土壤植被护坡，是具有良好通航条件的景观河道。

遗产河段二十七　中河宿迁段

中河宿迁段（图4–42）北起窑湾，南至宿迁大王庙，长41千米，是清代为避黄行运、引骆马湖济运而修建的河道。

图4–42　中河宿迁段

清初，由骆马湖行运。至康熙十八年（1669 年），于骆马湖西开皂河连接泇河和黄河，中河宿迁段即属于原皂河的一部分。中河宿迁段东侧紧贴骆马湖。骆马湖是明清时期中河的主要济运水柜，解决了中河水源匮乏的问题。在漕运终止后（19 世纪末 20 世纪初），此段运河仍作为区域性航运线路保持了运输河道的功能，后经多次拓宽整治，至今仍承担着航运的功能，是苏北航运的重要水道和南水北调的主要通道，为二级航道。

参考文献

[1] 宁远，等 . 淮河流域水利手册［M］. 北京：科学出版社，2003.

[2] （唐）魏征．隋书（卷三）．炀帝纪［M］．北京：中华书局，1973.

[3] 周魁一，等 . 二十五史河渠志注释［M］．北京：中国书店，1990.

[4] 文化遗产丛书编辑部 . 在江河湖海之间——大运河扬州段文化遗产 . 南京：东南大学出版社，2014.

[5] 国家文物局 . 中国大运河申遗文本 . 2013.1.

[6] （清）张伯行．居济一得（卷 2）．丛书集成本．上海：商务印书馆，1936.

[7] （清）黎世序．续行水金鉴（卷 73）［M］．上海：商务印书馆，1936.

第五章

中国大运河水工遗存（二）

一、中国大运河湖泊遗产

在中国大运河水工遗产中，有一类特别的遗产就是湖泊遗产。在大运河初创时期，由于生产力水平不高，难以开挖较长的河道，当时许多河段都是采用借湖行船的办法，即在湖泊间开挖较短的水道，使之相连，从而实现航运的目的。中国大运河最早的一段古邗沟（图 5–1）就是通过这一方法，联结起渌阳湖、樊梁湖、射阳湖等众多的湖泊，从而实现了从长江到淮河的航运。到后来，当漕运成为国家的制度，因为湖中时有风浪，造成漕船倾覆，耽误了漕粮交付，官员常常会受到处罚。因此，在生产力较为发达的条件下，人们在天然湖泊外专门开辟了一条河道用于航运，实现了河湖分离，这就是里运河。虽然有了里运河，但在整个大运河沿线为大运河提供水源、分泄洪水的湖泊还有很多，如淮扬运河段的洪泽湖、射阳湖、高邮湖等。但从完整性来衡量，最终列入中国大运河世界遗产的湖泊，只有北京的什刹海和扬州的瘦西湖两处。

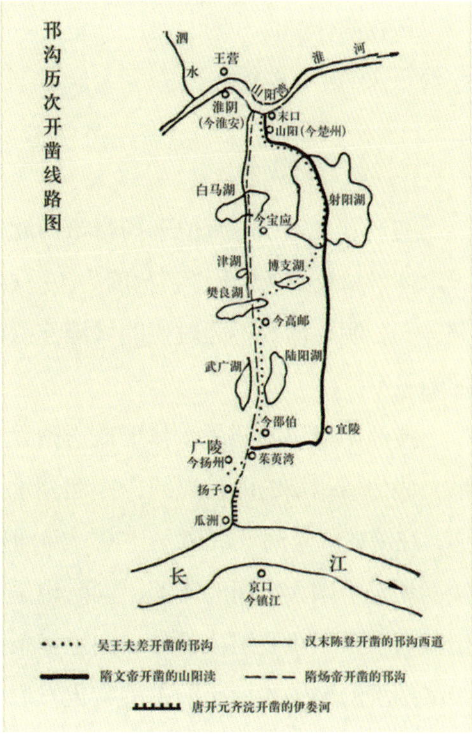

图 5–1　邗沟历次开凿路线图

（一）什刹海

什刹海位于今北京城区内，包括前海、后海、西海 3 个自西北向东南连续排列的弓形湖泊。

元代时，什刹海作为大运河北方终点，是北京城内重要的漕运码头，属于利用湖泊水系建成的水库港。什刹海又名“积水潭”。积水潭码头当时“舳舻蔽水”[1]，来自全国的物资商货集散于此，使得码头东北岸边的斜街和钟楼一带成为元大都城中最为繁华的闹市。元朝灭亡后的一个世纪之内，积水潭码头被废，水面不断缩小。

1　什刹海元代时又名“积水潭”，元李洧孙《大都赋》描绘积水潭：“东隅浮巨海而贡篚……川陕豪商，楚大贾，飞帆一苇，径抵辇下”。

自明代起，什刹海失去了运输和码头的功能，转化成文人游赏的景区，水域面积继续缩小，逐渐形成今天的什刹海。

现在的什刹海（图 5–2）是北京中心城区的一个景观湖泊，水面面积约 34 公顷，平均水深约 1.5 米。

（二）瘦西湖

瘦西湖（图 5–3）位于扬州市西北郊，是从清代扬州城北垣绵延至北郊蜀冈的狭长水体，总长约 4.5 千米，宽度为 13 ～ 116 米。瘦西湖是由隋唐大运河水系和隋、唐、宋、元、明、清等不同时代的城濠连缀而成的带状景观，始终与大运河保持着水源相通的关系。

瘦西湖最早的两段水体形成于隋代。宋元时期，与城濠连接成一个更大范围的水系，成为扬州城的西护城河。瘦西湖水道沿用历代扬州城护城河，并经人工疏浚、凿通，在清乾隆年间（1736 ～ 1795 年）形成一条连贯的细长又富曲折变化的线形水体。瘦西湖是中国大运河的支流，同时也是中国大运河上独特的文化景观，瘦西湖作为扬州城市水系的重要组成部分，通过多条河道与大运河相连。瘦西湖反映了中国大运河沿线经济的繁荣和由此而生的文化发展情况，是与中国大运河带来的思想、文化、技艺的交流和汇集密不可分的运河文化景观。

图 5–2　通惠河北京旧城段——什刹海

图 5–3　淮扬运河扬州段——瘦西湖

二、中国大运河水工设施

中国大运河的水工设施是运河发挥其运输功能的主要依靠，列入世界遗产名录的中国大运河水工设施共有 34 处。下面按传统的中国大运河十大河道顺序来介绍中国大运河水工设施。

（一）通济渠上的水工设施

水工设施一　柳孜运河遗址

柳孜运河遗址（图 5–4）是我国隋唐大运河建筑遗址的首次发现，从中清理出石构建筑、木质沉船、瓷器、铜钱等一批重要的遗迹遗物，为了解、研究运河的形成、使用、淤塞、废弃过程提供了重要的实证资料，有力地证明了隋、唐、宋三个朝代（7 世纪至 12 世纪），大运河通济渠段的流经路线、航运方式、运输货物等重要历史史实。

图 5–4　柳孜运河遗址

柳孜运河遗址主要包括运河河道、左右两岸的河堤、两岸的石筑台体（可能为运河桥梁遗址）、河道中间的石墙体、木桩、木船、灰坑等。

北宋早期（10 世纪）的运河两岸石筑台体（初步判定为桥墩）是大运河沿岸重要的桥梁建筑遗址。其中，右岸（南岸）石筑台体长 14.3 米，宽 9.2 米，高 5.05 米，保存较好；左岸（北岸）石筑台体长 12.7 米，宽 7.7 米，残高 4.5 米。两者相距 18.7 米，形制和砌筑方法相同，初步判断建于北宋早期，根据考古推测可能是桥墩。在南岸石筑台体迎水立面的下方河道中，发现若干一端削尖的横置木桩，木桩直径为 30 厘米左右，最长 5 米，为北宋时期木构件，推测可能为桥上用料。

北宋时期（10 世纪至 12 世纪）的大运河右岸河堤遗址坡度为 45°左右，其河坡中成排的木桩遗址印证了史料中的"木岸狭河"[1]，即采用将木桩密集排列打入河中的方法，使河床束窄，水深加大，水流加快，以改善航运状况，并起到将断面宽度缩窄后冲刷河床、减轻淤积的作用。它证实了宋代治汴实施的"木岸狭河、激流冲沙"，将隋唐大运河由宽 80 米缩为宽 40 米的史实。

柳孜运河遗址还包括多条沉船。其中压覆的两条沉船为宋代沉船，另外六条沉船发掘于南侧，即宋代河道的堤坝下。八条沉船中，两条为独木舟，可能为渡船，六条为中、大型运输船，根据残长推算，中型船运量可达 1 万千克、大型船运量 3.5 万千克，应为当时的主要漕船。对其中的 1 号船和 2 号船进行了考古整体提取，转移至淮北市博物馆进行了考古研究，并对外展出。

1　仁宗嘉祐元年（1056 年），"自京至泗州置汴河木岸"。嘉祐六年（1061 年），"河自应天府抵泗州，直流湍驶无所阻。惟应天府上至汴口，或岸阔浅漫，宜限以六十步阔，于此则为木岸狭河，扼束水势，令深驶。"治平三年（1066 年）狭河木岸工程完工，结果使"旧曲滩漫流，多稽留覆溺处，悉为驶直平夷，操舟往来便之。"

柳孜运河中心点坐标为 116° 36′ 14″ E；33° 49′ 16″ N。

（二）淮扬运河上的水工设施

淮扬运河上的水工设施有很多，因清口枢纽列为综合遗存，将在第七章专门介绍，这里只介绍其他五处水工设施。

水工设施二　清江大闸

为了在航运过程中克服水位差，并调节黄河淮河涨落对运河的影响，15 世纪之后，在淮扬运河河道上陆续修建了清江大闸（图 5–5）等水闸，起到调水通航的作用。清江大闸位于清口枢纽东侧的里运河上，是明代开凿的“清江浦”上 4 座协同工作的节制闸之一。明清两代，作为大运河南北交通要道的清江浦上的清江大闸位置十分重要，有“漕运咽喉”之称，闸体前后水位落差较大，水流湍急，每年过闸北运漕粮达 400 万担左右。现存清江大闸保存完好，正闸高 11.5 米，闸门宽 7.3 米。

清江大闸始建于明永乐十三年（1415 年），初称清江正闸，后改称龙王闸，也称龙江闸。清代康熙三十八年（1699 年）进行拆修，雍正十二年（1734 年）重修。乾隆四年更名为清江闸，乾隆五十二年（1787 年）曾予维修。民国二十八年（1939 年）国民党撤退时被炸毁，民国三十五年（1946 年）三月苏皖边区政府修复。

2006 年，清江大闸作为京杭大运河的一部分，被公布为第六批全国重点文物保护单位。

水工设施三　洪泽湖大堤

洪泽湖大堤（史称高家堰）是位于洪泽湖东岸长达 70 多千米的防洪蓄水的巨大土方工程，是清口枢纽引淮措施的重要组成部分。

自 12 世纪开始，黄河向南改道，在其侵占的淮河河道下游积沙渐高，使淮河泄流日趋不畅，因此在清口上游的洪泽凹陷区潴积，水面逐渐扩大，形成洪泽湖。

图 5–5　淮安清江大闸

明清两代，为配合清口枢纽“蓄清刷黄”“束水攻沙”的工程策略，解决黄、淮运交汇处泥沙淤积、汛期防洪等问题，在洪泽湖的东侧，大体以历代修筑的塘堰为基础，加筑土坝石堤，抬高洪泽湖水位，使之高于黄河水位，以蓄积导引淮河来水，冲刷黄河运口河床。

万历七年（1579 年）将洪泽湖大堤土堰改筑石工墙，并加高加固，向南延伸 25 千米到越城，此时大堤总长达 42 千米。清代延续明代的治水方略，在康熙十六年（1677 年）将大堤从周桥延伸到蒋坝，并全部建筑石墙护坡，以抵御风浪冲击。

明清时期的几个世纪里，为防止不断升高的洪泽湖溃堤决口，保障运河漕运的畅通，洪泽湖大堤被不断加固维修，陆续被改造为石砌堤。历经兴废，决而复修，毁而复建。

从明万历八年（1580 年）起，洪泽湖大堤在迎水面开始增筑直立条石墙护面，到清乾隆十六年（1751 年）的 171 年内，筑成长 60.1 千米，高 7 ～ 8 米的石工墙，蜿蜒曲折，甚为壮观，且规格统一，是用长 0.8 ～ 1.2 米、宽厚各 0.4 米的 6 万多块条石砌成，筑工精细，这些从山东和江苏盱眙等地运来的玄武岩条石，据测算共有 60 万立方米之多。洪泽湖大堤是代表了中国古代高超的大规模工程施工科技的宏大工程。

洪泽湖大堤这项浩大的工程历时 171 年，筑堤 70.4 千米，其中垒砌石工墙 60 多千米，今天仍是淮河防洪工程的重要组成部分，受到重点维护。现存洪泽湖大堤主堤保存完好，呈现的古代石工墙基本完好。

洪泽湖大堤古称高家堰，始建于汉献帝建安五年（200 年），史载广陵太守陈登“大筑高家堰，于渚湖荡之东北隅，约 30 里”，唐代增修“唐堰”于“汉堰”之南，到明代永乐年间，作为治理黄、淮、运结合部的关键工程高家堰，又增做土堤并将土堤筑到蒋翟坝（现蒋坝镇），以后又分段砌筑砖石护面和笆工（即排桩防浪工）。明万历七年（1579 年），潘季驯“大筑高家堰”，切断淮河向下游旁溢的汊涧，使洪泽湖形成人工水库，并于万历八年（1580 年）开始增筑直立式条石墙护面，由于工程浩大，加之水、旱、蝗、震等自然灾害和战乱，洪泽湖大堤增砌的条石墙工程竟经历了明清两代的 171 年，至乾隆十六年（1751 年）才算基本告成。

由于洪泽湖的洪水出路没有解决，几百年来每逢黄淮“异涨”，上游来水与下游泄洪能力悬殊较大，常使堤防溃决，造成下游毁灭性灾害。为了谋求洪水出路，从明代万历二十三年（1595 年）起，建造了周家桥、高良涧和武家墩三个分水石闸，清代则从康熙十二年（1673 年）起先后增筑过 23 座减水坝，这些减水石坝一般由北向南逐步增建，减水坝迎水面矮墙及两侧翼墙均如直立式条石挡浪墙结构，底部条石护堤下面均有三合土和木桩（桩间有碎石固基，坝后有块石防冲护脚）。然而在长期挡水运行过程中，由于屡建屡溃，决而复堵，毁而复建，历经兴衰，史不绝书，尤其在康熙、乾隆南巡中，对于修建堤坝和泄洪启放标准有着大量记载，这些闸坝直到清咸丰五年（1855 年）因黄河北移而废止。

中华人民共和国成立后，新中国对大堤进行了 4 次较大规模的加固维修工程。1952 年，成立三河闸管理处，负责大堤的维修、保护、管理工作。

在洪泽县城南 12 千米处周桥船坞竖一高 180 厘米、宽 110 厘米、厚 40 厘米，毛泽东题写“一定要把淮河修好”的碑。该碑原为蒋坝五里牌乾隆御碑，1967 年被改刻移至现址。

1985 年 6 月 25 日，国务院批准了水利电力部《关于黄河、长江、淮河、永定河防御特大洪水方案的报告》，该法规性文件中指明洪泽湖大堤为四大江河防御重点之一。

1976 年防汛检查时，在原龙亭遗址地下发现一块断为两截的御碑，其字迹、内容、尺寸与原乾隆御碑完全相同。估计当年勒石时不慎导致碑体断裂，并就地淹埋，另刻一石重竖。后出土石碑现藏三河闸管理处。县城南 18 千米处现存县级文物保护单位头坝遗址，两坝头石工墙保存完好。县城城南公园和进水闸旁及三河闸管理处现存铁牛 4 头。铁牛于 1982 年被江苏省人民政府公布为省级文物保护单位。洪泽县图书馆于 1993 年建立文物保护档案。2006 年，洪泽湖大堤（图 5–6）被国务院公布为第六批全国重点文物保护单位。

1. 洪泽湖大堤头坝

洪泽湖大堤头坝位于洪泽县城南 20 千米。为伏汛泄洪，自明嘉靖元年（1522 年）至清道光六年（1682 年），有记载的各种减水坝有 26 座。乾隆十六年（1751 年）又添建“智”“信”两坝，与前期的“仁”“义”“礼”三坝合称“上五坝”，信坝就是现称的头坝。

头坝进水石坎长 192 ~ 210 米，翼墙下口宽约 233 米，纵深 38 米，两坝头地面以上可见 8 层条石（地下 9 层），地面以上高约 3.4 米，反映了原始减水坝的造型。

头坝段保留了较为完整的原有减水坝整体平面格局与规模。坝体基本保留原有的地势坡度，具有较高的真实性和完整性。

图 5–6 洪泽湖大堤

头坝是洪泽湖上重要的减水坝，反映了洪泽湖大堤的巨大规模与中国古代高超的水利工程施工技术。

2. 张福河

张福河是为了引洪泽湖水冲刷黄河河道、为运河供水的多条引河之一，开凿于清康熙三十九年（1700 年），后多次疏浚，不断扩宽、延长，该河道保存较好，目前仍可通航，河道两岸的河堤保存完好。

水工设施四 刘堡减水闸

刘堡减水闸（图 5–7）位于大运河宝应段大堤的东岸，是调节运河与宝应湖之间的水位差，保障漕运水位，保护大运河堤防安全的水工设施。

刘堡减水闸始建于明万历十二年（1584 年），后经过多次修缮，清乾隆年间逐渐淤塞废弃，现为遗址状态。刘堡减水闸为青石砌筑，堤坝、闸墙以及西侧摆手基本保存完好，可清晰地看到木桩基础、堤闸石工以及水闸设计与两侧水位的关系。

考古发掘中发现了大量的条石、大砖、木桩及用条石和大砖垒砌的石墙。刘堡减水闸现存大量明代石堤及石闸等水利工程的遗存。其中，减水闸摆手偏向西北，主体部分由石工构成。整座石闸下方由地钉顶托，地钉呈排桩形式，排列紧密，木质依然有韧性。石闸顶部有部分砖工，对水闸起整合作用。石工与砖工均以石灰和糯米浆黏合而成。水闸设计合理，整体保存良好，闸槽清晰可见。刘堡减水闸反映了明代大运河相关水利设施已逐步完备，水利工程技术已达较高水平。

刘堡减水闸中心点坐标为 118° 16′50″E；32° 33′36″N。

水工设施五 邵伯古堤

邵伯古堤（图 5–8）是位于江都市邵伯镇甘棠社区以西的运河故道东岸的一段古运河河堤。

邵伯古堤始建于宋代，用于防止邵伯湖湖水外泄，保持运河水位。明代以后，运河成为淮河的入江通道，河床逐年淤垫升高，运河逐渐成为悬河，对运河以东地势低洼的里下河地区形成巨大威胁，此段大堤作为防洪屏障被不断加高加固。

邵伯古堤的修筑，使邵伯段大运河脱离湖面，成为独立航道。同时，古堤也是抵

图 5–7 刘堡减水闸

图 5–8 邵伯古堤

御淮河洪水，保障邵伯镇安全的重要屏障。

古堤现存部分南北长300米，截面为梯形，下底宽8米，上口宽2.5～3米，高5米。

水工设施六　邵伯码头

邵伯码头（图5-9）是位于邵伯运河东堤上的四个古码头遗址，自北向南分别称为竹巷口码头、大码头、朱家巷码头和庙巷口码头。

自从邗沟贯通江淮，邵伯成为南北往来必经之路，船舶往来日渐繁盛，因此在邵伯镇明清大运河故道两侧形成了大量码头。18世纪时，修建邵伯运河东岸大堤，同时修建了竹巷口码头、大码头、朱家巷码头和庙巷口码头共四座现存的码头。

这四座码头是往来大运河南北的客商在邵伯镇的主要停靠之处，也是邵伯镇及大运河以东地区进行对外货物贸易的主要场所。邵伯镇在清以前的繁荣，很大程度上依赖于这四座码头。

1936年运河改道之后，这些码头也被逐渐废弃，现作为遗址展示。

（三）江南运河上的水工设施

江南运河上的水工设施种类较多，除了传统的闸坝等设施，还有用于军事的苏州水陆城门盘门和杭州风山城水门，用于拉纤的吴江古纤道，具有水乡风格的宝带桥、长虹桥、拱宸桥等。

水工设施七　盘门

盘门是苏州城墙西南角的水陆结合的城门，是苏州古代军事、水运的重要通道，位于江南运河苏州城区运河故道上，是连接大运河与苏州古城的一个重要节点，战时用于守城防御、汛期用于防洪泄洪、平时用于水陆通行。

图5-9　邵伯大码头

盘门（图5-10）始建于公元前514年，因苏州城重要的军事经济地位，在后世不断得到维护和加固。现存盘门为元至正十一年（1351年）重建，经明清两代续修。

盘门由两道陆门、瓮城与水门组成，水门内设置两道水闸，起到军事防御与调控水位的作用。

门朝东南，水陆两门并列，包括两道陆门和两道水闸门。两道陆门间为略呈方形的瓮城。

苏州位于长江下游多雨地区，又与运河相连，大运河每年汛期都对苏州城产生影响，通过水门的设置，可以较好地解决城市的防洪、泄洪问题。盘门采用“面东背水”抹角做法，避开了水流方向，避免了水流的直接冲击，结构上采取水陆两门错位并列，砌筑水、陆两道城门，并把它们巧妙地组合成一个整体。

盘门是现存的典型的古代水陆城门，保存完好，作为遗址对外开放。

水工设施八　吴江古纤道

纤道是古代以人力背纤为行船提供动力的通道，是运河船运的重要辅助设施。

吴江古纤道（图 5–11）位于江南运河苏州段的吴江塘路和与之配套的塘路桥（苏州宝带桥等），是在太湖东岸界定运河堤岸的纤道和驿路，初步建成于唐代（7 世纪至 8 世纪）。唐代于苏州、吴江之间太湖东岸用石料筑长堤，在太湖和运河之间形成了塘路。北宋年间，在吴江和平望之间续建长堤，自此在太湖东岸形成了太湖堤，长堤上设置了行洪口门或涵洞以通洪水。在这段长堤上有许多桥梁、涵洞，其中著名的苏州宝带桥是长度超过 300 米的多孔长桥。吴江塘路的建成，结束了苏州南部一带河湖不分的历史，标志着江南运河作为独立的水利工程体系的最终完成，为此段运河河道的治理、纤道的维修打下了基础，促进了漕运系统的进一步发展。

吴江古纤道旧称“九里石塘”，是吴江塘路的一部分，位于吴江市松陵镇南，长约 1500 米，始建于唐元和十五年（820 年），宋庆历八年（1048 年）增石维修，元至正六年至七年（1346 ~ 1347 年）复以巨石修筑。修筑时所垒的巨石由石工凿成，统一尺寸的长 1.8 ~ 2.2 米，宽 0.6 米，厚 0.4 ~ 0.5 米的青石，用直径 10 ~ 12 厘米的杉木楔打入土中作为路基。

图 5–10　苏州盘门

图 5–11　吴江古纤道

明清时期，吴江古纤道既是运河河岸又是纤道，还被充作驿道，是水陆并用的交通要道。

吴江古纤道为江南古塘路中最重要的一段，其构筑的科学性、实用性、美观性成了后来修建塘路时效仿的典范。

水工设施九　宝带桥

苏州宝带桥（图 5–12）位于苏州南部的吴江塘路上，是江南运河河岸上的桥梁与水门，长度超过 300 米，是多孔薄墩连拱形石桥，代表了古代中国桥梁工程设计施工的卓越水平。

宝带桥各孔拱形均属圆弧，接近于半圆形，孔高与孔径之比（即矢高比）接近 1/2，属于陡拱。陡孔不仅对墩、台产生较小的水平推力，而且桥孔的净空较大，便于行舟。为了避免这类柔性墩出现一孔受损波及全桥的情况，在北起的第 27 号墩，以两墩并成一墩，构成能承受单向推力的刚性墩，也就是制动墩。

各拱拱圈是由一条条弧形的板拱石并列砌筑而成，板拱石的端点之间设有横向长铰石，板拱石两端各琢有石榫，插入长铰石上预留的榫眼，相互结合。其独特的优点是，当桥拱发生温度变化、基础沉陷或承受不对称的活荷载时，各条板拱石的石榫能在长铰石的榫眼里做微小的运动，自动对拱圈的形状进行微小的调整，使拱圈的受力有所改善。

图 5–12　苏州宝带桥

宝带桥始建于 816—819 年，形似宝带，因此得名。1442—1446 年改建为 53 孔连拱石桥，沿袭至今。

水工设施十　长安闸

长安闸（图 5–13）是连接江南运河和上塘河水系的重要水利枢纽工程，于 1068 年由长安堰改成长安三闸，形成复式船闸与拖船坝并存的格局[1]，是世界水运史上最早的复式船闸之一。元至正二年（1342 年）维修，于老坝之西增建新坝，是现在长安镇拖船坝的前身，并设专门机构进行运输管理与维护，清中期后逐渐废弃，现仅存遗迹。

1　宋代绍兴八年（1138 年）完成将“累木”易以“石埭”的两次较大的完善工程。此后，三级船闸与拖船坝并存，大船或载货船经船闸出入，小船或空船则过坝上下塘河。

“复闸”是多个闸门组成多级闸室，通过联合运用，有效地平衡航道水位差，将河段的高差集中到一处之后分级控制，使得整个河段的水流都比较平稳，船只航行的条件得到极大提高。

配置澳及澳闸的复闸工程规划更加精细。运行条件也得到显著提高。澳有两个，分别以积水、归水为名，积水澳的正常水位高于或平于所连闸室（一般是上游闸室）的高水位（即复闸上游的水位），以补充船只过闸所耗之水，抬高闸室水位与上游平以待下次开闸入船；归水澳正常水位低于或平于下闸室的低水位，以回收闸室水位降低时的下泄水量，使其不流失到下游；归水澳中的水可以根据需要提升至积水澳中重复使用。澳的水源是蓄积于高处的流水或雨水，提升的低处积水或流水，或者临近大江的地方在潮涨时引蓄的潮水。普通的复闸过一次船最少要消耗（下泄）一闸室的水，而“澳”的存在则使这些本来要下泻流失的水得以重复利用。澳闸在运行管理上也较简单、复闸的要求则更高。

配备有澳的复闸是历史上曾存在于江南运河上的独特水利工程，但当时的管理体制无法匹配较高水平的工程，复杂的工程并未应用多长时间，水澳很快就被废弃，发生了废闸为堰的倒退现象。复闸需要严格执行运输组织管理，但从它诞生开始，管理方面便遭遇来自古老行政管理体制的障碍。各复闸后都改建为单闸，有的甚至一度废闸为堰。

历史上的长安闸包括新老两坝（其中新坝又称为“长安镇拖船坝”）、上中下三闸和储水之用的两澳。现存文物本体除老坝位置不可考之外，其他各闸、坝均能确认位置，基本格局尚存。现各闸均改建为闸桥，闸基、闸槽都保存完好，两处水澳范围基本确认。图 5-14 是长安闸构造示意图。

长安闸是江南运河重要的水利水运工程遗产，首创运河闸澳制，达到平稳航道、节约水量、水循环利用的多重工程目的，具有保障程度较高的输水功能，是我国古代先进水利技术的实证、反映运河水利设施发展和运河河道变迁的重要实物，也是世界

图 5-13　长安闸

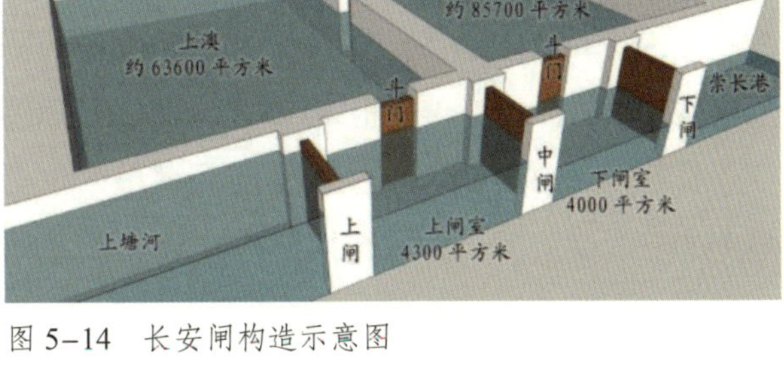

图 5-14　长安闸构造示意图

水运史上现存建筑年代最早的复闸实例，是这一时期中国水利水运技术领先世界的标志性工程。欧洲大约在 300 年后才出现类此工程。

2012 年，考古专家对长安闸坝遗址中的下闸进行了考古发掘，发现了系统性设计建造的闸基、闸体。闸体后侧由石柱和两排石板组成，石板后方堆放着不少大石块。石柱与石板间都有“卡槽”，让两者对接得十分紧密。黏合石柱与石板的应该是古代一种特殊的黏合剂，包括了鸡蛋清、糯米等。据初步判断，遗存属于宋代，进一步证明了长安闸的历史价值。

长安闸上闸遗址中心点坐标为 120° 26′85″E；30° 27′38″N。

长安下闸遗址中心点坐标为 120° 26′87″E；30° 27′55″N。

水工设施十一　杭州凤山水城门遗址

杭州凤山水城门（图 5–15 所示为其现存遗址）是位于杭州中河—龙山河上的古代水城门，处于杭州古城南端，扼守江南运河通往钱塘江的水道。杭州凤山水城门门洞由两个不同跨径的石拱券并联而成。南券中间有方形闸槽，两券间有石雕门臼，原有木质城门。杭州凤山水城门始建于 13 世纪至 14 世纪（元代），15 世纪至 19 世纪（明清两代）经多次修缮、重修，现作为杭州城墙遗址的一部分对公众开放。

图 5–15　杭州凤山水城门遗址

水工设施十二　长虹桥

江南运河对沿线城镇经济发展起到了较大的促进作用，在经济发达、人口密集的沿线地区常建有桥梁。为了最大程度地保障运河行船，江南地区的桥梁常采用高拱形石桥，多采用半圆拱，属于陡拱一类的桥型，桥下通航净空大，利于大货运量的船只通航，并且拱脚推力小，外形壮丽。这些桥具有代表性的有长虹桥、拱宸桥和广济桥。大跨度高拱石桥的修建，代表了我国古代高超的桥梁修建工程技术。这些石拱桥都印证了国际运河名录中关于中国古代高拱石桥的记载。

长虹桥（图 5–16）位于嘉兴苏州塘上，在嘉兴市郊区王江泾镇里街东南，是一座典型的三孔实腹薄孔薄墩连拱桥，纵联分节并列砌筑法的半圆形石拱，现保存完整，全长 72.8 米，桥面宽 4.9 米，造型优美，气势雄伟。

长虹桥始建于明万历年间，清康熙五年（1666 年）重修，嘉庆十七年（1812 年）再修，太平天国时桥栏石损毁，光绪六年（1880 年）修复。

图 5-16　长虹桥

水工设施十三　拱宸桥

拱宸桥（图 5-17）是京杭大运河最南端的标志，位于杭州北部的大运河杭州塘上，处于浙江省杭州市区大关桥之北，是三孔驼峰薄拱薄墩联孔石拱桥，全长 98 米，桥面中部宽 5.90 米，桥身高约 16 米，采用木桩基础结构，拱券为纵联分节并列砌筑。

拱宸桥始建于明崇祯四年（1631 年），现保存完整，仍在使用。

水工设施十四　广济桥

广济桥（图 5-18）曾名通济桥、碧天桥，俗称长桥，位于杭州塘沿线的塘栖古镇上，是中国大运河上保存较好的薄墩联拱七孔实腹拱桥，也是中国大运河上保存至今的规模最大的薄墩联拱石桥。桥全长 78.7 米，面宽 5.2 米，矢高 7.75 米，中孔净跨 15.6 米。七孔，拱券纵联并列分节砌筑。

广济桥初建于明弘治年间（15 世纪末），今桥为清康熙年间（17 世纪末）重修。如今广济长桥势如长虹，造型秀丽，历经 500 余年仍雄踞大运河之上，现保存完好。

（四）浙东运河上的水工设施

水工设施十五　西兴过塘行码头

西兴为春秋时（公元前 6 世纪至公元前 5 世纪）越国渡钱塘江主要渡口，后逐渐改为驿站，并设镇。自古以来西兴为钱塘江与浙东运河运口，市廛繁盛。

图 5-17　拱宸桥

图 5-18　塘栖古镇的广济桥

过塘行，即转运栈，在明清时代浙东运河与钱塘江之间无法直接行船通航的时期里，专门负责浙东运河与钱塘江之间的货物、人员转运工作。西兴镇保存了大量的“过塘行”（图 5–19）。清代鼎盛时西兴镇曾有过塘行 72 家之多，每家各有专门的转运货物类型：专运茶叶的、烟叶的、药材的、棉花绸缎的、百杂货的等。西兴码头是浙东运河西端的码头，也是沟通钱塘江与浙东运河的运输枢纽。现因钱塘江河道北移，码头已废弃，失去原有的运输功能，相关水工设施作为遗址保存完好。

水工设施十六　八字桥

八字桥（图 5–20）坐落于绍兴城河段运道上，位于浙江省绍兴市越城区八字桥直街东端的三河交汇处，始建于南宋（12 世纪至 13 世纪），后多次维修。

八字桥为梁式石桥，主桥东西向，横跨稽山河，总长 32.82 米，桥洞净跨 4.91 米，宽 3.2 米，洞高 3.84 米。八字桥为我国早期简支梁桥中的孤例。建造者根据当地特殊地形，结合周边环境，因地制宜，合理设计了跨越三河、沟通四路、状如八字的桥梁，巧妙地解决了复杂的水陆交通问题。

水工设施十七　绍兴古纤道

绍兴古纤道（图 5–21）位于浙东运河萧山—绍兴段的沿岸，全长 7.7 千米，始建于西晋。当时开凿西兴运河后，就逐渐在岸边形成纤道。唐元和十年（815 年）进行

图 5–19　杭州西兴过塘

图 5–20　绍兴八字桥

图 5–21　绍兴古纤道

大规模修整。明弘治年间改用石砌纤道，形成现有规模。

随着交通运输事业的发展，运河上来往船只已由昔日的人力驱动变为机械驱动，古纤道的功能演变成为观光旅游、欣赏水乡景色等。

（五）通惠河上的水工设施

水工设施十八 澄清上闸

图 5–22 北京澄清上闸

为了调节通惠河河水的水位高差，便于航船出入什刹海，13 世纪末（元代初期）在通惠河靠近什刹海的附近设置了澄清上闸与澄清中闸。

澄清上闸（图 5–22）结构大体分为闸门、闸墙和闸基三部分，现存除木质闸板已糟朽外，闸墙和闸基依然坚固，保留完好。澄清上闸已废弃不用，失去水闸的原有功能。闸体东侧的万宁桥仍作为交通桥使用。

万宁桥位于澄清上闸以东，是什刹海向东运河上的第一座桥梁，始建于 13 世纪末（元代至元年间），跨通惠河而建。原为木桥，后改为单孔石拱桥，护岸上置镇水兽（图 5–23）。元漕运船队经过万宁桥下，都会收起帆桅，体型过大的船只停在桥外岸边，通过雇佣人力搬运船货。

水工设施十九 澄清中闸

澄清中闸（图 5–24）是漕船行至运河终点码头什刹海的必经之路，为通惠河北段河道上的重要水工设施。随着明皇城墙外扩，玉河故道失去行船功能，澄清中闸被废弃不用，现仅存闸口遗迹。

图 5–23 澄清上闸旁的镇水神兽

图 5–24 北京澄清中闸

澄清中闸南部为东不压桥。东不压桥始建于元代以前，现为遗址状态。东不压桥整体呈西南、东北向，中间窄、两头宽，桥侧面呈弧形。桥两侧的引桥保存相对完整，清理出的桥面石以黄白色花岗岩与豆青石相间。

澄清中闸坐标：116° 23′38.3″E；39° 55′56.1″N。

（六）南运河上的水工设施

水工设施二十　连镇谢家坝

南运河沧州—衡水—德州段上设置了众多弯道，以达到减缓纵比降、降低河水流速、方便行船的目的。由于弯道能较好地阻碍水流，弯道处也成为防洪的重点。为了保护弯道河岸附近的村镇聚居区，弯道附近的河堤被不断加固加高，成为运河沿岸的附属防洪设施。其中连镇谢家坝和华家口夯土险工是南运河上仅存的两座夯土坝，是中国大运河河堤防洪设施的典型代表。

连镇谢家坝（图 5–25）位于沧州市东光县连镇镇的南运河东岸，运河五街、六街交界处，建于 19 世纪（清末），全长 218 米，高 3.2 米以上，现存坝体稳定性好，局部风化。

连镇谢家坝中心点坐标为 116° 28′08.21″E；37° 47′39.22″N。

水工设施二十一　华家口夯土险工

华家口夯土险工（图 5–26）位于河北省衡水市景县安陵镇华家口村南，建于民国元年（1912 年）。现存坝体全长 250 米，局部风化。

两坝均为灰土加糯米浆逐层夯筑，夯土以下为毛石垫层，基础为原土打入柏木桩，夯土层每步厚 18 ~ 22 厘米，平均收分 20%。两处险工保存了相应历史时期的材料、工艺特征，是中国古代利用夯土技术建设水工设施的实物证据。

图 5–25　连镇谢家坝

图 5–26　华家口夯土险工

（七）会通河上的水工设施

水工设施二十二～二十五　阿城下闸、阿城上闸、荆门下闸、荆门上闸

大运河会通河阳谷段现存节制闸共 4 处，包括荆门上闸、荆门下闸、阿城上闸、阿城下闸，均建于 13 世纪末至 14 世纪初，为青石砌筑而成。

阿城下闸（图 5–27）位于阿城镇北 2.5 千米的刘楼村西，阿城上闸（图 5–28）位于阿城镇西街西南公路南 100 米，荆门下闸（图 5–29）位于张秋镇下闸村西，荆门上闸（图 5–30，图 5–31）位于张秋镇北 3.5 千米的上闸村西，孟楼村东。

4 座闸的形制相同，由墩台、雁翅、石防墙、闸板等构成，现均已废弃，闸基、闸函等石制部分均保存完好。闸函长度均为 10 米左右，宽度约 8 米，是会通河上节制闸的典型代表，也是中国古代叠梁闸的典型代表。

会通河上这 4 座节制闸具有节制水量和控制航道水深的功能。因为直接关系到船只通航，在运行管理上都有严格的启闭和维修制度。主要从以下几个方面去实施管理：

（1）相临上下闸联合运用，原则是一启一闭。以会牌传达闸门的启闭指令，防止两闸一起开启，过多浪费运河水量，达到节水运行的目的。

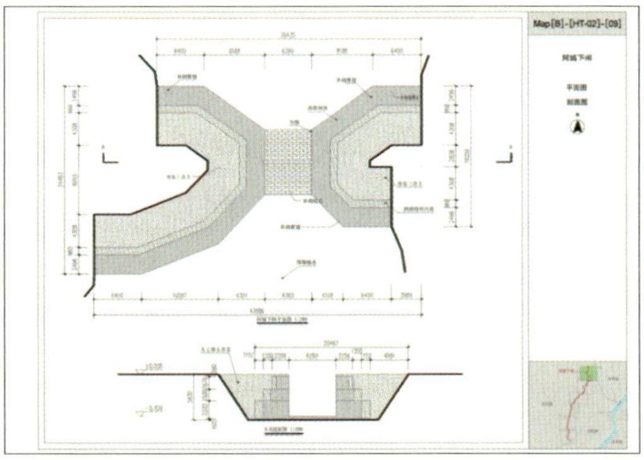

图 5–27　阿城下闸平面图

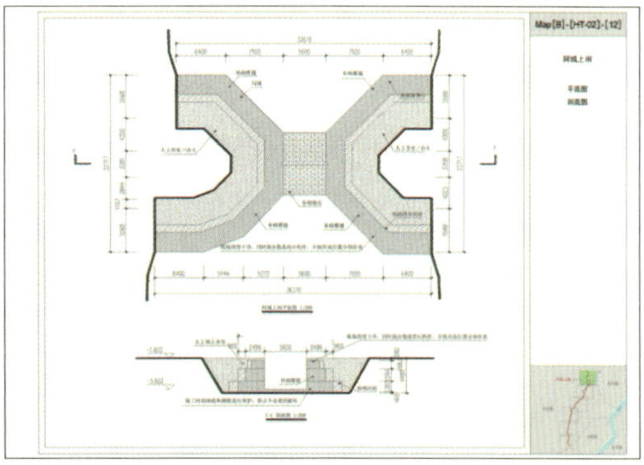

图 5–28　阿城上闸平面图

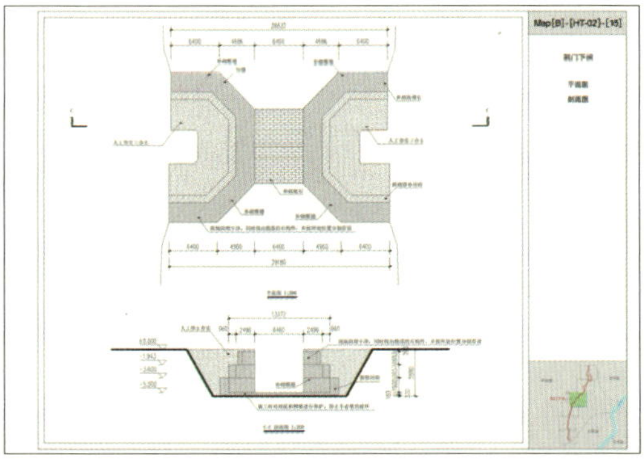

图 5–29　荆门下闸平面图

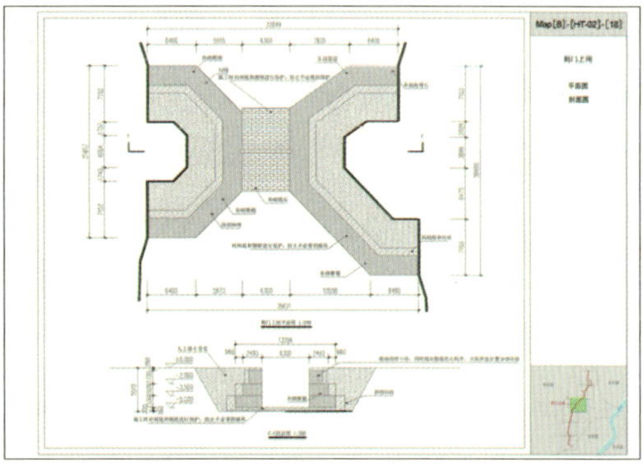

图 5–30　荆门上闸平面图

图 5-31　荆门上闸

（2）控制闸板开启，尽量减少闸门启闭次数，节约用水。船过完立即闭板。闸板间用草塞边缝，尽量减少漏水。

（3）闸坝联合运行。在枯水期、岁修期等水源极为缺乏的时期，采用拖船盘坝上下，以此防止开启闸门流失水量，使河道维持通航。

（4）控制关键河段的过水断面，重点是闸门段。明代设计师根据漕船重载入水至少三尺五寸，漕船宽一丈五寸的标准，提出闸门前后段疏浚的规定尺度是深不过四尺，宽不得过四丈（以便两船并列），尽量减小闸门处河道断面，减少两闸门间河道水量（即闸室之内容纳的水量），以达到降低开闸过船时向下游流失的水量的效果，起到节水通航的目的。

对此，17 世纪来访的英国使团有高度的评价："每次开闸所消耗的水量不大，水位只下降几英寸，很快可以由同运河合流的水补充起来。"

水工设施二十六　戴村坝

戴村坝（图 5–32）位于汶河上的坎河口，抬高了大汶河河水水位，分流部分河水经小汶河向南旺分水枢纽供水济运。

戴村坝初建于明永乐九年（1411 年），现为东北西南走向，略呈弧形，全长 1500 米，由 3 段组成，从南向北依次为主石坝、太皇堤和三合土坝。三部分既各自独立，又相辅相成，互为利用，互为保护，形成了"三位一体"的独特布局。最南端的主石坝呈南北向，长 443 米，自身又分三段，北边一段叫玲珑坝，中间一段叫乱石坝，南边一段叫滚水坝。滚水坝在三坝中最低，其作用是在汶水开始上涨、小汶河河水水位超过安全界线后向西漫水，以防小汶河决口。北边的玲珑坝比滚水坝高 0.1 米，中间的乱石坝又比玲珑坝高 0.2 米。随着汶水水位的升降，三坝分级漫水，可调蓄河水储量。据水利部门测量，三坝先后漫水的数量与大汶河洪水的流量及小汶河的过水是互相协调的，因而既保证了小汶河持续供水，又能排洪防溢。坝的建筑形状略成弧形，弓背向着迎水面，增加了坝的预应力。为保证跌水坡与坝基的安全，又在坝的跌水面修了一道缓冲坎，水经缓冲坎而缓速，减轻了对坝的冲击力。整个大坝为石结构，是用重达 1 ~ 6 吨的巨石砌成，镶砌得十分精密。为防止洪水冲塌，石与石之间采用束腰扣榫结合法，一个个铁扣把大坝锁为一体，气势磅礴，雄伟壮观。

主石坝北的太皇堤，顺河向为东北西南向，堤为土石结构。汶水东来，太皇堤正面相迎，使水势缓速而南折再靠近石坝，既能保坝，又能助三合土坝泄供。应当说太皇堤起着保坝抗洪的双重作用。

太皇堤北端接三合土坝。三合土坝走向与太皇堤相同，因用三合土筑成，所以称为三合土坝。三合土坝的作用主要是抵御特大洪水。清代初期，在整体维修的同时增筑此坝，坝长 260 余米，水平高度比坝面高 2 米。如果主石坝漫水水位超过 2 米、加之太皇堤吃紧，此时三合土坝即行漫水，起到泄洪保坝的作用，实为汶水溢洪道。

可见戴村坝三位一体，相互配套的水利枢纽工程的建设是我国水利工程的杰作，也是水利史上的创举。

20 世纪以来，由于戴村坝仍是水利灾害多发的地区，曾多次组织对戴村坝的维修、加固工程。戴村坝至今仍发挥着稳定的水资源调蓄功能，现存情况较好，保存基本完整，具有较高的真实性。

水工设施二十七至二十九　十里闸、柳林闸、寺前铺闸

十里闸（图 5–33）、柳林闸（图 5–34）和寺前铺闸（图 5–35）是分别位于南旺分水口南北两边运河上的配合进行水量调配的节制闸群，对进入分水口向南北两个方

图 5–32　戴村坝

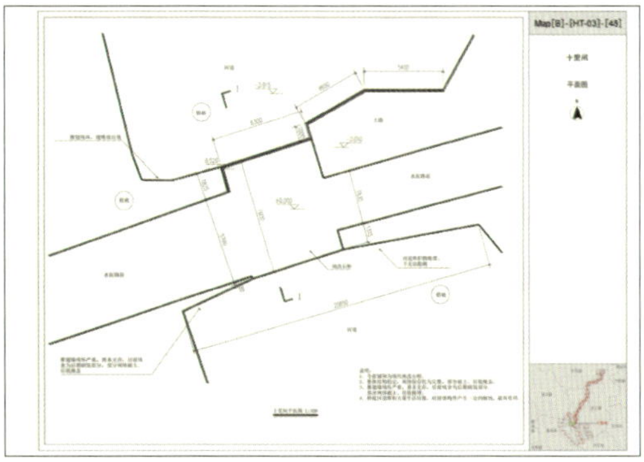

图 5–33　十里闸平面图

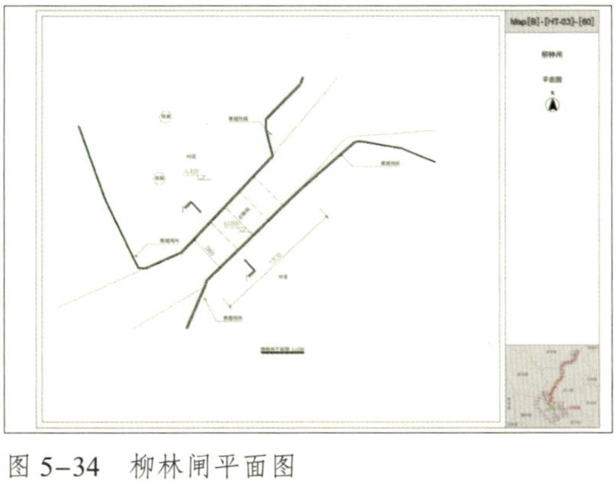

图 5–34　柳林闸平面图

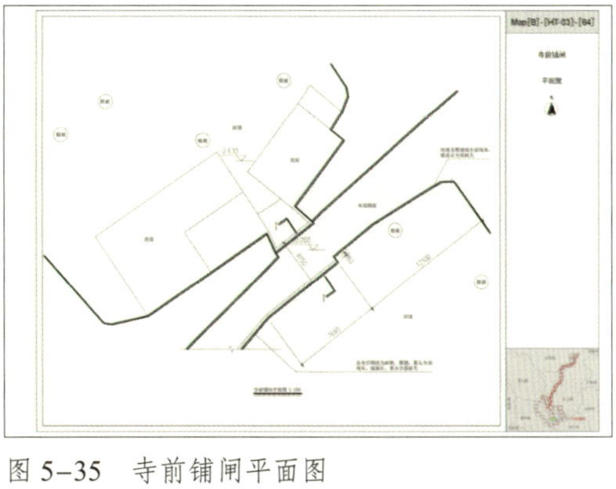

图 5–35　寺前铺闸平面图

向供水的水量进行定量的分配与控制。

十里闸与柳林闸建于明成化十七年（1481 年），分别位于南旺分水口南北 5 里处。两闸协同工作，按照南北两侧的水利条件实施相应的开闭操作，确保供水实现定向定量控制。寺前铺闸位于柳林闸以南的河道上，是清代建立的配合十里闸与柳林闸进行水量控制的辅助闸门。

3 座闸的形制相同，由雁翅、闸基、闸板等构成，均为石砌。已失去原有的控制水量等水利航运功能，现均为闸改桥，闸基等石制部分均保存完好，木质闸门、闸顶板已不存。

水工设施三十至三十一　邢通斗门遗址、徐建口斗门遗址

会通河流域汛期洪水量大，易使沿岸决口。为削减河道流量，16 世纪时期（明代中期）利用运河两岸的洼地，在南旺分水口附近建立多个湖泊，并建设斗门与运河连通，以调节运河水量，陆续形成了蜀山湖、马踏湖、南旺湖等“水柜”，对运河供水进行季节性调节，汛期储存运河多余水量，枯水期放水，既减轻了小汶河下游汛期的洪涝灾害，又使枯水季节的运河航行不至中断。

其中，邢通斗门是运河与南旺西湖的重要减水闸，徐建口斗门是连接小汶河和马踏湖的通道，均建于明朝，现已失去原有功能。二闸结构相同，由闸体、闸基、闸板、雁翅等组成，均为石砌，现仅存闸基和部分闸体，木质闸板已不存，其遗址如图 5-36 和图 5-37 所示。

邢通斗门遗址中心点坐标为 116° 21′ 45.65″ E；35° 35′ 19.72″ N。

徐建口斗门遗址中心点坐标为 116° 22′ 00.17″ E；35° 36′ 09.68″ N。

水工设施三十二　运河砖砌河堤

运河砖砌河堤（图 5-38）位于南旺分水口以南 3 千米左右，是经考古揭露出的运

图 5-36　邢通斗门遗址

图 5-37　徐建口斗门遗址

河河堤。此段河堤建造于 15 世纪末（明代弘治年间），是明代建造的南旺枢纽附属堤岸设施之一。

考古揭露出的部分河堤长约 400 余米，宽 7 米，用青砖和条石构筑。上铺一层条石，中间砌九层青砖，平砌错缝，下筑七层条石为基。在本段河堤的东端清理出一处石台阶登岸口，用十一层条石错缝平砌。

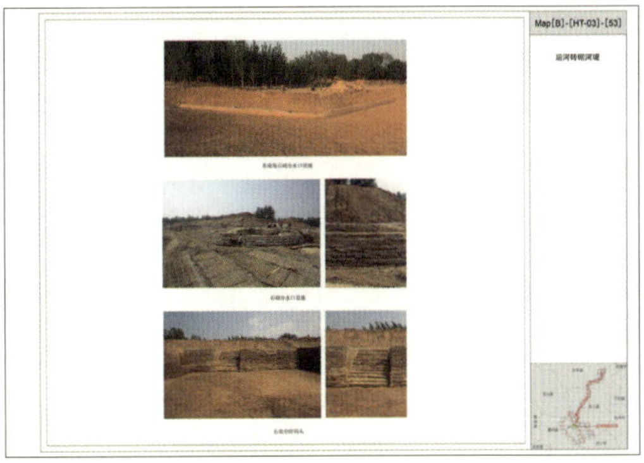

图 5-38 运河砖砌河堤

此段运河点遗址的发掘对了解明代运河河堤结构、形制、材料等有重要意义。

水工设施三十三 利建闸

利建闸（图 5-39）位于微山县南阳镇建闸村，是南阳新河建成的 9 座节制闸之一，始建于 16 世纪（明嘉靖年间），18 世纪时（清乾隆年间）重修，是明清两代会通河上重要的节制闸，起到调控水量利于航运的作用。20 世纪初，利建闸随会通河微山段的停运而逐渐废弃。

现船闸保留有石质闸座，闸座保存基本完整，呈八字形，条石砌成，条石长短不一，厚度多在 50 厘米左右。闸口宽 6.95 米，闸室宽 4.5 米，闸座底部埋藏于淤泥底下，淤泥以上残高 1.2 米，南侧雁翅、西侧闸座保存较好。

（八）中河上的水工设施

水工设施三十四 双金闸

双金闸（图 5-40）是淮北盐河与中河交汇处的节制闸。始建于 17 世纪末，是为

图 5-39 利建闸

图 5-40 双金闸

了解决汛期黄河水量较大在清口处向运河倒灌的问题而在清口上游建设的节制闸。汛期时，双金闸起到减水闸的作用，向盐河分流黄河河水，降低清口枢纽的黄河水位。后改为中河控制水位的闸，历经多次改建迁移。现存的双金闸为1922年重建。1957年，淮沭新河开挖，彻底截断盐河通道，双金闸逐渐废弃。现双金闸保存状况良好。

康熙二十四年（1685年），康熙谕建双金门闸，并挖闸下引河，双金门闸原为泄黄而建，后改运口于杨庄，则专泄中河之水。民国十年（1921年），湖水漫滩，黄运皆涨，七月决钳口坝，毁坏双金闸。民国十一年（1922年），民国政府聘英国工程师莱茵规划设计双金闸。1957年，成立竹络坝灌区水利管理所（原名竹络坝灌区水电管理站），兼管双金闸的使用、保护、管理工作。1971年，在1922年所建闸体的基础上加固了三分之一，并更名为夏家湖南电站。2003年，双金闸被淮安市人民政府公布为市级文物保护单位。2006年，双金闸作为京杭大运河一部分，被国务院公布为第六批全国重点文物保护单位。

第六章 中国大运河附属遗存

中国大运河的第二类遗存是大运河附属遗存，包括配套设施、管理设施，共 9 处。其中配套设施 5 处，分别为洛阳含嘉仓 160 号仓窖遗址、洛阳回洛仓遗址、鹤壁黎阳仓遗址、扬州盂城驿、杭州富义仓；管理设施 4 处，分别为淮安总督漕运公署遗址、临清运河钞关、宁波庆安会馆、宿迁龙王庙行宫。

一、中国大运河配套设施

（一）含嘉仓 160 号仓窖遗址

含嘉仓 160 号仓窖位于隋唐洛阳城皇城内，是含嘉仓迄今发现的最完整、储量最大的仓窖遗存。含嘉仓建于隋大业元年（605 年），与通济渠开凿于同一时间，唐以后正式作为东都洛阳的大型粮仓沿用。文献记载，唐天宝年间，全国储粮约 1200 万石，而仅整个含嘉仓的粮食储量就达到 580 万石。

160 号仓窖位于仓城中部，1972 年经发掘清理，仓窖口呈圆形，直径为 11.1 米，窖底有两层，上层为平底，下层为圜底，上层窖底是在下层窖底废弃后的面上填土筑成，窖总深 6.2 米。

窖内堆积着大半窖的炭化谷物，按 160 号仓窖内出土的谷物量推算，它们在当年储藏时的体量约有 250 吨。

发掘工作表明，160 号仓窖的窖底防潮措施从下至上依次为，首先夯实窖的底、壁；其次烘干窖底、壁；再次铺设防潮材料；最后在 160 窖上层底部用草来防潮。

从仓窖内出土的刻铭砖上记载的内容看，含嘉仓的储粮来源主要是河北、山东、河南、江苏、安徽等地。含嘉仓 160 号仓窖遗址为全国重点文物保护单位，目前，160 号仓窖已经进行原址保护并建设保护展示棚对外开放。

图 6-1　含嘉仓 160 号仓窖遗址

图 6-1 和图 6-2 展示了含嘉仓 160 号仓窖遗址及在此出土的刻铭砖。

含嘉仓 160 号仓窖遗址中心点坐标为 112° 28′ 06″ E；34° 41′ 38″ N。

图 6–2　含嘉仓遗址出土的刻铭砖

（二）回洛仓遗址

回洛仓是隋代大运河沿线的大型国家性漕仓之一，具有完整的仓城格局和众多仓窖遗址，全面反映了隋代漕运粮食储藏的情况，是隋代大运河漕运情况的实物见证。

回洛仓遗址位于隋唐洛阳城宫城以北 3.5 千米、今洛阳市北郊瀍河区邙山南麓，现为村民的耕地。

回洛仓始建于隋大业二年（606 年）[1]，毁于隋末农民战争，沿用时间较短，之后逐渐荒废埋于地下。

根据 2012 年最新考古成果，回洛仓仓城整体呈长方形，东西长 646 米，南北宽 355 米。东南角距隋唐城北墙 1000 米，西南角距北墙 1100 米。仓城南墙宽 3 米，东、西墙宽 3.7 米，北墙宽 2 米，仓城可分为管理区、仓窖区、道路等几个部分。

迄今为止，考古勘探发现的回洛仓仓窖数量约为两百余个（根据其分布规律，初步推测整个仓城内可能有仓窖 700 座）。仓窖个体基本呈口大底小的圆缸形，口径一般为 10 米左右，大者可达 17、18 米；窖底距地表浅处约 7.7 米，最深的可达 10 米以上。

图 6–3　回洛仓遗址

回洛仓遗址（图 6–3）作为隋唐洛阳城遗址的组成部分，现为全国重点文物保护单位，回洛仓遗址 51#、52#、46#、47# 仓窖已发掘并建设保护展示棚，对公众开放。

回洛仓中心点坐标为 112° 29′ 34″ E；34° 42′ 47″ N。

（三）黎阳仓遗址

黎阳仓是隋唐时期（6 世纪至 9 世纪）的重要官仓之一[2]，是大运河沿线的大型转运漕仓之一，位于黄河与永济渠之间，战略位置重要。黎阳仓始建于隋，沿用至北宋。其中地下储粮方式的仓窖始建于隋代，废弃于唐代中期，是隋唐时期国家粮食转运基地，

1　《隋书·食货志》："炀帝即位……始建东都……每月役丁二百万人。徙洛州部内人及天下诸州富商大贾数万家，以实之。新置兴洛及回洛仓。"《资治通鉴》卷一八〇："炀帝大业二年十二月，置回洛仓于洛阳北七里，仓城周回十里，穿三百窖。"《文献通考》卷二五"国用考"记载，大业年间，置洛口回洛仓，穿三千三百窖，窖容八千。

2　《资治通鉴》卷一七五记载："开皇元年（公元 581 年）十二月，隋文帝以长安仓廪尚虚，下诏于卫州建黎阳仓。"以储漕粮，并置募运机构，专司漕运，沿黄河向长安转运，用来充实京师仓廪，防备水旱灾荒。

也是隋唐时期平定东北边境的后方物资供应基地，具有重要的战略地位。晚期的地面大型仓库建筑始建于北宋初期，废弃于北宋晚期，既是国家物资集存基地，也是北宋用兵北方边境的后方物资供给基地。

直到北宋末年（12 世纪初）黎阳仓废弃前，其都是规模庞大[1]、战略地位显要的全国重要粮仓之一[2]。当时的黎阳城东临黄河，西濒永济渠，水运极为便利。隋唐时期（6 世纪至 9 世纪），黄河以北各州征收的粮食都先集中在黎阳仓，然后经黄河或者永济渠运往洛阳。由于黄河与御河之间并不通航，从黄河来的漕船过黄河后卸船，需经过陆运转运至黎阳仓，再装船入御河，向北运往华北的边境地区。依据考古勘探和现有发掘资料[3]，发现与黎阳仓有关的主要遗迹有仓城的城墙、护城河、仓窖、大型建筑基址、路等，并在黎阳仓的中北部有一条深 8 米的河道，形成一个完整的粮仓与黄河、永济渠相互贯通的漕运水系。

黎阳仓仓城依山而建，平面布局近正方形，东西宽 260 米，南北残长 280 米。城墙整体土筑而成，护城河位于仓城城东墙外 3.5 米左右，宽 3.9 米。

目前，已探明粮仓中心区仓窖 84 个，占仓城平面 4/5，西北角 1/5 是仓窖的空白区，疑似码头和管理区。总体上看，仓窖排列基本规整有序。仓窖大小不一，小的口径为 8 米左右，大的口径为 14 米左右，最常见的在 10 米左右；距现地表最浅 4.5 米左右，最深的 7 米以上。由于黎阳仓依山而建，部分仓口遭到较严重破坏。

北宋初年在此区域重建地上仓库时，为了确保地上大型仓库建筑的基础坚固，先在原窖藏区内层层平整填土筑夯，形成一个完整的大面积夯土基础平面。然后，在夯土基础上营建大型的砖木结构库房。考古发现黎阳仓的地面建筑年代为北宋时期，废弃年代约在北宋晚期。金代以后至今，黎阳仓则沦为废墟，其最后埋没也与黎阳城圮于黄河洪水及黄河河道南迁有关。此次考古工作揭露大型建筑基址 2 处，清理出柱础 50 多个。图 6–4 所示为现存黎阳仓遗址。

图 6–4 黎阳仓遗址俯瞰

黎阳仓遗址中心点坐标 114° 33′22″E；35° 40′11″N。

1 以仓窖的容量最小的口径 8 米，底径 6.5 米，深 2.5 米计算，容积 104 立方米，储粟 50 吨；以最大的口径 14 米，底径 12.5 米，容积 856 立方米，深 6 米计算，储粟 400 吨，以目前勘探已确认的 84 仓窖平均计算，黎阳仓同时储粟 16800 吨，以每人每天食粟 1.5 市斤计算，可供 6 万多成年人吃一年。

2 宋人张舜民也曾写道："予尝登大伾，仓窖犹存，各容数十万，遍布一山之上。"

3 2011 年 12 月，河南省文物考古研究所开始对黎阳仓遗址正式考古发掘工作，截至目前已考古发掘大小探方 25 个，探沟 4 条，总面积 2200 多平方米。清理出大型建筑基址 3 处，仓储坑 2 个，墓葬 11 座，灰坑 83 个，路 1 条，灶 14 个。

（四）盂城驿

高邮盂城驿是明代北京、南京之间的重要驿站，也是大运河沿线重要的水陆驿站，位于高邮南门大街馆驿巷 13 号，占地面积约 16000 平方米，房屋整体坐北朝南，整体格局保存较好。

盂城驿是目前中国大运河沿线保存较好、规模较大的古代驿站遗存，驿站位于高邮南门大街历史地段范围内。高邮南门大街现存肌理清晰的街巷体系及业态丰富的老字号，又有水陆并行的对外交通，汇聚了运河市镇典型的街巷空间要素。

盂城驿开设于明洪武八年（1357 年），后不断加建，逐步形成了明清时代大运河沿线规模最大的古代驿站。

盂城驿现存部分保存完好，门厅、三间西耳房、后厅五间基本完好，正厅柱础完好，现作为邮驿博物馆对外开放，如图 6–5 所示。

（五）杭州富义仓

杭州富义仓是江南运河杭州塘运河沿岸保存较完整的古代城市公共仓储建筑群，位于杭州市拱墅区运河主航道与支流胜利河的交叉口附近，便于粮食的收储与转运。

富义仓建于 19 世纪末（清光绪年间），是杭州城北部地区重要的仓储建筑群，见证了历史上米市、仓储和码头装卸业等经济业态曾经的发展、繁荣。

原有四排仓储式长房，现尚存三排，基本格局尚存，卸货的码头仍在，如图 6–6 所示。

二、中国大运河管理设施

（一）淮安总督漕运公署遗址

淮安总督漕运公署遗址（图 6–7）位于江苏省淮安市楚州区老城中心，毗邻原淮

图 6–5 高邮盂城驿

图 6–6 杭州富义仓

图 6-7　淮安总督漕运公署遗址

扬运河河道。总督漕运公署是明、清两代主管南粮北调等漕运工作的朝廷派出机构，总督漕运公署建筑群是统管全国漕运事务的漕运总督的官署建筑群。

淮安自明初就是连接南北漕运的转输中心，该城的经济发展与漕运是密不可分的。为了适应漕运之需，明政府特设漕运总督于淮安，督理漕政。钞厅即榷关，是征民间商税之所，淮安的盐及大量的南北杂货转输都要经过淮安榷关。明代朝鲜崔溥所著的《锦南先生漂海录》中记载了作者于明成化年间沿运河北上，途经淮安所见的“钞厅”“常盈仓”“漕运府”等的情况，佐证了淮安总督漕运公署遗址的历史重要性[1]。

公署始建于宋乾道六年（1170 年）。12 世纪至 13 世纪（元代时期），这里是淮安路总管府。14 世纪时（明初）陆续改为淮安府署、淮安卫指挥使司署。明万历七年（1529 年），改为漕运总督府。直到 19 世纪末 20 世纪初（清末）迁并裁撤漕运总督，公署逐渐废弃。

考古发掘工作表明，整个遗址呈长方形，南北长 133 米，东西长 30.55 米，整体分为东、中、西三路，中轴线上由南向北依次为大门、仪门、大堂、二堂、大观楼、淮河节楼、后院等，与南面的北宋镇淮楼、北面的淮安府署在同一条中轴线上。另外，遗迹下 3 米处发现有宋元代文化层。目前大堂、二堂、大观楼遗址已按原状保护。

现存部分建筑房基、础石等遗址已经完成保护工程，并对外展示开放，可完整呈

1　《燕行录全集》中《锦南先生漂海录》中记载了崔溥（明成化二十三年）遭遇风暴，他及同船 43 人从朝鲜济州岛漂到浙江沿岸，经一系列波折之后，沿运河被护送至京城，再走陆路回国的经历。其中提到淮安的篇章位于《漂海录卷二·二月二十七日》。

现建筑群总体格局。

淮安总督漕运公署遗址中心点坐标为 119° 08′23″E；33° 30′29″N。

（二）临清运河钞关

临清运河钞关位于会通河临清段西岸，是 15 世纪至 19 世纪时期（明清时期）在大运河航线上设立的一个专门针对运河上来往的商用载货船只征收船税的机构，隶属于户部（即财政部），户部在此设立户部分司管理收税事宜。

明代初期开始，临清是黄河以北运河沿岸南北货物的重要集散地[1]，因此，明代政府于明宣德四年（1429 年）在此设立向民用商船征税的机关。至明代万历年间，临清钞关年征收船料商税银八万余两，居全国八大钞关（崇文门、河西务、临清、淮安、扬州、浒墅关、北新关（杭州）、九江）之首，占全国钞关课税额的四分之一。临清钞关见证了通过大运河进行的规模巨大的水路运输量与繁荣的贸易活动。

临清钞关（图 6–8）现存有仪门，南、北穿厅，公堂，巡拦房，船料房，官属舍房等 80 余间古建筑，占地面积约 0.7 公顷，是大运河沿线现存的唯一钞关旧址。

（三）宁波庆安会馆

宁波庆安会馆（图 6–9）位于浙东运河沿线，是在水运交通便利、商业发达、经济繁荣的地区逐渐发展出的商业设施，反映了大运河沿线因运河而发展繁荣的贸易和工商业情况，代表了由于漕运而维护修建的大运河的衍生影响。会馆同时又是祀神的庙宇，供奉航海保护神妈祖，反映了在与海上丝绸之路文化线路链接的重要节点上受到外来影响的传统习俗的传播与发展。

图 6–8　临清钞关

图 6–9　宁波庆安会馆

1　“在两京要冲，商旅辐辏之地。其城中及城外数十里间，楼台之密、市肆之盛、货财之富、船舶之集，虽不及苏杭亦甲于山东，名于天下。”——当时临清也是运河沿岸南北货物的集散地。引自《漂海录卷二·三月十四日》。

宁波庆安会馆始建于清道光三十年至咸丰三年（1850—1853年），由甬埠行驶北洋的船商组织修建。现保存完好，作为全国首家海事民俗博物馆对公众开放。

会馆最初是联络乡情和集会、议事的公共场所，后逐步演变为商人们存货、居住和议事的重要场所。

（四）宿迁龙王庙行宫

龙王庙行宫（图6-10）位于大运河中河宿迁段皂河镇附近的运河南岸，原名为“敕建安澜龙王庙”，坐落于宿迁市西北20千米处的古镇皂河。

龙王庙行宫始建于17世纪末（清康熙年间），雍正五年（1727年）和嘉庆十八年（1813年）两次重修。清乾隆皇帝六次下江南，五次宿顿于此，并建亭立碑。经雍正、乾隆、嘉庆等各代皇帝的复修和扩建，形成了现在占地36亩，周围红墙，三院九进的封闭式合院的北方官式建筑群。

龙王庙行宫是中国大运河上保存最完整、规模最大的皇帝南巡行宫遗址之一，具有极高的历史、科学和艺术价值，见证了运河水神崇拜和中国古代国家对漕运的持续重视。

龙王庙行宫现保存完好，总占地2.2公顷，有3进院落，殿宇14座，建筑面积接近2000平方米。中轴线上有山门、御碑亭、献殿、龙王殿、灵官殿和大禹王殿，两侧有钟鼓楼和配殿。主体建筑龙王殿立于须弥座台基上，面阔7间，进深4间，重檐歇山顶，内部梁枋饰以苏式彩绘。

图6-10 宿迁龙王庙行宫

第七章 中国大运河相关遗产

中国大运河的第三类遗存就是运河相关遗产，包括相关古建筑群、历史文化街区，共 12 处。其中相关古建筑群 6 处，分别为扬州天宁寺行宫、个园、汪鲁门宅、盐宗庙、卢绍绪宅、济宁南旺分水龙王庙遗址；历史文化街区 6 处，分别为清名桥历史文化街区、山塘历史文化街区、平江历史文化街区、杭州桥西历史文化街区、南浔历史文化街区、八字桥历史文化街区。

一、相关古建筑群

（一）天宁寺行宫（含重宁寺）

天宁寺位于扬州明清城北郊外城河边，是清代帝王南巡时在扬州的行宫（图 7–1）。

天宁寺位于丰乐上街 3 号，地处清代扬州城的北护城河北岸，南对拱辰门（又称天宁门）。天宁寺始建于东晋，经历代重修，现存建筑格局为清同治年间修复后的遗存。天宁寺与清代扬州文化的繁荣具有密切的关联，是皇帝南巡时在扬州的驻跸之所，也是扬州最早的佛教庙宇之一，见证了扬州的繁华与自身的兴盛。至今，篆刻着《南巡记》的乾隆南巡御碑仍巍然伫立在寺内山门殿的北侧，“南巡之事莫大于河工”，乾隆自己撰写的《南巡记》，点明了帝王南巡的主要目的。南巡御碑也成为定格于特定历史时期的独特物证。

天宁寺现状保存完好，由山门殿、天王殿、大雄宝殿、华严阁、东西廊房及配殿组成，现作为扬州佛教文化博物馆对外开放。

在扬州天宁寺北面，有一座重宁寺（图 7–2），是为乾隆母亲准备的行宫，与天宁寺隔路相望，并称“双宁”，建于清乾隆四十八年（1783 年）。现存天王殿、大雄宝殿、藏经楼建筑三进。重宁寺位于长征路 15 号，南邻天宁寺，寺中主体建筑与天宁

图 7–1 天宁寺行宫

图 7–2 重宁寺

寺位于同一轴线，亦为清代八大名刹之一。重宁寺是清代皇帝南巡的重要史迹，乾隆皇帝赐“普现庄严”“妙香花雨”两额及大量诗文、楹联。寺中佛像“照内工作法”，表现了皇家因素对寺庙艺术的影响。

（二）扬州盐业遗址

在中国大运河遗产中，有一类特殊的遗产，它既不是水工设施，又不是漕运管理机构，而是因为运河盐运的兴起而带来的商业遗迹，那就是扬州盐业历史遗迹。个园、汪鲁门宅、卢绍绪宅、盐宗庙这四个古建筑群是作为扬州盐业历史遗迹一起介绍的，它们在 58 个遗产点中占了四席。

隋唐以后，大运河航道逐渐贯通，扬州作为我国海盐生产运输的中心，两淮地区的交通枢纽，借大运河的交通便利，发展成为古代中国最重要的盐业运输和交易的中心城市之一。兴旺的盐业带动了扬州城市的发展，留下了众多与盐业有关的历史建筑遗迹，其中包括个园、汪鲁门宅、盐宗庙、卢绍绪宅等。这些以中国古典文人园林为代表的扬州盐业历史遗迹，见证了清代前期大运河沿线发达的盐业经济所带来的高度的商业文明和盐商资本集团的财富聚集对社会文化振兴和城市建设发展产生的影响。

1. 个园

个园（图 7–3）是清代嘉庆二十三年（1818 年）在明代“寿芝园”旧址上建成的宅园，占地 24000 平方米，建筑面积近 7000 平方米，为前宅后园式江南私家园林。个园的住宅部分位于个园南侧，坐北朝南，占地 3500 余平方米，建筑面积 3000 平方米。住宅由西、中、东三路建筑组成，前后各三进，各路建筑间以火巷相隔。整体建筑群规模宏大，布局严谨。单体建筑体量宏大，用料考究，是扬州盛极一时的盐商文化和民居文化的珍贵遗存。个园的园林部分，以四季假山（图 7–4）为主，结合园林建筑、

图 7–3　个园

图 7–4　个园假山

植物配置及理水，是个园景色的精华，个园是扬州古典园林艺术的杰出代表。个园现保存完好，已作为博物馆向公众开放。

2. 汪鲁门宅

汪鲁门宅（图 7–5）位于扬州古运河边，始建于清光绪年间（1875—1908 年），是江南典型的盐商大宅，建筑面积 1700 余平方米，布局规整严谨，体量宏大，用料考究，装修精致。现存遗产面阔三间，在同一中轴线上，前后九进，分别为门楼、大厅、二厅、住宅楼等，总长 115 米。在中国大运河申遗过程中，文物部门对其进行了修缮，现作为大运河盐文化博物馆对外开放。

图 7–5　汪鲁门盐商住宅

3. 卢绍绪盐商住宅

卢绍绪盐商住宅（图 7–6）坐落在老城区康山街 22 号，始建于清光绪二十三年（1897 年），是大运河扬州段现存规模最大的盐商住宅建筑之一，也是中国大运河沿线晚清盐商大型住宅的代表。

卢绍绪盐商住宅现存建筑前后共九进，占地约 5000 平方米，主要建筑及园林有正厅、藏书楼、意园等，现作为扬州淮扬菜博物馆对外开放。

图 7–6　卢绍绪盐商住宅

4. 盐宗庙

盐宗庙（图 7–7）位于扬州市区康山街 20 号，东、南临扬州城区大运河，西侧有何园、卢绍绪盐商住宅等文物古迹，北侧为

图 7–7　盐宗庙

天主教堂。盐宗庙占地面积约 400 平方米，建筑面积 280 平方米。

盐宗庙始建于同治十二年（1873 年），由两淮众盐商捐建，原有殿宇五进，庙后还有戏台，作为祭祀夙沙氏、胶鬲、管仲等盐业历史著名人物的祭祀场所，后改为祭祀曾国藩的祠堂。盐宗庙充实和证明了扬州盐业在大运河发展中的重要地位。

盐宗庙现保存完整，2006 年修复后对外开放。

扬州盐业历史遗迹见证了 18 世纪至 19 世纪，扬州作为中国大运河沿线城市商业和城市生活的繁荣兴盛。扬州盐商住宅、园林等在短时间内形成，凝聚了人力、财力，见证了清代前期大运河沿线发达的盐业经济所带来的商业文明和盐商资本集团的财富集聚对社会文化振兴和城市建设发展作出的特殊贡献。18 世纪至 19 世纪，盐业经济成为国家经济命脉，扬州盐商及时控制、利用盐业专卖垄断权，依托扬州便利的水运条件，使扬州一度成为大运河沿线乃至全国的盐业贸易中心城市，形成了以盐业经济为支柱产业的盐商社会生态和商业经济形态，对清代扬州城的社会生态、建设格局和居民生活产生了直接影响。

（三）南旺分水龙王庙遗址

人们为纪念明代著名水利专家、工部尚书宋礼和著名农民水利专家白英等修建南旺枢纽工程，在南旺汶、运交汇处建造了“分水龙王庙”。

分水龙王庙始建于明永乐年间（1403—1424 年），由东、中、西并列的三组建筑组成，地面尚存关帝庙、禹王殿、观音阁等砖木建筑，其他建筑为遗址状态，主要包括：龙王庙建筑群基址、水明楼建筑群基址、祠堂建筑群基址等。遗址总占地面积为五万多平方米，规模较大。

图 7–8　南旺分水龙王庙遗址

龙王庙建筑群位于分水枢纽的东部，是庙宇建筑。该建筑群以院落内的甬道为中轴线对称分布，自北向南依次为牌坊、山门、戏楼、钟楼、鼓楼、龙王大殿和关帝庙。图 7–8 为南旺分水龙王庙遗址。

南旺分水龙王庙遗址

中心点坐标为 116° 21′49″ E；35° 34′17″ N。

二、历史文化街区

（一）清名桥历史文化街区

清名桥历史文化街区地处无锡旧城南门外古运河与伯渎港交汇处(旧称南塘地区)，古运河穿其而过，受到运河航运与水系的直接影响。

清名桥历史文化街区的发展始于宋代锡山驿的设置，以此作为契机，出现了众多商业、手工业作坊和住宅。明清时代，无锡南门外形成了众多的粮行堆栈，是清名桥历史文化街区的前身。

清名桥历史文化街区沿河分布长约 1.6 千米，以南长街、古运河、南上塘—南下塘为平行轴线，组织各巷弄，形成网络式的空间格局。历史街巷以古运河水弄堂和南长街、南下塘为骨架，垂直呈鱼骨状分布。

清名桥历史文化街区（图 7–9）现存有大量古桥、古街、古建筑，是展现中国大运河水乡传统风貌的精华地段，是富庶江南漕运重地的见证，是无锡城区运河故道边因漕运而生的古代商业和居住区，反映了明清两代无锡城市发展和贸易繁荣的情景，代表了中国大运河与城市水系的巧妙连接形成的极具特色的城市格局。

图 7–9 清名桥历史文化街区

（二）山塘河历史文化街区

中国大运河苏州段是江南运河最早开挖的运河段落之一。在长达千余年中，大运河苏州段承担了漕运、海内外商品运输等重任。唐宋时期，苏州是漕粮的重要产地；明清时期，苏州是漕粮的重要征集地和起运地。大运河苏州段还通过娄江连通长江口的刘家港，既便利漕粮海运，又便利海外贸易。16 世纪末，意大利传教士利玛窦盛赞苏州的繁华富饶：“经由澳门的大量葡萄牙商品以及其他国家的商品都经过这个河港。商人一年到头和国内其他贸易中心在这里进行大量的贸易，结果是在这个市场上样样东西都能买到。”

苏州古城自宋代以来形成的“三横四直”的主干河道系统存留至今。苏州水系造就了古城水陆并行、河街相邻的城市布局，并直接促成了享誉世界的苏州园林。平江历史文化街区和山塘河历史文化街区较为完整地展示了运河城市水道体系原貌，反映出苏州这座运河古城的历史风貌，是水城苏州水陆并行、河街相邻的典型区域，代表了河街并行的苏州“双棋盘”格局。

平江历史文化街区和山塘河历史文化街区中河道与街道并行，在街道与河道相交汇的地方，通过桥梁进行立体交叉，形成了水路立体交通的“双棋盘”格局，是13世纪石刻城市图《平江图》原真状态的缩影，是研究古代城市规划、城市建设的重要范本。

山塘河是大运河进入苏州古城的主干河道，也是古代大运河苏州段的主干航道之一，北起白洋湾，南至阊门，长6200多米。山塘河与大运河连接贯通，是大运河水网的重要组成部分。与河相伴相生的则是以河道为骨架、街巷相依附，具有“水陆相邻、河街平行”特点的居住街区。

山塘河始建于9世纪，后不断发展，至明清两代成为苏州最繁华的地区之一。街区现仍保持着居住、商业等城市功能，并完好地保存了河道、堤岸、桥梁，以及相关历史建筑和街区历史格局。

图7-10　山塘河历史文化街区

山塘河历史文化街区（图7-10）现存文物古迹众多，有会馆、寺庙、祠堂、戏楼、牌坊、园林、名人墓、古桥、宅第等。山塘河历史街区文化遗存丰富，是该地区千年历史进程以及经济、文化繁荣的实物见证。

位于山塘河西侧河岸边的虎丘云岩寺塔建于959年，因其独特的地理位置、建筑形制，成为大运河进入苏州段的航标性建筑。

（三）平江历史文化街区

平江历史文化街区（图7-11）是位于苏州古城内东北部的一片城市街区，形成于13世纪之前，街区内的水系及街巷比较完整地保存了宋《平江图》和明末《苏州府城内水道总图》等古地图上所展示的城内水道体系干支河结构的原貌和前街后河、街河平行的水陆双棋盘格局。

平江历史文化街区自北向南街河并行，其河道为苏州城内主要水系之一。平江河水系与护城河相贯通，街区内的通利桥、朱马交桥、胡厢使桥（又名胡相思桥）、唐家桥、新桥、雪糕桥等在13世纪《平江图》碑上均有记载。800年来，平江河道、街巷、桥梁的位置、格局未变，是水城苏州水陆并行、河街相邻的典型区域，有着一巷沿河、二巷夹河、一街一廊夹一河等多种多样的城市独特布局。

街区面积约8.1公顷，包括胡厢使巷河、大柳枝巷河、大新桥巷河、中张家巷河等多条河流，以及全晋会馆等多处建筑遗产，并保持着原有的居住、商业等城市功能。

全晋会馆位于中国苏州城内东部平江路中张家巷，是旅居苏州的山西商人所建的会馆建筑，也是苏州原有百余处会馆、公所中保存最为典型、完整的一处。全晋会馆始建于清乾隆三十年（1765年）。光绪五年（1879年），山西商人重建新馆，占地面积约6000平方米，坐北朝南，分为中、东、西三路。

会馆最初的作用是在苏州的外地人联络乡情和集会、议事的公共场所。18世纪以后，会馆也逐步成为商人们存货、居住和议事的重要场所，并逐步演变为工商业行会组织，促进了不同地区间经济文化频繁交流。全晋会馆是19世纪大运河南北经济文化交流的实物见证。图7-12是平江路上的会馆弄。

（四）杭州桥西历史文化街区

杭州桥西历史街区（图7-13）位于大运河（杭州段）主航道西岸，是依托拱宸桥作为水陆交通要道的地域优势而形成的一个城市居民聚集区，其发展历史是运河文化的重要组成部分，是体现河、桥节点作用的重要区域，也是反映大运河（杭州段）沿岸历

图7-11 平江历史文化街区

图7-12 平江路上的会馆弄

图 7-13 杭州桥西历史文化街区

史场景的重要区段，充分证明了杭州段运河对运河聚落的格局与演变有着重大的影响。

因为大运河，这一带曾经是杭州最热闹的商业区，形成了有名的“北关夜市”。传统街巷有桥弄街、桥西直街、如意里、吉祥寺弄、同和里、敬胜里、通源里等。现拱宸桥西历史街区格局保存完好，现存面积 39.6 公顷，仍作为杭州北部重要的居住区和商业区。

（五）南浔镇历史文化街区

南浔镇位于頔塘东端，是頔塘上最知名的大运河古镇。

南浔镇原为一村落，于南宋时期发展扩大，成为市镇。15 世纪至 19 世纪（明清时期）由于蚕桑业、手工缫丝业而发展繁荣，并依靠大运河支线——頔塘运河的交通便利，发展形成了基于頔塘运河的独特十字港架构格局。20 世纪初，南浔古镇依托大运河及周边地区发达的蚕桑与农耕经济，作为名甲天下的南浔辑里丝的主要产地和集散地，成长为国内最大的丝商群体，南浔也因此一跃成为江南重要商业城镇。

南浔镇历史文化街区（图 7-14）现为南浔镇区内核心居民区，总面积 1.68 平方千米。街区内保留着明清历史风貌，较完整地体现了清末民初南浔古镇的街区格局和历史风貌。街区内相关建筑遗产保存完好，重要保护建筑作为博物馆向公众开放，其余民居建筑基本保持了原有的居住功能。

图 7-14 南浔镇历史文化街区和南浔老街

南浔古镇是因大运河（頔塘）而起源、发展、兴旺的市镇的典型例证。大运河及周边地区发达的蚕桑与农耕经济，依托大运河的水利和运输功能，支撑了南浔由一个小渔村发展成为一个历史上的经济重镇。

（六）八字桥历史文化街区

八字桥历史街区位于绍兴古城北部，是依托绍兴八字桥与大运河的地域优势而形成的一个城市商业区，具有水陆双交通体系，是绍兴水城的一个缩影，反映了运河的开凿与变迁对运河聚落的格局与演变产生的重大影响。

八字桥历史街区（图 7-15）面积约 19.66 公顷，街区内有八字桥、广宁桥、东双桥、纺车桥、龙华桥等古桥，居民临河而居，沿街穿行，形成了特有的江南水乡景观，是绍兴古城街河布局的典型代表。

图 7-15 八字桥历史文化街区

三、中国大运河综合遗存

中国大运河综合遗存只有一处，就是清口枢纽，它是由多处河道、水工设施、相关古建筑群或遗迹组成。

（一）背景

自 12 世纪起，黄河向南改道，主流逐渐固定地经原泗河河道从清口（原泗河与淮河交汇口）入淮河河道。

由于黄河泥沙含量较大，将原淮河河道不断淤积抬高，使淮河泄流日趋不畅，在清口上游潴积形成洪泽湖。从 14 世纪起，黄河、淮河、运河交汇的清口地区面临着由于黄河泥沙淤积而产生的河床抬升问题、黄河洪水倒灌入运河与洪泽湖的防汛问题、保障运河水位的供水问题，以及克服运河、淮河、黄河之间的水位差进行通航的工程问题。

为此，15 世纪至 19 世纪（明清时代）清口枢纽的主要工程目标在于防范黄河泥沙进入运河、利用淮河清水弥补运河与黄河之间的水位差以及抬高洪泽湖以湖水冲刷黄河河床减少淤积泥沙等。

（二）演变

1. 早期

15 世纪初，为了避免在黄河河道中行船面临的险滩等危险，疏浚宋代的沙河，将清江浦运河向西延长至鸭陈口，漕船由清口附近进入黄河，同时在运河河道上建立一系列节制闸，控制水流保障航运，其中包括清江大闸。

16 世纪时，由于清口被黄河泥沙不断淤积抬高，使运河无法从淮河供水，并在汛期常常被黄河倒灌。为了解决泥沙淤积和运河供水问题，将西来的淮河河水潴积在洪泽湖内，以不断加高，加固洪泽湖大堤的方法，抬高洪泽湖水位，高过黄河水位，导引湖水从清口流出刷深黄河河道，并供应运河用水，同时将运口南移，远离黄河以便从洪泽湖供水，并在运口内建立多处闸坝，节制水位防止淤塞（即所谓“束水攻沙”“蓄清刷黄”的方针）。

至此，具有防洪、挡沙和引水的清口枢纽初步形成。

2. 中期

在黄河水量大、泥沙含量高的背景下，清口枢纽持续受到泥沙淤积、河床抬高的影响。17 世纪至 18 世纪，清口枢纽不断调整改造相关工程设施，采取了导引淮河河水（引淮）、防御黄河决口（御黄）等多项综合措施，保障淮水顺利流出进行刷黄济运。引淮措施包括：不断加高洪泽湖大堤以蓄积淮河河水；开引河引洪泽湖水进入淮扬运河刷黄济运；建设转水墩、束清坝以调控洪泽水的水位来冲刷河床，并使湖水三分济运，七分刷黄。

御黄措施包括：开凿中河将北运口南移至清口附近的杨庄，缩短借黄行运的距离；南移南运口、以南运口为核心建控制闸坝以减轻黄河水倒灌；在清口附近陆续修建堤防系统以固定黄河主河道；建设御黄坝防止黄河泛滥入洪泽湖。

随着运口不断南移，清口枢纽的 U 形总体结构逐渐形成。

3. 晚期

黄河泥沙在清口的淤积速度远大于清口引河的冲淤量。至 18 世纪末 19 世纪初，蓄清刷黄的措施已经基本失效，严重淤积的清口地势相对较高，造成淮河河水难以冲出清口，而东出洪泽湖下泄至高邮湖、宝应湖，再向东入海或汇入长江，同时黄河常从清口倒灌入地势较低的运河，造成运河泥沙淤积严重。

19 世纪开始，清口枢纽已放弃原先采用的“蓄清刷黄”的方针，改为以“灌塘济运”方式通航。在临清堰和御黄坝之间形成一个可容纳一千多艘船的塘河，用水车抽清水入塘，塘内水位高于黄河时便开坝放船入黄河。至此，黄河与淮扬运河已实质上被截断。

1855 年，黄河向北改道，夺大清河入渤海，清口水利枢纽也失去了调整黄河、淮河与运河关系和保障运河航运的作用。

4. 现状

20 世纪后，在原清口枢纽范围内陆续新建了淮阴船闸、淮沭新河、二河等水利设施，替代了原有清口水利枢纽调整淮河与运河的关系，因此清口枢纽、洪泽湖大堤、清江大闸等大部分相关设施作为遗址或弃用河道保存较好，总体格局基本维持历史原貌。

下面从历史沿革角度对清口按各个年代的情况进行详细介绍。

• 明代以前

邗沟开凿以后，清口作为邗沟入淮处末口和古淮水、泗水交汇处，有“泗水入淮之口门，南北水运之要津”之称。清口地区的运河，始于宋代乔维岳，当时的出口在莫盘口，宋雍熙年间（984—987 年），转运使乔维岳开沙河，自楚州至淮阴，以避淮水之险。皇祐年间（1049—1054 年），江淮发运使许元自淮阴接沙河向西南开渠至洪泽，长 49 里，称作洪泽新河，又称洪泽渠。元丰六年（1083 年），发运使罗拯建议接洪泽河继续向西南开龟山运河，发运副使蒋之奇亦主张自龟山蛇浦至洪泽开复河，神宗皇帝命都水监丞陈祐甫规划执行。12 世纪，黄河南徙夺淮，主流逐渐固定为经原泗河河道从清口（原泗河与淮河交汇口）入淮河河道，这不仅给淮河带来大量洪水，而且输进大量泥沙，将原淮河河道不断淤积抬高，使淮河泄流日趋不畅，导致淮河下游（清口上游）的洪泽湖洼地积水扩展，富陵、万家、泥墩等湖荡逐渐连成一片，汇聚成一个较大的湖泊。随着元代会通河的开凿，黄、淮、运正式交汇。由于黄河力强且多泥沙，便从清口倒灌洪泽湖，使洪泽湖日益於淀，清口日益淤高，运口亦日益淤高，危害黄河与运河。洪泽湖（淮河水）既要接济运河水源，又要蓄到相当高程，以抵御黄河倒灌，因而需加高洪泽湖东堤——高家堰的高度，不使决口。

• 明代

明永乐十三年（1415 年），平江伯陈瑄循北宋乔维岳所开沙河故道，开清江浦运河，出口与小清口相对，叫做新庄运口。自淮安城西管家湖至淮河（黄河）鸭陈口，置板闸、清江闸、福兴闸、新庄闸四闸扼运河入黄河口门，为避免黄河灌注运河、淤积运口，四座闸统一管理，依次开闭。永乐十九年（1421 年），明成祖朱棣迁都北京，运河成为内陆输送东南漕粮入京的交通命脉。黄河、淮河、运河于清口区域交叉重叠，成为治理黄淮运重点。

嘉靖以前，黄河多走大河口，嘉靖初年，改走小清口，使得新庄运口淤积越来越严重。为此，嘉靖三十一年（1552 年）开通三里沟河。但由于走三里沟河需要上水逆行，嘉靖三十二年（1553 年）在三里沟河建通济闸，并对新庄闸进行整修，实现了运口南迁。嘉靖三十一年（1552 年）九月，河道都御史曾钧、漕运都御史连矿提出将高家堰增筑长堤。

隆庆年间（1567—1572 年），清河县至通济闸及淮安府城西淤者三十余里，并在大规模疏浚后复淤。

隆庆六年（1572 年），王宗沐增修高家堰。

万历六年（1578 年），潘季驯第三次出任河道总督，提出“束水攻沙”“蓄清涮黄”方略。为实现“束水攻沙”，潘季驯设计了一套由遥堤、缕堤、月堤和格堤组成，在遥堤上修建减水坝的堤防体系，并于 1579 年在黄河两岸完成徐州至淮安长达 600 里的遥堤；为实现“蓄清刷黄”的方略，潘季驯加高、加固高家堰 60 余里，堵住淮河向东的出路；创筑王简、张福堤，切断淮水北泄的通路。自此，淮水专出清口，“蓄清刷黄”。与此同时，潘季驯创筑归仁堤 40 余里，堵住黄河、睢河入洪泽湖的通路，以保护明祖陵和泗州城，又对淮扬运河入淮口门进行了整治。移旧运口惠济闸于日罗城东南，河口斜向西南，避开与黄河相对，设立惠济、福兴、清江各闸启闭规则。至此，清口水利枢纽格局基本形成。

万历八年十月至十一年三月（1580—1583 年），开展高家堰石工工程[1]。万历二十二年（1594 年），总河舒应龙修复高家堰。万历二十三年（1595 年），修复高家堰、高良涧决口处。

万历二十四年（1596 年），总河杨一魁大举分黄导淮，工程浩大，共动用了山东、河南、江北民工 20 万。其内容可分为开桃源黄坝新河，分黄河水部分入海；辟清口拦门沙七里，导淮会黄；建高家堰上武家墩、高良涧和周家桥三闸，分泄淮水；浚高邮茆塘港导诸湖水下入邵伯湖，湖尾另开金湾河十四里泄水至芒稻河，通过这一系列工

1 万历八年（1580 年）三月，工程给事中尹瑾阅视河工后，上书说：“高家堰近已筑塞成堤，体制高厚，既有桩板以护其处，复设官府以严其防，……终不若包砌石堤，可一劳而永逸也。”奏疏得到批准，遂于十月开工。石工是从原土坝“列字号”起（《千字文》常被用于河工上计程，“列”字排第 15 号）至“水字号”止，中间共用 30 个字，一个字为 100 丈，共计 3000 丈。高家堰大堤的石工在万历之后，尤其是康熙、雍正、乾隆年间又不断加固并向两头伸长。到乾隆十六年（1715 年），终于形成北起码头镇石工头、南至蒋坝镇、以石工墙迎水护坡的水上长城——洪泽湖大堤。

程导淮水径直入江。

天启元年至二年（1621—1622年），总河陈道亨堵塞高家堰的高堰、武家墩两处决口，并将损坏的石工“照段拆修，浪窝尽塞”[1]。

崇祯九年（1636年），“周鼎又修高家堰”[2]。

• 清代

康熙时期完善了明代洪泽湖蓄水、高家堰修筑等重要工程。开中河，使运河运道基本脱离黄河。康熙十七年（1678年），靳辅借鉴潘季驯的经验，提出“筑堤束水与引河放水交相使用”的理论。靳辅首先疏浚黄河下游清江浦至云梯关河道，使洪水得以畅流入海，接着相继堵塞高家堰及黄河各处决口。在遏制了洪水泛滥之势后，又先后完成了改移运口于七里闸、开清口四道引河、疏浚皂河、加挑中河等工程，于高家堰修建周桥、高良涧、武家墩、塘埂和古沟东、西减水坝共六座，治河取得了初步成效。

康熙二十六年（1687年），河督靳辅开中（运）河，下自清河县仲庄，上至骆马湖，大运河自成体系，彻底结束了“借黄行运”的历史。自此，漕船出天妃口穿越黄河向西北到仲庄（今码头仲工）运口进入中河。

康熙三十三年（1694年），修仲庄闸，改名广济，次年建康济闸（在陶庄右）、永济闸[3]。

康熙三十五年（1696年），黄淮交涨，高堰六坝圮，运口为陆，是年增筑堤工[4]。

康熙三十七年（1698年），黄淮又涨，黄水再次倒灌清口。为解决这种黄水动辄倒灌入湖的情形，总河董安国“建清口东西束水坝，御黄束清，西坝御黄，东坝蓄清”[5]。

康熙三十八年（1699年），康熙帝第三次南巡。三月初一，康熙帝再次视察高家堰、归仁堤等处，亲自用水平仪测量水位的高低。四月二十七日，康熙帝乘船出清口，召桑额、于成龙等指示治河方略，具体制定了新的治河方案：深浚河身，筑挑水坝，开陶庄引河，浚直河道，拆除拦黄坝，并亲自沿河勘察，在引河嘴上一里许，“订桩立基，谕建挑水坝。”此地当时名叫陈家庄，挑水坝也就叫做陈家庄挑水坝。因是康熙亲自“订桩”，便在坝后盖了一个亭子，名为御桩亭，陈家庄挑水坝也就改成了御坝。

康熙四十年（1701年），陶庄引河工竣，分黄水北岸行，使黄河远离清口。漕船出清口，顺流入陶庄引河，再逆黄河入仲庄。

康熙四十二年（1703年），康熙帝第四次南巡，指示将仲庄运口下移至杨庄，至此，

---

1 《南河志》附《南河全考》。
2 《明史稿·河渠志》。
3 《清圣祖实录》卷二二八。
4 吴棠修、鲁一同纂《咸丰清河县志》卷五《川渎》。
5 吴棠修、鲁一同纂《咸丰清河县志》卷五《川渎》。

短时期内清水畅出，运道为之一新，河工初步告成。自此，漕船一出清口，顺流行七里，即从杨庄运口入中运河，扬帆北上而无溯黄逆挽之艰。

康熙四十四年（1705 年），康熙帝第五次南巡，阅视杨庄等处新开中河闸口及清口、高家堰河堤。

康熙四十六年（1707 年）正月二十二日，康熙帝第六次南巡，二月二十日由清口上岸，视察河工，命挑浚洪泽湖出水口，加宽加深，使清水畅流[1]。

康熙四十九年（1710 年），建惠济越闸。

康熙五十一年（1712 年），谕建卞庄挑水坝。

康熙五十八年（1719 年），开王家营东引河，分漕北趋，以保南岸老坝、车路险工，于是治法大备[2]。

雍正十年（1732 年），天妃运口内的惠济正、越二闸的位置已固定。

乾隆二年（1737 年），南河总督高斌移天妃运口于旧口之南七十五丈。因惠济闸两端运河与黄河仅一堤之隔，如黄河决堤，运河十分危险，于是自惠济闸北开始开新河一千零六十八丈，穿永济河头，至庞家湾接入旧河，并建通济、福兴正越闸共四座，连同惠济正越闸，连续三组通航闸串联。各组可以互为备用，一防事故，一利维修。三组串联，既可防止黄水内灌，又可作为船闸使用，以节水过船。

乾隆四年（1739 年），鄂尔泰阅视江南河工，认为陶庄引河长而稍曲，旋开旋淤，决定在御坝以下安设木龙，进一步把黄河主流逼向北岸。先造一架，后添四架。

乾隆五年（1740 年），内务府员外郎鄂尔泰奉命阅视河工，认为洪泽湖三滚水石坝足敷减泄，天然二坝断不宜开，水得常蓄，专力御黄。

乾隆七年（1742 年）夏，黄河与淮河同时大水，洪泽湖水位猛涨，一面拆展清口束水坝，一面以三滚水石坝泄水，但天然二坝紧闭，以保持水量。结果水位继续上涨，于古洪冲决，湖水东注成灾。泄蓄的矛盾争论持续了数年。

乾隆十六年（1751 年），皇帝南巡听取各方意见后决定，以后永不开启天然减水坝，而是在原三座石滚水坝的基础上再增两座。仁、义、礼三坝一如其旧，智、信二坝则于石面之上加封浮土，实际是加了一个大的土闸门，加封土就相当于闭闸，除去封土就是开闸，除土并不需要完全人工铲除，而是相当于现代自溃坝，用溢水冲除。滚水坝上加封浮土的办法以后又用于仁、义、礼三坝，使泄洪的控制作用又有加强。南河总督高斌于同年实施了这项工程，建成智、信二滚水坝，并加筑了高家堰的石工和砖工。

1　赵尔巽等，《清史稿》卷三百二十五。
2　徐钟令修纂《民国淮阴志征访稿》卷之二《宸章志》。

乾隆四十一至四十二年（1776—1777 年），两江总督高晋和南河总督萨载主持开陶庄新引河，改黄河主流北行，以改变清口的不利状况。陶庄新引河较康熙陶庄引河规模要大，长 1060 丈（3.4 千米），宽 30 ~ 40 丈。陶庄改河之后，为保持新河势的稳定，又建了一系列建筑物，主要有堵塞旧河两端，东为拦黄坝，西为顺黄坝；自拦黄坝南坝头起，斜至御坝顺水堤止，筑拦堰一道，长一百四十丈；又自拦黄坝后起，至顺水堤尾止，创撑堤一道，长二百丈；又自拦黄坝北尾起到新河尾止，筑束水堤[1]一道，长八百九十一丈。由于束水堤很重要，嘉庆时又筑重堤一道。

乾隆四十四年（1779 年），因清水过弱，改建东西束水坝于惠济祠前。

乾隆四十六年（1781 年），筑东西兜水坝于清口风神庙前，夏展冬接。

乾隆四十九年（1784 年），分别将东、西束水坝改名为御黄坝、束清坝，但新开的陶庄新河，新河到清口的河段，虽时间不长，却已经淤积严重。

嘉庆十五年（1810 年），开新河道，名为顺清河。

嘉庆九年（1814 年），束清坝移建于头坝之南，并在御黄坝下三百八十丈高家码头西岸河尾斜筑挑坝与西岸相望，名新御黄坝。

嘉庆十六年（1821 年），于新御黄坝之南添筑御黄二坝。

道光四年（1824 年），在新御黄坝外，筑东西绕堤，钳口坝处建草闸一座，以为运口。闸外浅滩两岸又筑堰，名为临黄堰。惠济祠后筑钳口坝，名为临清堰。坝闸之间的河道名为塘河。重漕渡黄，先堵草闸，并在闸外土堰，挽重船进塘，继堵拦清堰，即启临黄堰闸，如此轮换灌放约八日即浚一塘。

道光十年（1830 年），在塘河内添挑一河，名替河，互相灌放。由于清黄相平，草闸底淤，不能刷跌，在东岸逼近窑汪处建涵洞一座；为泄清落底，又虑黄水过高，不敢启放，在草闸偏东建涵洞一座，引黄抬水。

道光年间（1821—1850 年）的运河水利工程设施均是局部改建，没有从根本上改变运河不畅的现状。

咸丰元年（1851 年），大水冲开了高堰礼坝，从高邮湖、宝应湖入江，此为淮水三河入江道。

咸丰五年（1855 年），黄河在河南兰阳（今兰考）铜瓦厢决口北徙，尽管经此大变，清朝廷仍竭力维持漕运。

同治二年（1863 年），吴棠任漕督，疏浚张福河口和顺清河，沟通中运河、里运河。

1　束水堤就是新黄河的南堤，左邻黄河，右邻清水，成为清黄界河。

光绪二十七年（1901年）以后，淮安段运河一直保持全线通航，但黄河泥沙逐年垫高运道，借黄济运使运河终至淤塞难通，清口失去枢纽地位。

• 现代

1958年，因开挖二河（淮沭河的一段），破坏了原有的堤坝格局，形成现在的堤坝格局。

清口水利枢纽现在已然废弃。现代清口主要指淮阴杨庄水利工程枢纽区。该区内建有淮阴节制闸，淮阴一、二、三线船闸和淮沭河船闸。淮阴抽水二站等十多项大中型水利、交通工程为淮沂水系间的调度枢纽。

2006年，清口枢纽与淮扬运河淮安段作为京杭大运河一部分，被国务院公布为第六批全国重点文物保护单位。

1128年黄河夺淮后，黄河、淮河、运河交汇于淮安清口一带，极大地干扰了运河的畅通。自16世纪末开始、历时200多年，耗费了大量人力、物力和财力，兴建起与黄河泥沙抗衡的清口枢纽工程，形成极为复杂的工程体系。明河道总督潘季驯首先在淮安码头镇东南大规模修筑高家堰（今洪泽湖大堤的一部分）堤防，企图利用地形和大堤形成人工湖以蓄积淮河清水，通过抬高水位实现对黄河泥沙的冲刷。到18世纪中期，共持续筑堤70余公里，其中砌筑直立式条石挡浪墙长达60余公里，形成具有蓄水、冲沙、泄洪等功能的洪泽湖水库。清口枢纽运用200多年后失效，但其运用过程中诞生的高家堰是17世纪前世界上规模最大的砌石坝，其石工墙的修建代表了当时先进的施工技术。形成的洪泽湖是淮河中游的重要控制性工程，至今仍在发挥作用。清口枢纽完善的工程体系，集中了中国传统水利中的主要水（河）工建筑、结构，并将工程管理与运用提高到前所未有的水平。

（三）构成

按照各个河道设施遗迹的功能，清口枢纽遗产区可分为四个部分：御黄部分、引淮部分、淮扬运河部分、中河部分。

1. 御黄部分

（1）黄河故道

清口黄河，原为12世纪黄河夺淮入海前淮河下游故道。至16世纪时，黄河主流逐渐固定地从清口入淮河河道。由于19世纪中期黄河北徙，原河道被废弃，现多用作农田灌溉。

（2）黄河堤防体系

为防止黄河洪水的危害，明清时代建成了由多个堤坝组成的黄河堤防体系，起到收窄河槽，加大流速以提高挟沙能力，以及防洪防汛的作用。至今多数遗迹地面格局可见。

16 世纪中期，黄河堤防体系主要由缕堤、遥堤等共同组成，以保证“束水攻沙、以河治河”的水利工程措施得以顺利实施。其中，距离黄河主河槽较近的临水大堤统称为缕堤，用以将黄河约束在主河槽内；遥堤建在远离河槽二三里的河漫滩上，用以在汛期容纳漫出缕堤的洪水；其他堤坝则用于辅助性防护加固。16 世纪后期，鉴于对黄河挟沙能力的进一步认知，则改加固遥堤为“放淤固堤”，即使黄河洪水所携黄沙沉积在缕堤与遥堤之间，最终仍靠泥沙淤积而形成黄河河槽，此即“束水归槽”的规划思想的成果，清代得以延续。清口枢纽黄河堤防体系的规划思想，反映了 16 世纪至 17 世纪中国古人对泥沙动力学理论的掌握和用于治河工程的实践，代表了中国古代高超的科技成就。

其中，顺黄坝是黄河南侧缕堤的关键工程，是历史上黄河堤防中的缕堤之一，位于江苏省淮安市淮阴区码头镇御坝村境内，以北紧贴今黄河故道。顺黄坝在当时的清口至关重要，时堵时闭、反复无常。亦由于不断的堆筑，使顺黄坝不断延长和加高，至今仍巍然壮观。

2009 年和 2012 年考古人员，两次对顺黄坝遗址进行了考古发掘，先后清理出清代埽工、石工、碎石护坡及木桩等一批重要遗迹，并出土了万余枚古代钱币。这两次考古工作发现，对研究清代土堤坝的堆筑过程、埽工水工技术的工艺以及与故淮河、运河、洪泽湖等水系的关系等提供了重要资料。

两次考古工作均清理出埽工遗迹，2009 年清理的埽工共 5 层，埽层之间填土，2012 年清理出埽工 6 层，为了保护遗迹，仅清理到埽工面，未做进一步的解剖，因此仅知道暴露出来的埽工面积。两次发现的埽工遗迹皆以芦苇铺筑。

① 埽工

埽是中国特有的一种用树枝、秫秸、草和土石卷制捆扎而成的水工构件，主要用于构筑护岸工程或抢险堵口。单个的埽又称为捆、埽由等，多个埽叠加连接构成的构筑物则称为埽工。埽工在我国已有两三千年的历史，主要用于黄河等多沙河流上，是中国古代水工技术的创造之一，是具有中国传统工程特点的重要护岸工程，具有因地制宜，适应河流特性的特点。

当年，清口地区是黄淮交会之地，堤坝无数，且常决常堵。据康熙、乾隆、咸丰、光绪年间《清河县志》“山川”部分记载：明、清时的清口堤坝数百条，埽工无数个，如七堡埽工、顺黄坝埽工、南坝埽工、束水坝埽工等。由此可见，顺黄坝下的碎石、秸秆碳化物，就是当年堵决的埽工。

② 石工

2012 年，考古人员清理出不规则形分布的石工遗迹一片，已揭示的部分长 16 米、宽 3 ～ 7.5 米、高 0.2 ～ 0.5 米，由碎石堆放而成，西高东低并分别向两侧延伸。石头颜色各异，有黑色、绿色、红色及白色等，皆为碎石，较为杂乱，堆放状态不似天妃坝规整，推测为倾倒所致，这也与相关文献中关于乾隆后期石工采用“抛石”方法堆筑的情况吻合。

③ 钱币等遗物

2009 年，考古人员在埽层与护坡之间，平面约 5 平方米的范围内，清理出土古钱币万余枚，有成串摆放于石头缝隙中的，也有零散分布的。目前发现的钱币有北宋“元丰通宝”、明代“万历通宝”、清代“顺治通宝”“康熙通宝”“雍正通宝”“乾隆通宝”“嘉庆通宝”“道光通宝”以及日本的“宽永通宝”、越南的“景兴通宝”等。其中以清代的“康熙通宝”“乾隆通宝”“嘉庆通宝”数量最多。

这些钱币是古时祭祀河神所用。中国古代有着祭祀河神的习俗，清代朝廷极为重视祭祀河神。据光绪年间《清河县志》艺文部分记载，当年康熙 6 次南巡，每次过清口总是先祭祀河神庙。到高宗乾隆时更加信奉河神。乾隆四十二年五月，在清口顺黄坝与南坝堵决时，便依乾隆口谕在决口处祭祀撒钱。

钱币遗物体现了中国古代对清口处黄河堤防的重视。

顺黄坝遗址的各种遗迹可以印证顺黄堤的重要性。清口顺黄坝当年是多灾多难的地方，也是牵动帝王、河臣精力最多的地方。

2. 引淮部分

为配合清口枢纽，以“蓄清刷黄”“束水攻沙”的方式解决黄、淮运交汇处泥沙淤积的问题，洪泽湖大堤不断被加高加固，抬高洪泽湖水位，蓄积淮河来水。同时陆续开凿多条引河，从洪泽湖引湖水冲刷黄河河道，为运河供水，并不断加高，加固临湖堤和圈堰等引河堤防，保障航运的安全。

（1）洪泽湖大堤

洪泽湖大堤（史称高家堰）是位于洪泽湖东岸长达 70 多千米的防洪蓄水的巨大土方工程，是清口枢纽引淮措施的重要组成部分。

自12世纪开始，黄河向南改道，在其侵占的淮河河道下游积沙渐高，使淮河泄流日趋不畅，遂在清口上游的洪泽凹陷区潴积，水面逐渐扩大，形成洪泽湖。

明清两代，为配合清口枢纽“蓄清刷黄”“束水攻沙”的工程策略，解决黄、淮运交汇处泥沙淤积、汛期防洪等问题，在洪泽湖的东侧，大体以历代修筑的塘堰为基础，加筑土坝石堤，抬高洪泽湖水位，使之高于黄河水位，以蓄积导引淮河来水，冲刷黄河运口河床。

万历七年（1579年）将洪泽湖大堤(图7-16)土堰改筑石工墙，并加高加固，向南延伸25千米到越城，此时大堤总长达42千米。清代延续明代的治水方略，在康熙十六年（1677年）将大堤从周桥延伸到蒋坝，并全部筑建石墙护坡，以抵御风浪冲击。

图7-16 清口枢纽——洪泽湖大堤

洪泽湖大堤这项浩大的工程历时171年，筑堤70.4千米，其中垒砌石工墙60多千米，今天仍是淮河防洪工程的重要组成部分，受到重点维护。现存洪泽湖大堤全长70.4千米，大堤主堤保存完好，呈现的古代石工墙基本完好。

（2）洪泽湖大堤头坝

洪泽湖大堤头坝位于洪泽县城南20千米。为伏汛泄洪，自明嘉靖元年（1522年）至道光六年（1682年）有记载的各种减水坝有26座。乾隆十六年（1751年）添建的“智”“信”两坝与前期的“仁”“义”“礼”三坝合称“上五坝”，信坝就是现称的头坝。

头坝进水石坎长约192～210米，翼墙下口宽约233米，纵深38米，两坝头地面以上可见8层条石（地下9层），地面以上高约3.4米，反映原始减水坝的造型。

头坝段保留了较为完整的原有减水坝整体平面格局与规模。坝体基本保留原有的地势坡度，具有较高的真实性和完整性。

头坝是洪泽湖上重要的减水坝，反映了洪泽湖大堤的巨大规模与中国古代高超的水利工程施工技术。

（3）张福河

张福河是为了引洪泽湖水，冲刷黄河河道、为运河供水的多条引河之一，开凿于清康熙三十九年（1700 年），后多次疏浚，不断扩宽、延长，该河道保存较好，目前仍可通航，河道两岸的河堤保存完好。

3. 淮扬运河部分

15 世纪之后，为了加固淮扬运河河堤，防止黄河水泛滥，随着南运口的不断迁移，在淮扬运河两岸配合闸坝的建设，陆续修建了淮扬运河的多处堤坝。其中，天妃坝位于里运河西堤上惠济祠附近，是为里运河入黄淮交汇处抵御激流冲击的保护性堤防设施，是里运河堤防体系的重要组成部分。

2008 年和 2011 年，对天妃坝遗址（图 7–17）前后进行了两次考古工作，共揭露 3 处堤坝遗址。其中 2008 年揭露的石工堤坝分为总高 6.66 米的上、下两段，条石共 15 层，砖共计 26 层；下段石工下面暴露出直径 10 厘米的木桩。

2011 年揭示了明代砖工堤坝与清代石工堤坝两段不同时代的堤坝，两处堤坝相距 1.7 米。其中明代砖工长 18 米、宽 1.5 ~ 2.35 米、高 1.6 米。整体呈中间向外（向西）凸出，两边分别向东北和东南延伸并弯曲的“弧形”，东西剖面为上窄下宽的梯形，共揭露 13 层。砖与砖之间用三合土黏合。

清代石工长 44 米、宽 0.15 ~ 1 米、高 2.2 米，整体呈弯曲状。坝体为砖石混合结构，下段外部为条石砌筑，共 3 层。上段在条石上砌砖，共有 7 层，最上面一层亦为条石。

结合《河防一览》、乾隆《淮安府志》等文献记载，推测分析砖工遗址应为明代万历七年所建，石工遗址为清康熙三十年重建。坝体所用条石全为青石，质地坚硬。砖上有 4 种铭文，说明当时这里是一处险段，为皇帝亲自监督的工程。

天妃坝坝体遗址保存较为完好，工程坚固，气势恢宏，为研究明代清口堤防体系的建筑材料、砌筑结构等方面提供了第一手资料，对于水利史、水文地理以及判断相关水工设施的年代，确认古运河河道、运口位置的变迁，了解黄河、淮河淤积深度等方面的研究具有重要意义。

图 7–17　天妃坝遗址

4. 中河部分

17 世纪以前，由淮扬运河北上的漕船从清口附近进入黄河，沿河道向上游行运。17 世纪中叶，为了减少清口以北借黄河行船所带来的危险，在黄河故道平行的东侧开凿中河入黄河，南接淮扬运河，至此黄运完全分立。

中河河道自钳口坝至三河口全长约 5.2 千米，现被称作“中运河”，为二级航道，河道基本保持原状，部分河段依旧通航，原三河口处现被新开的二河穿过，是多条河流的交叉口。

双金闸（图 7–18）是淮北盐河与中河交汇处的节制闸，始建于 17 世纪末，是为了解决汛期黄河水量较大在清口处向运河倒灌的问题，在清口上游建设的节制闸。汛期时，双金闸起到减水闸的作用，向盐河分流黄河河水，降低清口枢纽的黄河水位。后改为中河的控制水位的闸，历经多次改建迁移。现存的双金闸为 1922 年重建。1957 年，淮沭新河开挖，彻底截断盐河通道，双金闸逐渐废弃。现双金闸保存状况良好。

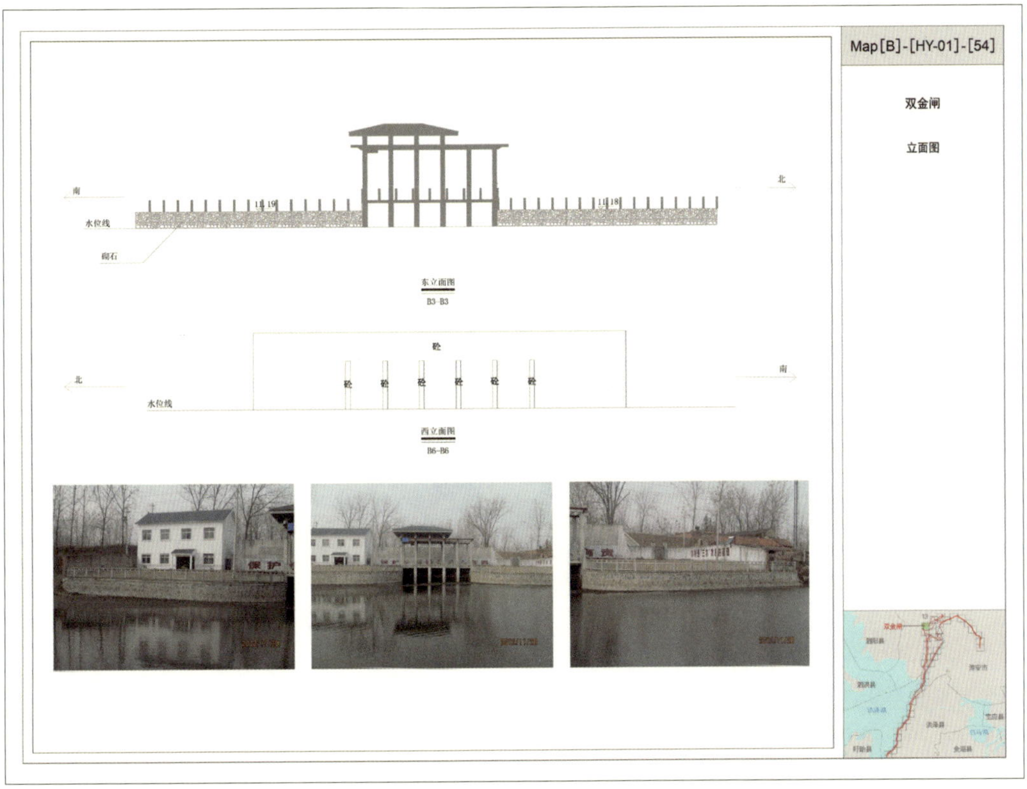

图 7–18　双金闸立面图

第八章

中国大运河遗产的保护

一、中国大运河遗产完整性、真实性状况

作为系列遗产，中国大运河遗产包括 31 个组成部分。申报的遗产区面积为 20819 公顷，缓冲区面积为 52747 公顷，遗产区和缓冲区的总面积为 73566 公顷。

（一）完整性状况

在中国大运河申遗文本中，我国政府声明：中国大运河遗产总体上具有较好的完整性，体现在两个方面，一是作为系列遗产，中国大运河包括了所有表现其突出的普遍价值的必要因素，并完整地表现出运河遗产的发展和演进过程，在遗产构成方面具有高度完整性，二是构成中国大运河的遗产要素保存较好。

1. 遗产构成完整性评估

依据价值载体与属性分析进行评估，“中国大运河”遗产构成的完整性良好。具体体现在：

1）水工遗存和附属遗存生动描绘出隋唐宋、元明清两次大贯通时期漕粮运输系统的格局、线路、运行模式，并且共同勾勒出中国大运河自春秋至今清晰、完整的演进历程。

中国大运河所包含的水工遗存和附属遗存位于漕运目的地和始发点（洛阳、北京、杭州、宁波），或通过漕运途中具有重要节点意义的城市（最重要的如淮安、扬州、苏州、天津等），支撑了整个运输系统的空间格局和基本框架。

水工遗存包含基于系统、详细的资源调查成果而确认的历史时期的主线河道、湖泊和水工设施，是大运河自春秋至清代分段凿成的十大河段的代表，勾勒出春秋、隋唐、宋、元、明清各重要历史阶段的大运河线路，展现了中国大运河作为漕运通道的形成和发展历程。

附属设施包含隋唐时期最重要的官仓和明清时期最高级别的管理机构——总督漕运公署的遗址，见证了由国家统一管理的运行模式。此外，清代皇帝为巡查、管理治运事务而专门建造的行宫——龙王庙行宫也印证了这一点。

遗产要素中，有的持续在用，有的废弃，也有一部分为考古遗址，真实而全面地代表了中国大运河遗产目前复杂多样的保存状态，展现了大运河自春秋时期创建，隋唐至明清持续兴盛，近代衰落，现代逐步复兴的演进历程。

2）水工设施和工程枢纽体现了传统运河工程的创造性和技术体系的典范性。

水工设施包含船闸（单闸、复闸、梯级船闸）、拖船坝、泄水闸、堤、水坝、桥梁、水城门、码头等，是中国大运河沿线众多水工设施中遴选出的代表性遗存，基本上涵

盖了农业社会背景下传统运河工程设施的全部类型。

工程枢纽以南旺和清口两个大型枢纽为代表，体现了传统运河建造和使用时综合解决水源、高差、泥沙、运口等关键技术问题的杰出成就，包含世界上现存的最早的复闸遗址——长安闸遗址和越岭运河遗址——会通河南旺枢纽段。

3）遗产要素可以充分证实相关史料记载的历史上的中国大运河的用途和功能、当前大运河的多种社会实用价值，并且展现了大运河在用地、景观和文化等方面对沿线区域的巨大影响。

遗产要素与古碑刻、古文献、古舆图等史料中的有关记载相互印证，从而证实了历史上的大运河服务于漕运、为建构帝国文明的框架提供支撑作用。

大部分遗产要素至今仍有在用功能或被再利用、展示，体现了大运河延续至今的贡献：促进工业发展，实现水资源调配，保障农业，城市安全，游览观光等。

相关遗产包含了运河沿线地区最典型的与运河伴生的古建筑群和历史文化街区，通过其与大运河在空间和精神、情感方面的联系，在用地、景观和文化等方面显示了水路运输对于区域发展的巨大影响。

2. 遗产要素完整性评估

中国大运河遗产价值研究团队根据85处遗产要素单体保存现状进行了评估：共71处基本保存完好，其中18处要素作为考古遗址，价值特征得以良好保存。14处要素遗存主体保存完好，局部存在轻微残损。

中国大运河遗产区的突出普遍价值得到了相关管理机构、当地政府和其他利益相关者（社区居民等）的充分认同，各方面已达成共识，将为保护和延续这一文化遗产而共同努力。

《大运河遗产保护管理办法》和《中国大运河遗产管理规划》已开始执行，在保护管理方面，制定了遗产区和缓冲区管理规定，为大运河的有效保护和管理提供了法规依据。

确立了有效的协调机制，通过省部际会商小组、各省（直辖市）和地市建立的协调工作机构、大运河保护与申遗城市联盟等协调解决大运河遗产保护中的事项和问题。

中国大运河所经8个省份历史上就由于运河的发展而成为中国中东部最发达的区域，目前仍是中国近年来经济快速发展地区，经历着快速的城市化与现代化建设，使大运河面临一定的城乡建设压力和水利航运建设压力。《中国大运河遗产管理规划》明确体现了对这些压力以及不利影响因素的应对，基于对中国大运河的价值的评估，制定了一系列已被各利益相关者认同的规划策略和措施，并建立起有效的遗产监测体系以实现对大运河遗产影响因素的科学监测与有效应对。同时，遗产区范围内的生态环境和环境质量长期按照国家标准进行保护，通过防洪工程与防洪规划实现了大运河洪涝灾害风险的有效防控。可以预见，大运河的完整性将得以延续。

缓冲区的划定以控制周边建设压力，保护遗产区和外部环境的景观和谐为主要目标，综合考虑遗产区外部与遗产要素相关的背景环境因素，能够有效维护河流生态安全及和谐的水岸（遗址）景观。

综上所述，中国大运河完全符合世界文化遗产的完整性标准。

表 8-1 给出了详细的遗产要素保存完好程度分类情况。

表 8-1 遗产要素保存完好程度分类统计表

遗产要素类型	遗产要素保存完好程度分类统计（处）			
	基本完好	遗址基本完好	主体完好	合计
运河水工遗存	38	12	13	63
河道	20	5	2	27
湖泊	2	—	—	2
水工设施	16	7	11	34
运河附属遗存	4	4	1	9
管理设施	2	1	1	4
配套设施	2	3	—	5
运河相关遗产	11	1	—	12
相关古建筑群	5	1	—	6
历史文化街区	6	—	—	6
综合遗存	—	1	—	1
总计	53	18	14	85

（二）真实性状况

依据《实施世界遗产公约的操作指南》（2011）和《奈良真实性文件》（1994），中国大运河的真实性与下列特征相关：各项遗产要素的外形和设计、材料和实体；当前有实用功能的遗产要素的用途和功能；各组成部分的位置和布局、精神和感觉。

1. 外形和设计、材料和实体

依据承载“大运河”突出普遍价值的遗产要素的保存现状进行评估，几乎所有遗产要素在外形和设计、材料和实体方面都体现了良好的真实性。

1）运河水工遗存

遗址类河道和水工设施保存了隋代至清代各历史时期的遗存实物和废弃的状态，除必要的考古发掘外未经干预。

在用工程（包括河道、湖泊和水工设施）在用河道的断面、平面形态和堤岸材质随着功能的转变而发生着持续的变化，总体趋势为加宽、加深、岸线取直或局部硬质化；在用湖泊自历史上发展为园林景观后基本定型，延续至今，总体形态基本未受干扰，在整治水体和驳岸时为满足开放需求而使用了新材料，改造了局部岸线；在用水工设施（包括桥、堤坝、码头）基本上保持着历史时期的形制、材料，维修时尽量采用传统材料和工艺，由于防洪和防船撞击的安全需求，在个别水工设施加固维修时采取了原物表面外包或部分替换使用新材料的情况，同时在宽度、高度和局部形制方面造成了轻度变化。由于运河遗产具有不断演进的特性——与当前用途和功能需求相适应的变化本身就构成运河遗产价值的一方面，因此，在用工程的外形和设计、材料和实体的真实性，体现在它们的现状和清晰的历史发展过程共同显示了适应需求时维持原状和不适应需求时调整变化的规律。

废弃的水工设施（包括闸、纤道、水城门）中，现利用为桥梁的闸往往添建了桥面，但这属于微小的、可识别的变化，并未影响闸体的历史形制和材料的真实性，其他水工设施都按照文物古迹保护的最小干预原则进行维护和修缮，保存着历史时期的外形和设计、材料和实体特征。图 8-1 为运河水工遗存澄清中闸。

2）运河附属遗存中，现为考古遗址的 3 处配套设施遗址（含嘉仓、回洛仓和黎阳仓）和 1 处管理设施遗址（总督漕运公署遗址）除必要的考古发掘外未经干预；其他附属遗存——包括 2 处配套设施（盂城驿和富义仓）和 3 处管理设施（临清运河钞关、龙王庙行宫和宁波庆安会馆）按照文物古迹保护原则进行维护、修缮和使用，保存着历史时期的外形和设计、材料和实体特征。

图 8-1　运河水工遗存澄清中闸

3）运河相关遗产中，历史文化街区的街巷尺度、历史建筑、传统建筑以及环境在符合自身发展规律的有机更新过程中都维持了中国南方地区运河沿岸街区的传统风貌，而且保留着各自特有的建筑形制和格局。

2. 用途和功能

依据承载中国大运河突出普遍价值的遗产要素当前的实用功能进行评估，所有当前有实用功能的遗产要素的用途和功能都体现了良好的真实性。

按照当前功能与历史时期功能的关系，可分为：

1）完全延续的用途和功能：约 300 千米（约为河道总长的 30%）的河道用于重型货物运输，2 处湖泊都维持着自明代以后的景观游憩功能，13 处（约为水工设施总数的 40%）水工设施作为桥、堤坝、码头的历史功能从未中断和改变，6 处运河沿岸以居住和商业为主体功能的历史文化街区至今充满了活力和吸引力，这些遗产要素延续至今的历史时期的用途和功能，真实地展现了大运河历史悠久且持续至今的经济、景观和社会价值。

2）部分延续的用途和功能：为保护运河城市的历史格局和景观环境，近几十年来建设和完善高等级运河航道时，往往采取新开绕城段的方式，由此产生了许多城区运河故道，通常称为老运河、古运河，这些河道（长约 270 千米，约为河道总长的 27%）主要用于水路游览或小规模货物运输，虽然用途有所改变，但仍延续了通航功能，同时，由于没有航道扩容的压力，往往最接近历史时期的航道尺度，借助于文献研究、考古工作和阐释手段，能够真实地展现大运河作为农业文明时期运河的技术和景观价值。

3）调整的功能：由于历史上或当前的水源问题以及替代的交通方式的出现，长约 400 千米（约为河道总长的 40%）的河道不再作为航道使用，但仍发挥着重要的防洪、生态和景观功能，防洪、生态、景观原本是河道自身具备、但非主要用途的功能，适应于当前的社会需求而得以调整为主要功能，这正是运河的特性之一，展现了大运河的动态性和适应性。

4）再利用的功能：绝大多数闸因河道使用性质或通航方式的改变而失去了调节航道水深的作用，当前改作为桥使用；1 处河道遗址（通惠河北京旧城段故道）经发掘后修整、通水，重新利用为景观河道；废弃的 1 处盐商住宅（卢绍绪宅）再利用为商业场所（图 8–2），1 处配套设施（富义仓）局部

图 8–2　再利用为商业场所的卢绍绪宅

用以经营，但都服务于大运河价值的展示和阐释，属于与遗产实物展示手段相互补充的利用性阐释手段，因此是可以理解的功能演变，同时，这些必要的调整有利于遗产要素的保存和延续。

3. 位置和布局、精神和感觉

位置和布局、精神和感觉方面的真实性既与承载中国大运河突出普遍价值的遗产要素有关，也与各组成部分的布局和环境以及中国大运河遗产整体的品质密切相关。根据各组成部分的构成，结合上述其他方面进行评估，所有组成部分在位置和布局、精神和感觉方面都体现了良好的真实性。

1）遗产要素的位置：所有遗产要素的位置都真实可信，河道在历史时期的线路和走向都经严格的调查和系统研究，得到了明确证实，遗产点都从未移动，原位保存。

2）遗产组成部分的布局、感觉：除淮扬运河扬州段的古运河局部、会通河临清段、中河宿迁段的个别遗产要素与大运河河道之间的空间联系存在稍有削弱的情况外，其他各组成部分中，遗产要素的布局、空间联系都保持历史原状。

除个别新发现的地处郊区的河道遗址外，其他组成部分具有从未中断的运河城市、运河人家的场所感。图 8–3 为运河城市苏州。

3）遗产整体的精神：中国大运河作为一个遗产整体，被全国人民所认知和尊重，其流经地区的民众对大运河有着世代传承的热爱、眷恋和依赖。中国大运河被视为母

图 8–3 运河城市苏州

亲河，它展现了沿线地区共有的精神——古老、繁忙、生活所依、不断交流，厚重绵长，历久弥新。

（三）保护和管理要求

中国各级政府和各相关主管部门依据《中华人民共和国文物保护法》等相关法律法规、中国文化部颁布实施的《大运河遗产保护管理办法》等部门规章以及地方人民政府颁布实施的地方性专项法规、规章，采取有效的保护措施和管理手段，使大运河得到妥善保护。国务院于 2006 年将京杭大运河（京杭大运河为现代对北京至杭州一线运河的通称，包括历史上的通惠河、北运河、南运河、会通河、中河、淮扬运河与江南运河 7 个河段）整体公布为第六批全国重点文物保护单位，涵盖了遗产要素中的 18 段河道和 49 处遗产点[1]。2013 年，又将隋唐大运河（隋唐大运河为现代对隋—宋时期以洛阳为中心连通南北的运河的通称，包括历史上的永济渠与通济渠河段）、浙东运河公布为第七批全国重点文物保护单位，涵盖了遗产要素中的其他 9 段河道和 9 处遗产点。中国大运河遗产全部纳入全国重点文物保护单位，受到中国法律最高级别的严格保护。

按照国务院确定的职能分工，国务院文物主管部门主管大运河遗产的整体保护工作，并与其他主管部门合作，依法在各自的职责范围内开展相关工作。中国大运河沿线各省（直辖市）、市人民政府负责本地区的大运河遗产保护工作，并领导、协调本地区的文物、交通、水利等，各相关主管部门依法在各自的职责范围内开展大运河遗产保护工作。

大运河保护和申遗省部际会商小组颁布实施了涵盖大运河全线的《大运河遗产保护与管理总体规划》，以及涵盖中国大运河申报世界文化遗产范围的《中国大运河遗产管理规划》。大运河沿线各省（直辖市）、市人民政府分别颁布实施了本辖区的省级和市级大运河遗产保护规划，以及重要遗产点的专项保护规划，形成了覆盖全面、指导性强的保护规划体系。

中国大运河的遗产区和缓冲区的保护都有充分的法律保障，并依据相关的保护管理规划进行保护。大运河遗产的保护和管理，实行规划、实施、监管、评估和反馈的循环机制，通过相关规划的制定、实施和修编，不断整合、优化这一遗产所涉及的各种保护称号的积极作用。

1　其中 5 处遗产点在 2006 年之前分别被公布为三、四、五批全国重点文物保护单位。

中国大运河遗产保护是一项跨行业、多领域的工作，涉及文物、交通、水利、环保、国土、建设等各领域相关机构和众多利益相关者。为此，中国各级政府建立了有效的会商机制，协调大运河遗产保护所涉及的多个行业的重大问题，明确相关部门和地区在大运河遗产保护工作中的职责分工，加强不同领域之间的交流和合作。在国家层面建立了省部际会商小组，在地方层面也建立了相应的省（直辖市）、市级的大运河保护和申遗领导小组（会商小组），定期召开会议，审议大运河遗产保护的法规草案、规划、重点工作安排等重大事项，使这些工作都能得到及时、有效的协调。

大运河沿线各城市人民政府设立了大运河保护与申遗城市联盟。城市联盟联合制定并签署了《关于保护大运河遗产的联合协定》，明确规定了城市联盟的合作机制以及大运河遗产保护的相关要求。城市联盟定期召开会议，研究和协调大运河保护与申遗跨区域合作的重大事项。

遗产区跨行政区域边界的，其毗邻的县级以上地方人民政府通过相关部门联席会议、城市联盟会议等方式，研究解决“大运河”保护中的合作和协助事宜。

二、中国大运河遗产保护现状

（一）总体现状

依据历史和考古研究成果，现存的大运河遗产从春秋至清代的历史格局基本上是完整的。

1. 北京至杭州的京杭运河一线：河道和遗址基本完整。

济宁以南，河道连续，局部新航道与老河道并存。

北京、天津、河北境内仍有连续河道，并且发挥着重要的水利功能。

山东境内的大运河不连续，根据现存的间断的河流与已调查确认的河道遗迹，仍可判定出元明清三代大运河的主要线路和完整的演进历史。

2. 洛阳至淮安的通济渠一线：河道约存 1/3，遗址呈点状分布。

河南商丘以东至淮安现存连续河道及遗址，已经通过考古勘探确认。

洛阳经郑州、开封，至商丘之间，受历史上黄河摆动冲刷影响，河道遗址难以完全确认，但通过局部留存的驳岸、桥梁和古河道遗迹，仍可明确通济渠的大体线路。

3. 洛阳至临清的卫河系由历史上的白沟、永济渠、御河相继演进形成，持续利用至今。

4. 从杭州至宁波的西兴运河、山阴故水道、虞余运河、慈江、刹子港等河道，与曹娥江、姚江的部分段落一起构成了历史上浙东运河的主线。

（二）保护现状概况

2006 年之前，中国大运河的遗产要素按照其各自的功能和用途、类型、状态，分别依据文物、水利、交通、建设等方面的法律法规和行业规定进行保护。

2006 年之后，作为全国重点文物保护单位和世界文化遗产预备名单项目，中国大运河遗产要素作为一个整体，通过一系列分阶段编制完成并已公布实施的大运河遗产保护规划，受到了更加科学、系统的保护。

目前，各遗产要素的保存状态均良好。

1. 河道

在用河道发挥着航运、输水、行洪、排涝、灌溉及城市景观等多种功能，由管理机构负责使用和日常维护；根据河道利用功能和防洪需求，按照相关行业的技术标准实施保护和维护工程，包括清淤、疏浚、拓宽、堤防修复与加固、抢险等；同时，在河道工程中，遵照大运河遗产保护规划和管理规划的要求，注重识别、保护和维护大运河的突出普遍价值。

淮扬运河扬州段、江南运河苏州段、江南运河嘉兴—杭州段的部分河道仍是京杭大运河的主航道，从 20 世纪 50 年代至今进行了多次综合治理工程，对河道进行清淤、拓宽、深挖、裁弯取直、复堤、加固堤岸、城区河道改线等措施，提高了河道的航运等级及防洪能力。浙东运河也通过 20 世纪 50 年代至今的河道清淤、拓宽、深挖、加固堤岸等措施提高了航运等级。

卫河滑县—浚县段，通惠河通州段，北、南运河天津三岔口段，南运河沧州—衡水—德州段，通过对河道进行清淤、拓宽、裁弯取直、加固堤岸等提高了行洪能力，同时北运河段、南运河段也提高了输水能力。对会通河段河道在 20 世纪 70 年代进行了清淤。

遗址类河道通过考古发掘现场保护、遗迹本体加固、保护性回填和露明覆罩等措施得到妥善保护。

2. 遗产点

各遗产点通过日常保养和维护，遵照“不改变文物原状”和“尽可能减少干预”的原则实施必要的现状修整、防护加固、重点修复等维修工程，均受到良好保护。

（三）中国大运河各遗产要素的保护现状

中国大运河各遗产区保护现状如表 8–2 所示。

表 8–2 中国大运河各遗产区保护现状

遗产区	保护状况	保护措施
含嘉仓 160 号仓窖遗址	良好	原址保护和展示
回洛仓遗址	良好	回填性保护
通济渠郑州段	良好	治理了水环境，对故道沿岸、河道遗址分布范围及周边区域进行了环境整治，设置了保护标识
通济渠商丘南关段	良好	实施了考古发掘
通济渠商丘夏邑段	良好	实施了考古发掘
柳孜运河遗址	良好	开展了两次局部发掘，设置了界桩，逐步搬迁遗产区内的民居
通济渠泗县段	良好	对堤防实施日常保养和维护、对河道进行适时清淤
卫河（永济渠）滑县—浚县段（图 8–4）	良好	完成了浚县古城运河故道的疏浚和堤岸加固工程，治理了水污，整治了沿岸不和谐景观
黎阳仓遗址	良好	进行了考古发掘工，设置了界桩
清口枢纽	良好	改善了河道水质和沿岸环境，对现存的驳岸遗迹进行了系统的考古调查，实施了清口枢纽的整体保护与展示工程，实施了清江大闸正闸、越闸两翼石工墙维修工程
总督漕运公署遗址	良好	完善了遗址现场保护与展示措施，对公众免费开放展示
淮扬运河扬州段	良好	先后实施了多次治理，其中重要的措施包括航道拓宽、堤防增高加固、新开通江航道（自茱萸湾向南通至长江）等，达到二级航道标准，可通航 2000 吨级船舶。对遗址状态的高邮明清运河故道、邵伯明清运河故道等制定并实施了专门的保护展示方案，对刘堡闸、盂城驿、瘦西湖、个园、汪鲁门宅、盐宗庙、卢绍绪宅、天宁寺行宫等各遗产点实施了保护工程

图 8–4 卫河滑县—浚县段

续表

遗产区	保护状况	保护措施
江南运河常州城区段	良好	进行了多次整治
江南运河无锡城区段	良好	实施了河道综合整治工程和清名桥历史文化街区的保护性修复工程
江南运河苏州段	良好	对各段河道分别进行多次整治，达到三级航道标准。盘门、宝带桥、吴江古纤道向公众开放展示，平江历史文化街区、山塘河历史文化街区完善基础设施和展示利用手段
江南运河嘉兴—杭州段	良好	对各段河道分别进行多次整治，长安闸、杭州凤山水城门遗址、杭州富义仓、长虹桥、拱宸桥、广济桥向公众开放展示，杭州桥西历史文化街区实施了整体保护和有机更新
江南运河南浔段	良好	以日常维护措施为主，南浔镇历史文化街区实施了保护整治工程
浙东运河杭州萧山—绍兴段	良好	对各段河道分别进行多次整治，西兴过塘行码头、八字桥、古纤道向公众开放展示，对八字桥历史文化街区建筑进行修缮和整治
浙东运河上虞—余姚段	良好	实施拓宽疏浚、加固堤岸工程，目前为六级航道
浙江运河宁波段	良好	实施了慈江整治工程，目前为等外航道
宁波三江口	良好	实行综合管理，保障河流的通航和生态功能、控制遗产区内用地布局和景观，庆安会馆经过维修，对外开放
通惠河北京旧城段	良好	进行了考古发掘，对遗址进行了加固，现为城市景观河道
通惠河通州段	良好	对河道进行日常维护的同时，加强了对河道沿岸景观的控制，通过进行城市设计与景观设计，塑造良好的城市滨河景观形象
北、南运河天津三岔口段	良好	实施了多次河道治理工程，现主要功能为防洪、排涝、灌溉、景观、输水
南运河沧州—衡水—德州段	良好	分段实施了堤防修复和加固工程，对连镇谢家坝、华家口夯土险工实施了本体修缮工程
会通河临清段	良好	河道以日常维护措施为主，临清运河钞关实施了综合性的保护整治措施
会通河阳谷段	良好	河道为不通航的河流，阿城下闸、阿城上闸、荆门下闸、荆门上闸实施了文物修缮工程
南旺枢纽	良好	进行了考古发掘，并实施了现场保护与展示工程，开展日常保养和维护、监测措施，保障其正常的使用功能
会、通河微山段	良好	对河道进行了水下考古，利建闸修补少量的残损构件
中河台儿庄段	良好	加强了沿河景观整治
中河宿迁段	良好	实施了多次治理，现为二级航道，龙王庙行宫局部修整，向公众开放展示

三、中国大运河遗产面临的保护压力

（一）发展压力

中国大运河遗产分布在中国中东部发达的 8 个省份，因此中国大运河与沿线城市的发展息息相关。随着中国近年来经济的快速发展，沿线城市正经历着迅速的城市化与现代化建设，使中国大运河面临着一定的城乡建设压力和水利航运建设压力。

1. 城乡建设压力

由于中国大运河沿岸从古至今一直以来是城市发展的繁华地带，在中国经济的迅速发展及城市化进程中，运河沿岸建设了一定数量的住宅。随着机动车数量的增加，城市之间便捷交通的需要，中国大运河沿线也兴建了一些横跨运河的公路及铁路桥。针对这些情况（图 8-5 ~图 8-9），2008 年开始，运河沿线省级、市级人民政府组织编制并公布了大运河遗产各类保护规划，保护规划中划定了保护范围及建设控制地带，规定严格的建设报批程序。当地政府根据规划对遗产区和缓冲区的建设进行严格监管，有效地控制了建筑密度、高度及交通设施的兴建。

2. 水利航运建设压力

由于延续中国大运河的水利及航运功能，陆续修建了较多保证其使用功能的现代水利航运设施，这些非传统样式的设施在一定程度上对遗产的风貌造成了一定影响，局部景观不太和谐。为应对这种压力，相关建设部门已与地方政府达成共识——根据《大运河遗产保护与管理总体规划（2012—2030）》，在今后水利航运设施的建设上优先考虑使用大运河遗产历史上各区段所采用的、符合地方特点的传统技术、传统材料、传统结构和传统工艺，并识别、尊重、保存水利航运设施遗存在外形和设计、材料和实体、用途和功能、方位和位置各方面留存至今的历史信息。

图 8-5　运河旁的违章建筑

图 8-6　运河旁的不协调建筑

图 8-7　遗产区内密布的杆线

图 8-8　城乡建设压力

图 8-9　苏嘉杭高速公路

（二）环境压力

中国大运河申报范围内的生态环境和环境质量长期按照国家标准进行保护，总体状况较好，环境压力主要来自水环境质量、空气质量及气候的变化。水环境质量按照其使用功能，如输水、行洪等，基本符合《国家地面水环境质量标准》（GB 3838—2002）规定的Ⅲ～Ⅴ类标准。郊野区、建成区空气质量分别达到《环境空气质量标准》（GB 3095—1996）规定的一级标准和二级标准。气候变化造成极端天气，特别是暴雨及干旱的发生较为频繁，加重了中国大运河河道的防洪排涝压力，并对遗址造成了一定的影响。

中国大运河的保护管理机构依据相关保护法规和《大运河遗产保护与管理总体规划（2012—2030）》中的遗产环境保护规划章节执行环境保护，主要包括整治水系、调配流域与区域水资源；保护和修复生态堤岸；通过湿地建设、换水或遗址保护方式改善环境；限制保护区划范围内土地管控和建设；严格控制排入水体的污染物；强化运河沿线的工业污染防治；建设城乡污水处理设施与垃圾集中收集、处理设施，建立长效的保洁制度；科学监测等。各流域也分别制定了防洪规划及综合规划以应对气候变化所带来的防洪排涝压力。

（三）灾害与防灾

中国大运河遗产区域不存在地震、飓风、火山爆发、滑坡或其他重大自然灾害，提名遗产地常见的风险主要为洪涝灾害。

为应对洪涝灾害，中华人民共和国水利部和当地人民政府根据《中华人民共和国防洪法（1998）》分级制定了防洪规划，规划中制定了详细的防洪方案。中国大运河在20世纪50年代以来的综合治理工程中陆续完成了河道防洪工程，各级人民政府也严格按照各自的防洪规划对辖区内提名地河道进行流域、区域、城市三个层次的洪涝灾害防治。具体措施主要为堤岸治理及河道整治：根据防洪方案设计流量（水位）拟定的堤线、堤的横纵断面等加固防洪堤防；按照稳定河势利于行洪、防凌的要求，实施护岸、堵汊、分水、疏浚、河道拓宽工程、河道裁弯工程等进行河道整治。除工程措施之外，还采取了一定的非工程措施，如建立洪水预报警报系统、加强洪泛区管理、制定洪水保险与超标准洪水紧急措施等。中国大运河建立了不间断的河道监测、通信及预警系统，制定了洪水应急预案。应急预案通过提高洪水预报预警水平、加大洪水外排、流域内河湖适度超蓄等措施应对洪涝灾害。通过上述措施，实现了大运河洪涝灾害风险的有效防控。

此外，针对申报要素中的建筑群存在的火灾风险，除保障消防通道外，各遗产地点均已配置了防火设备，指定了责任人，制定了防火安全管理规定和应急预案。通过这些措施，可以达到最大限度降低火灾风险和减少灾害损失的要求。

（四）旅游参观压力

中国大运河是仍然发挥着运输、输水、泄洪、灌溉等重要水利航运功能的活态遗产，在成为世界遗产前整体上基本不存在较大的旅游压力，只有城区内景观较好的瘦西湖、什刹海面临一定的旅游压力。

随着申遗成功，中国大运河成为世界遗产后，逐步改善了环境景观并完善了展示设施，加上媒体的大力宣传，中国大运河在国内外影响力持续扩大，特别是大运河文化带建设提出后，中国大运河的旅游开发强度不断增强，大运河遗产逐渐面临一定的旅游压力（图 8-10）。在以下几类遗产中尤为突出：一是以参观游览为主的遗产，如南旺枢纽、清口枢纽；二是景观较好的城区遗产，如城区段河道；三是观赏性较强的古建筑类的遗产，如宁波庆安会馆、清名桥历史文化街区等。

由于中国大运河遗产本身的体量、规模和较强的旅游容纳能力，应该说有序的旅游活动对遗产保护的压力仍然是有限的。同时，遗产管理部门通过编制《中国大运河遗产管理规划》及节点的详细保护规划、保护展示方案，对旅游影响进行了详细的评估，并提出了保障可持续旅游发展的措施，包括合理组织参观线路、管理和引导游客参观行为、加强对旅游设施建设和使用的管理等。

图 8-10　大运河面临的旅游压力

四、法律保护

（一）保护称号

中国大运河遗产涉及中国世界文化遗产预备名单、文物保护单位、河道管理范围和堤防安全保护区、历史文化名城名镇名村及街区、风景名胜区、自然保护区等多种保护称号。每种保护称号都划定或公布了保护区划的界线。申报遗产区均位于保护区划的界线内，受到相关法律的保护。

表 8–3 展示了用于保护中国大运河的相关法律法规及保护措施执行部门等内容。

表 8–3　中国大运河法律保护一览表

保护称号	列入时间	规定遗产地位的法律	公布文件	保护措施执行部门
中国世界文化遗产预备名单“大运河”	2006 年、2012 年两次	《世界文化遗产保护管理办法》	2006 年 12 月公布的《中国世界文化遗产预备名单重设目录》，国家文物局 2012 年第 2037 号文“关于印发更新的《中国世界文化遗产预备名单》的通知”	文化部
文物保护单位	2006 年、2013 年两次	《中华人民共和国文物保护法》	《国务院关于核定并公布第六批全国重点文物保护单位的通知》（国发[2006]19 号）；《关于核定并公布第七批全国重点文物保护单位的通知》(国发［2013］13 号)	国家文物局
河道管理范围、堤防安全保护区	1988 年 6 月 3 日	《中华人民共和国河道管理条例》	北京市河湖保护管理条例 (2012 年)、北京市水利工程保护管理条例（1997 年修正）、天津市河道管理条例 (2011 年修订)、河北省水利工程管理条例（1998 年修正）、山东省实施《中华人民共和国河道管理条例》办法（2004 年修订）、江苏省河道管理实施办法（2008 年修正）、江苏省水利工程管理条例（2004 年修正）、浙江省河道管理条例（2011 年）、浙江省水利工程安全管理条例（2008 年）、河南省《河道管理条例》实施办法（1992 年）、河南省水利工程管理条例（2005 年修正）、安徽省实施《中华人民共和国河道管理条例》办法（2004 年修订）、安徽省水工程管理和保护条例（2005 年）	水利部及沿线各省市水利部门
国家级历史文化名城名镇名村及街区	1982 年，杭州、绍兴、苏州、扬州被公布为第一批国家级历史文化名城，2007 年无锡被公布为国家级历史文化名城。2005 年 9 月 16 日，中华人民共和国建设部、国家文物局批准浙江省湖州市南浔区南浔镇为中国历史文化名镇	《历史文化名城名镇名村保护条例》	《国务院批转国家建委等部门关于保护我国历史文化名城的请示的通知》（1982 年 2 月）、《关于公布第二批中国历史文化名镇（村）的通知》（建规 [2005]159 号）、《国务院关于同意将江苏省无锡市列为国家历史文化名城的批复》（国函〔2007〕89 号）	建设部
国家级名胜风景区	淮扬运河扬州段涉及 1988 年国务院批准的国家级风景名胜区——江苏蜀冈—瘦西湖风景名胜区（图 8–11）	《风景名胜区条例》	《国务院批转建设部关于审定第二批国家重点风景名胜区报告的通知》（1988 年 8 月）	建设部

续表

保护称号	列入时间	规定遗产地位的法律	公布文件	保护措施执行部门
南四湖省级自然保护区	会通河微山段（图8-12）涉及2003年6月山东省人民政府批准设立的南四湖省级自然保护区	《中华人民共和国自然保护区条例》	《山东省人民政府关于同意建立南四湖省级自然保护区的批复》鲁政字（2003）218号文	环境保护部

（二）完善的遗产保护专项政策法规

1.《大运河遗产保护管理办法》

文化部于2012年通过了部门规章《大运河遗产保护管理办法》，明确了大运河遗产整体保护工作的主管部门，并设立国家层面的协调机制，会商解决重大问题，同时确保国家实行大运河遗产保护规划制度。

《大运河遗产保护管理办法》中明确中国大运河遗产包括隋唐运河、京杭大运河、浙东运河的水工遗存，各类伴生历史遗存、历史街区村镇，以及相关联的环境景观等。

《大运河遗产保护管理办法》规定，国家设立的大运河保护和申遗省部际会商小组，协调大运河遗产保护中的重大事项，会商解决重大问题。国务院文物主管部门主管大运河遗产的整体保护工作，并与国务院国土、环保、交通、水利等主管部门合作，依法在各自的职责范围内开展相关工作。大运河沿线县级以上地方人民政府文物主管部门负责本行政区域内的大运河遗产保护工作，依法与其他相关主管部门合作开展工作，并将大运河遗产保护经费纳入本级财政预算。

国家实行大运河遗产保护规划制度。大运河遗产保护规划由总体规划、省级规划和市级规划构成。大运河遗产保护总体规划，由国务院文物主管部门会同国务院有关部门制定，经大运河保护和申遗省部际会商小组审定后报国务院批准公布。大运河遗

图8-11　瘦西湖风景名胜区

图8-12　微山湖中的运道

产保护总体规划应当与国家水利、航运、环境等规划相协调。大运河遗产保护省级规划和市级规划，分别由省级和市级文物主管部门会同同级有关部门制定，报省级和市级人民政府批准公布，并报上级文物主管部门备案。

大运河遗产保护规划应当明确大运河遗产的构成、保护标准和保护重点，分类制定保护措施。在大运河遗产保护规划划定的保护范围和建设控制地带内进行工程建设，应当遵守《中华人民共和国文物保护法》的有关规定，并实行建设项目遗产影响评价制度。建设项目遗产影响评价制度由国务院文物主管部门制定。除防洪、航道疏浚、水工设施维护、输水河道工程外，任何单位或者个人不得在大运河遗产保护规划划定的保护范围内进行破坏大运河遗产本体的工程建设。

2.《大运河保护与申遗城市联盟关于保护大运河遗产的联合协定》

中国大运河沿线城市于 2012 年 9 月共同制定并签署了《大运河保护与申遗城市联盟关于保护大运河遗产的联合协定》，全面加强了大运河遗产保护的城市间协调与合作，进一步规范了大运河遗产的保护、展示、利用、监测、管理和宣传等活动。该协定是中国大运河保护和管理的重要依据，主要内容包括协调机制与联络机构的设置、保护对象及原则、各城市人民政府的职责、志愿者制度、保护规划的执行、保护范围及建设控制地带内的管理规定、专家咨询制度、保护档案资料和监测预警系统的建立等。

《大运河保护与申遗城市联盟关于保护大运河遗产的联合协定》中的“大运河遗产”，包括隋唐运河、京杭运河、浙东运河的水工遗存，各类伴生历史遗存、历史街区村镇以及相关的环境景观等。近代以来兴建的大运河水工设施，凡具有文化代表性和突出价值的，也属于本协定所称的“大运河遗产”。

根据协定，今后，大运河遗产保护实行统一规划、分级负责、分段管理，坚持真实性、完整性、延续性的原则。对已调查登记并认为属于大运河遗产的不可移动文物，应当依法予以认定，并根据遗产所具有的历史、艺术、科学价值报请同级人民政府核定公布为文物保护单位。

大运河遗产的市段保护规划应当由市级文物主管部门会同同级有关部门制定，报市级以上人民政府批准公布，并报上级文物主管部门备案。大运河遗产的市段保护规划应当明确大运河遗产的构成、保护标准和保护重点，分类制定保护措施，并与国务院公布实施的总体规划和省级人民政府公布实施的省级规划相一致。

在大运河遗产保护规划划定的保护范围和建设控制地带内进行工程建设，应当遵守《中华人民共和国文物保护法》的有关规定，并实行建设项目遗产影响评价制度。除防洪、河道疏浚、水工设施维护、输水河道工程外，任何单位或者个人不得在大运河遗产保护规划划定的保护范围内进行破坏大运河遗产本体的工程建设。

协定还规定，大运河遗产保护实行专家咨询制度。制定保护规划、审批有关建设工程、决定其他重大事项，应当依照有关规定听取专家意见。

大运河遗产跨行政区域边界的，其毗邻各城市人民政府应当加强协作，及时通报相关信息，并采取联席会议等方式，研究解决大运河遗产保护中的重大问题。

大运河沿线各城市人民政府应当建立辖区内大运河遗产保护档案资料和监测预警系统。

大运河沿线各城市文物主管部门应当建立大运河遗产所在地标识系统，向公众提供真实、完整的大运河遗产信息。

除此之外，大运河沿线各省市市政府还分别制定了的区域性《大运河遗产保护办法》，如杭州市制定了《大运河杭州段遗产保护办法》，扬州市政府制定了《大运河扬州段世界遗产区保护办法》。

五、规划保护

制定并实施保护规划，是实施中国大运河遗产保护措施的重要途径。目前，大运河保护规划体系包括中国大运河遗产管理规划、国家级保护规划、省级保护规划、地市级保护规划、重要点段保护规划和各类详细规划。各阶段、各级规划相互衔接、各有侧重，共同构建了对大运河遗产实施全面保护的整体性政策，形成了覆盖全面、指导性强的保护规划体系。

2008—2009 年，中国大运河沿线各城市政府组织编制并公布了大运河遗产第一阶段保护规划（地市级总体规划），主要解决了各市对所属区域运河遗产的确认工作，提出针对遗产要素的保护和管理的具体要求，在编制过程中还及时提出了必要的优先行动计划。

2009 年 8 月—2012 年 8 月，运河沿线各省政府组织编制并公布了大运河遗产第二阶段保护规划（省级总体规划）：在市级规划的基础上按分省整合各段遗产，并进行遗产认定分级；在与水利、航运、城市建设等相关行业规划进行衔接的基础上，具体划定了大运河遗产的保护范围和建设控制地带，提出了省域内保护管理机构的设置要求；明确了省域内有关大运河遗产的事项管理的具体程序等。

2010 年 3 月—2012 年 12 月，大运河保护和申遗省部际会商小组组织编制并公布了第三阶段保护规划（国家级总体规划）；基于前阶段规划的遗产认定和分级成果，进一步按十大河段整合了遗产[1]，在全国层面、行业间、区域间达成共识的基础上，统筹制定了保护管理要求和保护、整治与展示措施，建立了长效的管理与协调机制。

2008—2014 年，按照各级总体规划的要求，针对部分重要遗产点段编制并公布实施了一系列详细规划，涉及遗产点段的综合保护、环境整治、利用与展示等。

2011 年 8 月—2013 年 1 月，大运河保护和申遗省部际会商小组组织编制并公布了针对申报世界遗产的大运河点段的管理规划：在上述各阶段总体保护规划和各详细规划的基础上，按照世界遗产申报和管理目标，梳理、完善了申报点段保护、管理、利用、监测等方面的规划要求和措施。

（一）中国大运河遗产所在市或地区的现有规划

申报遗产所在市或地区的现有规划除了提名地相关的专项保护规划外，遗产所在地的流域或水利专项规划、省级土地利用总体规划、城市总体规划及风景名胜区总体规划共四类规划均包含与中国大运河保护相关的内容。

1. 相关流域或水利专项规划

表 8–4 展示了大运河相关流域或水利专项规划。

表 8–4 大运河相关流域水利专项规划

规划名称	规划范围	与中国大运河相关的规划内容
太湖流域综合规划	江苏、浙江、上海两省一市在太湖流域内的区域	本规划的主要任务是评价流域治理与管理现状，研究流域经济社会发展对水利的合理需求，依据水资源和水环境承载能力，统筹协调兴利与除害、开发与保护、整体与局部、近期与远期等各方面关系。长江以南至嘉兴：现京杭运河主线涉及太湖治理工程，主要含堤防工程，有交叉水道、要扩挖交叉口，新建建筑物如水利枢纽、闸等
太湖流域防洪规划	江苏、浙江、上海两省一市在太湖流域内的区域	杭嘉湖区增加南排出路对防洪除涝效果明显，工程包括新辟平湖塘出杭州湾口门，延伸扩大长山河等骨干河流，并增设京杭运河三堡、八堡等南排泵站。杭嘉湖南排工程，南抬头闸、长山闸、盐官下河闸及泵站等按照嘉兴水位控制运用
海河流域防洪规划	东经 112°～120°，北纬 35°～43°之间，西以山西高原与黄河流域接界，北以蒙古高原与内陆河接界，南界黄河，东临渤海。地跨北京、天津、河北、山西、山东、河南、辽宁和内蒙古 8 个省、自治区、直辖市，面积 31.8 万平方千米	卫运河规划行洪流量为 4000m³/s。按排涝流量 1150m³/s 清淤恢复主槽，按行洪 4000m³/s 标准，对部分单薄堤段采取加戗、固基等措施；拆除、封堵或加固、重建 197 座穿堤建筑物

1 规划对象涵盖了 1154 项大运河遗产，总长 3166 千米，包括全部主线河道和代表性支线河道。

续表

规划名称	规划范围	与中国大运河相关的规划内容
海河流域综合规划	东经 112°～120°，北纬 35°～43°之间，西以山西高原与黄河流域接界，北以蒙古高原与内陆河接界，南界黄河，东临渤海。地跨北京、天津、河北、山西、山东、河南、辽宁和内蒙古 8 个省、自治区、直辖市，面积 31.8 万平方千米	卫河徐万仓至四女寺枢纽河道全长 157 千米。规划按承泄漳河、卫河下泄流量之和 $4000m^3/s$ 治理，主槽断面按设计排涝流量 $1150m^3/s$ 恢复。堤防级别为二级。该段治理工程包括主槽清淤、部分堤段加高培厚、险工险段治理、穿堤建筑物加固、祝官屯枢纽和四女寺北进洪闸除险加固等工程
南水北调工程总体规划	南水北调工程东线、中线和西线三条线路的总体布局	东线工程将利用江苏省已建的江水北调工程，逐步扩大调水规模并延长输水线路。从长江下游扬州附近抽引长江水，利用京杭大运河及其平行的河道逐级提水北送，并连通起调蓄作用的洪泽湖、骆马湖、南四湖、东平湖。出东平湖后分两路输水：一路向北，在位山附近经隧洞穿过黄河，经扩挖现有河道进入南运河，自流到天津，输水主干线全长 1156 千米，其中黄河以南 646 千米，穿黄段 17 千米，黄河以北 493 千米；另一路向东，通过胶东地区输水干线经济南输水到烟台、威海，全长 701 千米
南水北调东线工程规划	东线工程从长江下游干流取水，基本沿京杭运河向北送水。供水范围分为黄河以南、山东半岛和黄河以北三片	第一期工程：利用江苏省江水北调工程，扩大规模，向北延伸，向山东省供水。黄河以南以京杭运河为输水主干线，并利用三阳河、淮河入江水道、徐洪河、韩庄运河、不牢河分送。在现有工程基础上扩挖或安排影响处理河道工程 12 项；新建扩建泵站 21 座；抬高洪泽湖、南四湖下级湖蓄水位，利用东平湖蓄水。第二期工程：供水范围扩展到河北省和天津市，在第一期工程基础上扩大北调规模，向北延伸至天津北大港水库。黄河以南扩建三阳河、潼河等 5 段河道，疏浚南四湖，新建扩建泵站 13 座，抬高骆马湖蓄水位；黄河以北扩挖小运河、临吴渠、南运河、马厂减河 4 段河道，扩建千顷洼、大浪淀水库，加固北大港水库。第三期工程：在第二期工程基础上，增加运西输水线路，开挖成子河，利用房亭河，继续扩挖中运河、韩庄运河、梁济运河、柳长河以及疏浚南四湖；新建扩建滨江、杨庄等 17 座泵站。扩大山东半岛输水河道规模
淮河流域综合规划	西起桐柏山、伏牛山，东临黄海，南以大别山、江淮丘陵、通扬运河及如泰运河南堤与长江流域分界，北以黄河南堤和沂蒙山脉与黄河流域毗邻，流域面积 27 万平方千米	洪泽湖防洪标准达到 300 年一遇，设计洪水位洪泽湖蒋坝 15.81 米。淮河下游入江水道、入海水道、灌溉总渠（含废黄河）、分淮入沂水道总的设计泄洪能力达 20000～$23000m^3/s$。按照防御 100 年洪水时洪泽湖水位有效降低的要求，进一步论证入海水道二期工程规模，暂按行洪 $7000m^3/s$ 设计。主要工程措施有扩挖深槽，加高加固南北堤防，扩建泄洪建筑物等。洪泽湖大堤加固工程主要工程措施包括堤基及堤身防渗处理，堤后填塘固基，迎湖面护砌工程，水土保持，建筑物加固工程，大堤南、北端封闭工程，防浪林更新改造，水文观测设施等

续表

规划名称	规划范围	与中国大运河相关的规划内容
淮河流域防洪规划	西起桐柏山、伏牛山，东临黄海，南以大别山、江淮丘陵、通扬运河及如泰运河南堤与长江流域分界，北以黄河南堤和沂蒙山脉与黄河流域毗邻，流域面积 27 万平方千米	洪泽湖大堤北起淮阴码头镇，南至盱眙张庄高地，总长 70.63 千米。大堤沿线建有三河闸、高良涧闸、二河闸等控制建筑物。部分堤段存在抗渗能力不足、堤身稳定性不满足要求、防护设施损坏严重、沿线建筑物标准不足等问题，两端没有形成封闭。主要工程措施：堤基及堤身防渗处理，堤后填塘固基，迎湖面护砌工程，水土保持；建筑物加固工程，大堤南、北端封闭工程，防浪林更新改造，水文观测设施等。扬州市所要解决的主要问题是主要防洪堤标准低，险工多，城区山洪威胁大，内部排涝河道淤塞、抽排设施不足。规划防洪标准为 100 年一遇。加固京杭大运河、壁虎河和廖家沟堤防及建筑物，建设古运河挡浪墙。整治乌塔沟，开辟南下分洪道，建设乌塔沟及分洪道东侧封闭工程。城区按 20 年一遇排涝标准新建、扩建泵站，疏浚相应河道

2. 历史文化名城名镇名村和街区的保护规划

根据《历史文化名城名镇名村保护条例》的要求，各历史文化名城批准公布后，各历史文化名城人民政府组织编制了历史文化名城保护规划。

3. 省级土地利用总体规划、城市总体规划（略）

4. 国家级风景名胜区总体规划

自蜀冈—瘦西湖风景名胜区设立以来，景区管理机构通过编制和执行景区总体规划对景区进行科学和系统管理。

1988 年国务院公布蜀冈—瘦西湖风景名胜区为第二批国家级风景名胜区后，同年编制了《蜀冈—瘦西湖风景名胜区规划大纲》，1989 年江苏省人民政府批复。1989—1992 年按照《蜀冈—瘦西湖风景名胜区规划大纲》的要求进行保护管理，同时依据大纲编制了《蜀冈—瘦西湖风景名胜区总体规划》，经多次修编和按程序报审，规划于 1995 年经国务院批复通过、由江苏省人民政府公布实施。

2010 年至今正在对《蜀冈—瘦西湖风景名胜区总体规划》进行修编，主要修编内容包括景区内容调整、重新划分了核心景区范围、调整了瘦西湖景区西边界、景区道路交通调整及土地利用调整。修编的规划计划于 2013 年上报并公布执行。

（二）中国大运河遗产管理规划

1. 概述

为实现大运河列入世界遗产名录并确保其突出普遍价值得到维护和延续，在国家文物局的统一组织协调下，大运河流经省市政府共同编制了《中国大运河遗产管理规划》，规划成果经过遗产所在省、市涉及大运河遗产保护的各政府机构的认可、大运河保护和申遗专家委员会以及公众参与的咨询论证，由大运河保护和申遗省部际会商小组批准。

《中国大运河遗产管理规划》成果由规划文件主体及其支持文件构成。规划文件主体包括：

上卷：《遗产整体管理规划》；

下卷：《组成部分管理规划》。

支持文件为《大运河遗产保护规划体系与内容摘要》，包括大运河遗产保护规划体系简况，国家级总体规划正文，省级、地市级总体规划内容摘要以及详细规划案例摘要。

2.《中国大运河遗产管理规划》重要内容摘录

1）规划重点内容

（1）界定承载大运河突出普遍价值的载体和特征。

（2）建立保护和维护突出普遍价值的宗旨、总的愿景。

（3）梳理三个阶段大运河遗产保护规划，提炼针对申报的遗产区保护和缓冲区保护管理的要求和措施。

（4）按照世界遗产申报和管理目标，补充规划要求和措施。

（5）制定近期行动计划。

2）规划目标

（1）真实、完整地保存、保护大运河的突出普遍价值，延续、增进大运河的生机和活力，加强对遗产价值的认知、维护和传播，使之发挥促进遗产地文化、社会、经济与生态和谐演进的重要作用。

（2）不断提高保护与维护大运河文化遗产价值的能力。

3）规划基本策略

（1）基于大运河遗产保护规划体系已建立的覆盖国家、省、市各层级的现有保护管理体系，对各组成部分和遗产要素实施有效保护，构建围绕大运河的突出普遍价值的遗产价值维护体系。

（2）从体现、发挥申报和保护世界遗产的积极作用的角度出发，通过利用规划、阐释和展示规划，建立围绕大运河的突出普遍价值的遗产价值阐释体系。

4）遗产区管理规定

（1）在大运河的遗产区内，除文物保护、防洪除涝、船闸及航道建设与维护、水工设施保护和维护、输水河道工程、港口整治与建设、跨河桥梁工程等，不得进行其他建设工程或者爆破、钻探、挖掘等作业。

（2）在大运河的遗产区内不得建设污染大运河遗产及其环境的设施，对已有的污染大运河遗产及其环境的设施，应当限期治理。

（3）在大运河的遗产区内不得进行可能影响遗产安全及其环境的活动，对已有的危害大运河遗产安全、破坏遗产环境的活动，应当及时调查处理。

（4）在大运河的遗产区内，除防洪调度、应急调水及工程抢险需求的特殊情况外，不得损害或清除运河历史遗存或其他文物古迹。

5）缓冲区管理规定

（1）在大运河的缓冲区内不得建设污染大运河遗产及其环境的设施，对已有的污染大运河遗产及其环境的设施，应当限期治理。

（2）在大运河的缓冲区内不得进行可能影响遗产安全及其环境的活动，对已有的危害大运河遗产安全、破坏遗产环境的活动，应当及时调查处理。

（3）进行建设工程，应按照《中华人民共和国文物保护法》第二十九至第三十二条规定，由建设单位事先报请省、直辖市人民政府文物行政部门组织从事考古发掘的单位在工程范围内有可能埋藏文物的地方进行考古调查、勘探。考古调查、勘探中发现文物的，由省、直辖市人民政府文物行政部门根据文物保护的要求，会同建设单位共同商定保护措施；遇有重要发现的，由省、直辖市人民政府文物行政部门及时报国务院文物行政部门处理。

（4）在大运河的缓冲区内的建设用地必须纳入当地土地利用总体规划和年度计划。

（5）在大运河的缓冲区内不得进行任何有损大运河遗产历史环境和空间景观的建设活动。

（6）在大运河的缓冲区内不得修建风格、体量、色调等与大运河遗产不协调的建筑物或构筑物。

6）遗产要素保护原则

大运河水工遗存、附属遗存和相关遗产应按照各自具有的价值特征及其对遗产整体的价值贡献，获得有效维护和保护。

（1）运河水工遗存保护原则：在用运河水工遗存的日常保养和维护，包括河道与水库治理、水工设施养护、航道建设等，应符合《中华人民共和国水法》《中华人民共和国防洪法》《中华人民共和国环境保护法》《中华人民共和国航道管理条例》《中华人民共和国河道管理条例》等法律、法规的规定。保护和利用遗址遗迹类或中止了原始功能的运河水工遗存以及运河附属遗存，应符合《中华人民共和国文物保护法》的规定，遵循“不改变文物原状”的原则。

（2）运河附属遗存保护原则：保护运河附属遗存，应符合《中华人民共和国文物保护法》的规定，遵循“不改变文物原状”的原则。运河附属遗存的利用功能应为大运河遗产的阐释和展示。保护运河附属遗存与大运河河道之间在实体、空间、文化方面的有机联系。

（3）运河相关遗产保护原则：保护相关古建筑群及其遗址，应符合《中华人民共和国文物保护法》的规定，遵循“不改变文物原状”的原则。保护历史文化街区，应符合《历史文化名城名镇名村保护条例》的规定，遵循“科学规划、严格保护”的原则。运河相关遗产的利用功能应与其突出普遍价值相合，服务于大运河遗产的阐释和展示。保护运河相关遗产与大运河河道之间在实体、空间、文化方面的关联与关系。

（三）遗产区与缓冲区划定及保护原则

《中国大运河遗产管理规划》确定了遗产区和缓冲区的划定原则，并制定了保护原则。

1. 遗产区边界划定原则

遗产区界线按照各组成部分所含要素的特性和要素之间的关系划定，界划的基本原则如下。

有堤的河道：原则上按照外侧堤角线界划，遗产区为包含河床、河滩地、堤顶及两侧堤坡的带状区域。

无堤的河道和湖泊：原则上按照河湖岸线外扩 5 米界划，遗产区为包含河湖水体和驳岸的区域。

水工设施：包含于所处河道的遗产区内，不单独界划，必要时局部外扩河道界线以包含整个设施及其下部基础。

相关古建筑群：按照建筑群的外部边界（如院墙、街道）界划。

历史文化街区：按照城市规划中确定的风貌良好且受重点保护的区域界划。

遗址：原则上按照考古勘探或发掘确认的遗址边界（如河堤、院墙等）界划，河道遗址包含河床和河堤（如果有），仓库遗址包含构筑物整体，管理设施遗址和相关古建筑群遗址包含建筑群整体，水工设施遗址包含已发掘揭露的构造及其地下基础的分布范围。

2. 缓冲区划定原则

以控制周边建设压力，保护遗产区和外部环境的景观和谐为主要目标，综合考虑遗产区外部与遗产要素相关的背景环境因素，在每个遗产区外部界划缓冲区。缓冲区的界线按照受其保护的各遗产区的空间形态，结合用地和建设现状划定，界划的基本原则如下：

围绕带状遗产区的缓冲区：以遗产区界线外扩一定距离划定，形成沿河道的通廊式的景观保护地带，防止新建筑对河道形成压迫感，维护河流生态安全及和谐的水岸景观。原则上，处于密集建成区（城市、镇的建成区）的外扩 30 米；处于城郊、乡村地带的外扩 80 米；处于农田、大面积水域环境的外扩 300 米。同时，若有比较重要的道路、铁路、河流与遗产区界线距离适宜，可作为长期控制建设的界线时，则以道路、河流、铁路为界。

围绕点状、片状遗产区（建筑物、构筑物、大型水工设施及其遗址）的缓冲区：依据遗产区外围的地物或地形划定界线，如道路、沟渠、山脊线、桥梁等，围合整个遗产区，形成一定规模的遗产景观，保护遗产区内部的空间感受不受干扰，维护传统或遗址氛围。

表 8–5 中列出了中国大运河遗产各遗产区和缓冲区的边界。

表 8–5　中国大运河遗产各遗产区和缓冲区边界

组成部分名称	遗产区边界	缓冲区边界
含嘉仓 160 号仓窖遗址	含嘉仓 160 号仓窖遗址保护展示用地范围	以考古确定的含嘉仓仓城城墙遗址外扩 10 米为界
回洛仓遗址	考古确定的回洛仓遗址仓城范围外扩 10 米	北界、南界为遗产区外扩 180 米，西界为遗产区外扩 150 米，东界至村级道路
通济渠郑州段	索须河段：西界至惠济桥段与索须河交汇处，东界至索须河与贾鲁河交汇处，沿线两侧均以索须河岸线向南北各外扩 5 米为界，遇堤时，则以外堤脚线为界。汴河遗址段：北界至黄河，南界至索须河，以河道遗址分布范围向东西两侧各外扩 5 米为界	遗产区整体外扩 80 米为界
通济渠商丘南关段	考古确认的商丘南关河道驳岸遗迹所在的汴河遗址范围	以遗产区整体向四周外扩 300 米为界
通济渠商丘夏邑段	考古确认的济阳镇现存汴河故道分布范围。东起刘铺村西，西至村级道路，北至省道 S325 南缘，南至村级道路	南界、北界为遗产区外扩 80 米，东界以遗产区外第一排民房东院墙为界，西界以遗产区外第一排民房西院墙为界
柳孜运河遗址	北界以已发掘的柳孜运河桥梁遗址所在河道位置向北外扩一个街区为界，东、西以遗址所在河道向东西两侧各外扩 100 米为界	东界、西界、北界为遗产区外扩 150 米，南界以随堤河南岸为界

续表

组成部分名称	遗产区边界	缓冲区边界
通济渠泗县段	西界至泗县隋唐运河故道与泗县环城河东端交叉处，东界至老汴河与新濉河连接处，沿线两侧均以老汴河岸线向南北各外扩 5 米为界	从泗县环城河至尤庄—赵位公路段为遗产区外扩 80 米，尤庄—赵位公路至老汴河与新濉河交叉处段为遗产区外扩 300 米
卫河（永济渠）滑县—浚县段	北起浚县古城，南至滑县道口古镇，沿线两侧均以卫河岸线向东西两侧各外扩 5 米为界，遇堤时，则以外堤脚线为界	东界、西界由遗产区边界向外扩 30 米、300 米为界，其中在浚县、滑县城镇段为遗产区边界外扩 30 米，其余河段均为遗产区边界外扩 300 米
黎阳仓遗址	北界、南界以相邻主要村级道路为界，东界至相邻民房院墙东侧；西界至相邻第一排民房院墙西侧	东边缓冲区沿公路内侧为界，西边缓冲区以公路内侧和山脊线西侧为界，北边以第一排房子为界，南边以第一排房子及房子与山脊线连线为界
清口枢纽	北界自凌桥乡盐河外侧村公路起，至杨庄活动坝西侧。东界自淮阴船闸东侧里运河岸线外扩 5 米，至里运河与新京杭运河交汇处止。南界自蒋坝镇洪堤路西侧洪泽湖大堤堤脚线起，至武墩大桥西侧二河河堤堤脚线止。西界自张福河入洪泽湖河口处起，至窑河闸至凌桥乡盐河外侧村公路止。其中张福河遗产区依据外堤脚线划定，洪泽湖大堤遗产区依据外堤脚线划定，淮安市区段里运河遗产区依据岸线外扩 5 米划定	缓冲区北界西起凌桥乡双闸村村北公路，至许渡村北侧公路，至金圩村西公路，至王顺路淮阴闸，沿王扬公路至盐宿淮高速公路，至杨庄镇杨庄村七组西侧公路，至杨庄村六组北侧公路，至淮扬路，至盐闸社区卫生服务站东侧公路，至黄河河堤北侧 50 米道路，至杨庄活动坝北侧止。东界北起至杨庄活动坝北侧，至淮海西路，至淮阴船闸东侧，至韩城村八组西侧公路，至盐宿淮高速公路西界，至女儿河南侧公路止。南界东起女儿河南侧公路，至王家村一组南侧公路与二河河堤相交处，过二河沿二河河堤至漂母路，至南陈集镇头堡村一组南侧公路，沿三岔引河南侧村路至张福河西侧村路止。西界北起凌桥乡双闸村村北公路，沿村路向南至中运河，至仲弓村双银闸西侧路，至黄河格堤西 300 米村路，至窑河，沿窑河南侧路至旧县村与新河村相交公路处，沿窑河西侧约 300 米村路至张福河西侧村路止。除清口枢纽外，里运河淮安城区段两侧缓冲区以遗产区外扩 50 米；张福河两侧缓冲区以遗产区外扩 300 米；洪泽湖大堤两侧缓冲区以遗产区外扩 300 米；洪泽湖大堤过二河闸运河西侧缓冲区以遗产区外扩 50 米；东侧缓冲区以遗产区外扩 50 米；洪泽湖大堤沿苏北灌溉总渠东堤西侧及洪金干渠两侧缓冲区以遗产区外扩 300 米划定
总督漕运公署遗址	总督漕运公署遗址广场外边界	北界自北门大街与永怀路南侧河道相交处起至韩信路西侧 150 米河道处止。东界自韩信路西侧 150 米河道处起至镇淮楼东侧 50 米道路止。南界为镇淮楼两侧道路东西外扩 50 米。西界自镇淮楼西侧 50 米道路至北门大街与永怀路南侧河道相交处止

续表

组成部分名称	遗产区边界	缓冲区边界
淮扬运河扬州段	沿淮扬运河东侧岸线自宝应里排河与京杭运河连接处起至长江止，沿线两侧均以运河岸线向东西两侧各外扩 5 米为界，遇堤时，则以外堤脚线为界。其中扬州历史城市以现有护城河水系岸线外扩 5 米为界	自宝应二里排河起至高邮市界缓冲区以遗产区外扩 40 米，自高邮市界至高邮湖调度闸西侧缓冲区自遗产区外扩 300 米，东侧外扩 40 米；高邮湖调度闸至车逻镇干渠东西两侧自遗产区外扩 40 米；车逻镇干渠至邵伯京杭运河大桥西侧自遗产区外扩 300 米东侧外扩 40 米；自邵伯京杭运河大桥至长江以遗产区外扩 40 米；其中瘦西湖以风景名胜区边界为缓冲区边界
江南运河常州城区段	东界以现京杭运河与江南运河交汇处为界，西界至常州市区级行政界线止，沿线两侧均以古运河、江南运河岸线向南北两侧各外扩 5 米为界	遗产区整体外扩 30 米为界
江南运河无锡城区段	西界至黄埠墩以西，东界至无锡市区级行政界线止，沿线两侧均以古运河、老运河岸线向南北两侧各外扩 5 米为界	遗产区外扩 30 米，即河道岸线两侧各外扩 35 米为界。在清明桥历史文化街区处局部放大，西侧至河岸线以西约 100 ~ 200 米，东侧至河岸线以东约 80 ~ 150 米
江南运河苏州段	北界至京杭运河与山塘河交汇处，南界至京杭运河与太浦河交汇处，沿线两侧均以京杭运河岸线向东西两侧各外扩 5 米为界，遇堤时，则以外堤脚线为界。其中山塘河历史文化街区与平江历史文化街区依据建设现状以道路划界；盘门遗产区为内外城河之间，东至东大街，北至新市桥；宝带桥以桥四周外扩 20 米为界；吴江古纤道遗产区东至大运河，西至 227 省道，南至南七星桥南 325 米，北至北七星桥北 800 米为界	全线以遗产区整体外扩 30 米为界。其中干将西路至新市路段，缓冲区东界以内城河东岸为界，向南至盘门附近则以内城河北岸为界，缓冲区西界以相邻道路盘胥路、盘门路、南门路为界；南大外环线以南至东城河北侧段，缓冲区西界以相邻道路交通北路西侧为界；新开河三江闸站至平望运河大桥段，缓冲区西界则以相邻道路 227 省道西侧为界
江南运河嘉兴—杭州段	自江浙省界至杭州市坝子桥包括苏嘉运河、嘉兴环城河、杭州塘、崇长港、上塘河在内的河道遗产区均为岸线外扩 5 米；桐乡崇福镇至杭州市坝子桥在内的河道遗产区均为岸线外扩 5 米；杭州中河至龙山河河道遗产区均为岸线外扩 5 米	自苏浙省界交界处起至嘉兴北虹大桥以遗产区外扩 150 米为缓冲区，自嘉兴北虹大桥至长虹桥东侧河道以遗产区外扩 45 米；长虹桥东侧河道至盛北路南侧，以遗产区外扩 240 米；自昌盛北路南侧至大新路处以遗产区外扩 45 米；至南湖大桥沿道路外侧及西南湖；从西南湖处至环西路东侧，以遗产区外扩 45 米；从西环路东侧至中山西路处，缓冲区沿路外侧；中山西路处至杭州塘和白马塘交汇处以遗产区外扩 240 米；从杭州塘和白马塘交汇处至施家笕以遗产区外扩 40 米；从施家笕李家石桥以遗产区外扩 240 米；至羔羊大桥处缓冲区沿道路外侧；羔羊大桥处至桐乡陆家角以遗产区外扩 240 米；自桐乡陆家角至京杭古运河处以遗产区外扩 40 米；自京杭古运河至大东港以遗产区外扩 240 米；自大东港至大均坝以遗产区外扩 40 米；自大均坝至杭州塘交叉口处以遗产区外扩 240 米；至广济桥以遗产区外扩 40 米；自广济桥至杭长铁路以遗产区外扩 240 米；自杭长铁路至白马公寓以遗产区外扩 40 米；自白马公寓至威山路缓冲区沿道路外侧；威山路至钱塘江以遗产区外扩 45 米为缓冲区

续表

组成部分名称	遗产区边界	缓冲区边界
江南运河南浔段	河道沿頔塘故道岸线外扩 5 米，南浔镇历史文化街区依据南浔镇历史文化街区重点保护区划定，北界自百间楼北侧路至宜园旧址北侧，东界自宜园旧址东侧起至便民路，南界自便民路至小莲庄南侧路，西界自百间楼北侧路嘉业路东侧	缓冲区与南浔镇传统风貌协调区一致，北界为頔塘现状河道北侧边界，东侧自苏浙省界至宜园旧址东侧 150 米起，至便民路南 20 米至马家港河，至浔西中学东侧，至南市河东侧 300 米，至南市河东侧 150 米；西界自西市河长湖申航道入口起，至永安街西侧 20 米，至适园新村—适园路路北 50 米，至嘉业路西 20 米；南界自人瑞路南 80 米起，至南市河西 150 米，至百老桥河苏露桥河
浙东运河杭州萧山—绍兴段	自杭州市西兴镇至上虞东关浙东运河河道遗产区依据岸线外扩 5 米划定；其中西兴过塘行遗产区划定依据街区保护规划划定，北界自官河路北侧 20 米起至固陵路止；东界自固陵路起至青年路南侧 40 米道路止；南界自青年路南侧 40 米道路起至古塘路；西界自古塘路至官河北路北侧 20 米道路。八字桥历史街区遗产区依据街区保护规划划定，北界自上马石头路至广宁桥直街；东界自广宁桥直街起至人民中路至九节桥河沿南侧路；南界自九节桥河沿南侧路至中兴中路，西界自中兴中路至上马石头路	北侧缓冲区边界自古塘河起，至古塘路，至风情大道，南侧缓冲区沿从行头村至 104 国道，以遗产区外扩 40 米为缓冲区；自新发王村 104 国道起，至墅后村遗产区南侧沿国道；北侧自遗产区外扩 40 米。自墅后村起至绍兴城区南侧缓冲区沿铁路，北侧缓冲区沿遗产区外扩 40 米。绍兴城区沿遗产区外扩 50 米为缓冲区。自绍兴城区至藕塘头村河流南北两侧均以遗产区外扩 50 米为缓冲区。自藕塘头村河流至外环南路，南侧以遗产区外扩 240 米为缓冲区，北侧以遗产区外扩 50 米为缓冲区。自外环南路至曹娥江南北两侧均以遗产区外扩 50 米为缓冲区
浙东运河上虞—余姚段	上虞—余姚段遗产区依据虞余运河岸线外扩 5 米划定，自上虞市赵家升船机起至虞余运河与姚江相交处止	缓冲区自曹娥江与虞余运河相交处起至梁家山以遗产区外扩 40 米为缓冲区；自梁家山马渚镇运河两侧自遗产区外扩 240 米，其中小越湖段沿杭甬高速南侧划定；山前新村至小施巷缓冲区分别以遗产区外扩 40 米；自小施巷至姚江以遗产区外扩 240 米
浙东运河宁波段	自余姚市丈亭镇三江口起至宁波市江北区刹子港与姚江相交处止，沿河道岸线外扩 5 米划定，有堤的区域依据背水面堤脚线划定	缓冲区起自姚江起顾家埠西侧的河流处，运河北侧以遗产区外扩 50 米为缓冲区，南侧自遗产区外扩 200 米；从顾家埠西侧的河流处至祝家渡以遗产区外扩 200 米为缓冲区；自祝家渡至夏家庄 702 乡道处缓冲区沿铁路南界划定；自慈城镇至姚江刹子港两侧以遗产区外扩 30 米为缓冲区
宁波三江口	北至甬江大桥南边缘；南至中山东路大桥北边缘；西至新江桥东边缘；东至江东北路—常关弄—庆安会馆以东 100 米—荷池路一线	遗产区西侧、北侧、南侧边界外扩 80 米，东侧外扩 50 米
通惠河北京旧城段	以积水潭、玉河故道规划湖泊蓝线、河道蓝线为界；澄清上闸（含万宁桥）及澄清中闸（含东不压桥）均以出土文物建筑范围为界	以紧邻遗产区边界的规划公共绿地与防护绿地为界。北至北二环德胜门西大街，南至地安门东大街
通惠河通州段	西起永通桥，东至通州北关闸（通惠河与北运河交汇处），北界、南界均以规划河道蓝线为界	以紧邻遗产区边界的规划公共绿地与防护绿地为界。西界为遗产区边界外扩 50 米，东界至通州区永顺地区街道与通州区新华街道乡镇界线止

续表

组成部分名称	遗产区边界	缓冲区边界
北、南运河天津三岔口段	北起北运河与龙凤河交叉处，向南沿北运河至三岔河口处再向西折，沿南运河直至杨柳青镇止。沿线两侧均以运河岸线外扩 5 米为界，遇堤时，则以外堤脚线为界	以遗产区整体外扩 50 米、300 米为界；其中在武清区、天津市中心城区、西青区外扩 50 米，其余均外扩 300 米
南运河沧州—衡水—德州段	北起连镇谢家坝，南至四女寺枢纽三角洲北缘道路。沿线两侧均以南运河岸线外扩 5 米为界，遇堤时，则以外堤脚线为界	东界、西界均以遗产区向外扩 30 米、80 米为界；其中在吴桥县、德州市城镇段为遗产区外扩 30 米，其余河段为遗产区外扩 80 米
会通河临清段	西界至临清元运河、临清小运河与卫河交汇处、东至邱屯枢纽，沿线两侧均以临清元运河、临清小运河岸线向南北两侧各外扩 5 米为界，遇堤时，则以外堤脚线为界	缓冲区以遗产区整体外扩 30 米为界，其中在小运河西侧临清运河钞关处则以相邻主要道路为界
会通河阳谷段	北起阿城下闸以北 1 千米处、南至金堤河，沿线两侧均以会通河岸线向东西两侧各外扩 5 米为界，遇堤时，则以外堤脚线为界	东界、西界均以遗产区向东西两侧各外扩 80 米为界，其中在张秋镇时东界以相邻道路为界
南旺枢纽	会通河遗址南旺枢纽段：遗产区北至南旺湖遗址北缘开河东村，南至南旺湖遗址南缘长沟村，东界、西界原则上以会通河遗址河道中心线向东西两侧各外扩 30 米为界。 小汶河段：遗产区北以戴村坝北侧的汇河南堤、大清河北岸为界，南至小汶河与会通河遗址交汇处，沿线两侧均以河道外侧堤脚线向东西两侧各外扩 4 米为界	会通河遗址南旺枢纽段：缓冲区以考古确认的南旺湖遗址边缘外扩 25 米为界。 小汶河段：缓冲区北以龙山山顶连线（东西向）、黄徐庄东汇河为界，南接南旺湖遗址缓冲区边界，东界、西界以遗产区外扩 80 米、300 米为界，其中在杨庄、小高庄、孙村、隋村、邓庄、草料铺等村庄段为遗产区外扩 80 米，其余河段为遗产区外扩 300 米
会通河微山段	北起南阳镇，南至利建闸。有明显堤岸线的河段以岸线外扩 5 米为界，其余则均以考古调查中确认的河道中心线外扩 30 米为界	缓冲区以遗产区整体外扩 30 米为界
中河台儿庄段	东界、西界均以台儿庄月河与伽河交汇处为界，沿线两侧均以台儿庄月河岸线向南北两侧各外扩 5 米为界	西界、北界以相邻道路为界；东侧、南界以遗产区外扩 30 米为界
中河宿迁段	北起宿迁三湾(黄墩湖与运河连接处)，南至宿迁大王庙，沿线两侧均以中河岸线向东西两侧各外扩 5 米为界，遇堤时，则以外堤脚线为界。其中龙王庙行宫遗产区范围包括以御马路中心线向道路两侧各外扩 10 米、龙王庙行宫外围围墙及龙王庙行宫东南、东北角水塘	北以徐州与宿迁市界为界；东界、西界均以相邻主要道路为界，其中在骆马湖段东界以遗产区外扩 300 米为界，宿迁枢纽以南河段，东界以相邻主要道路为界，西界为遗产区外扩 30 米；南界以遗产区外扩 30 米为界。龙王庙行宫则以相邻主要道路骆马湖一线、骆马湖二线为界

大运河申遗成功后，应世界遗产委员会的要求，中国大运河部分遗产区的缓冲区范围作了一些调整。

六、保护管理机制与机构

中国大运河的遗产区及缓冲区，由各级地方人民政府和流域管理机构按其管辖范围依据法律和行政法规规定行使管理职责。

（一）保护管理机构

作为线性活态的遗产，中国大运河存在多级多部门管理的特点，申报的遗产区及缓冲区，由各级地方人民政府和流域管理机构按其管辖范围，依据法律和行政法规规定行使管理职责。国务院文物主管部门主管大运河遗产的整体保护工作，并与国务院国土、环保、交通、水利等主管部门合作，依法在各自的职责范围内开展相关工作。大运河沿线各城市人民政府负责本行政区域内的大运河遗产保护工作，并建立相应的协调工作机构。各城市的文物、国土、环保、交通、水利、建设、规划、旅游等主管部门在各自的职责范围内，负责大运河遗产的有关保护工作。

中国大运河申遗成功后，为了做好大运河遗产的保护管理工作，国家文物局于2014年9月26日在扬州召开大运河保护管理工作会议，将大运河保护与申遗城市联盟更名为大运河遗产保护管理城市联盟，制定了联盟章程，并在扬州市设立了城市联盟的秘书处，作为大运河沿线城市协调管理责任单位，从而在后申遗时代揭开了大运河保护管理的新篇章。国家文物局领导在会上指出：世界遗产委员会在有关决议中，表示出对大运河保护管理工作现状的担忧，希望我国政府尽快完善更加行之有效的日常管理机制，巩固遗产档案和监测体系，完成大运河缓冲区的调整，控制大运河周边开发建设项目，避免对遗产安全及环境景观风貌构成威胁。目前，大运河遗产的保存现状、保护管理能力和水平与世界遗产的要求之间还存在很大差距。工作基础薄弱、管理维护难度大、发展建设压力大，是当前甚至今后一段时期大运河遗产保护工作将要长期面对的问题。因此国家文物局领导要求各地大运河保护管理工作仍以提升大运河全线保护、管理、展示、利用整体水平为目标，重点完善保护管理长效机制，巩固跨地区跨部门协商机制，加强遗产本体保护与监测，加大环境景观控制力度。在此基础上，继续推进考古调查和专题研究，深入挖掘大运河遗产价值内涵，探索活态遗产保护利用模式，提升服务社会的能力，积极促进大运河申遗成果向持久保护的转变。这是科学、可持续的大运河遗产保护发展之路[1]。

1　引自2014年9月26日国家文物局局长励小捷在大运河保护管理工作会议上的讲话。

（二）保护管理资金来源

中国大运河遗产的保护资金主要来源于中央政府、地方各级财政专项拨款，以及所在管理机构少量的旅游和相关产业取得的收入。

从 2008 年到 2012 年的大运河申遗过程中的五年，国家财政共拨专项经费 5.87 亿元用于遗产区的保护整治项目。其中国家文物部门 2011 年资金投入为 1.07 亿元，2012 年资金投入为 3.25 亿元，主要用于河道的维护与堤岸治理、文物古迹的保护与维护、遗址的考古发掘等；水利部门拨付资金主要用于河道维护及堤岸治理；交通部门拨付资金主要用于航道改造。

除上述国家财政的保护专项拨款外，沿级省市地方各级财政根据本地的年度财政收、支预算，不定期地向遗产区投入了总额为 97.73 亿元的保护经费。资金主要用于河道的维护与堤岸治理、航道改造、文物古迹的保护与维护、遗址的考古发掘、环境整治及基础设施完善、保护宣传与科研经费、保护管理机构的人员知识更新与培训及人员经费等。中国大运河成为世界遗产后，随着各级财政收入的增长，中国各级政府投入大运河遗产保护和利用的资金按年度不断增长。

七、中国大运河遗产监测

遗产监测是世界遗产委员会及世界遗产保护管理机构对世界遗产保护管理的一种重要手段，它分为定期监测和反应性监测。

中国大运河遗产的监测分为 4 类：中国大运河遗产本体监测、影响因素监测、保护管理行为监测和安全保障监测。根据中国大运河遗产的特点，设立中国大运河遗产监测的主要指标、监测周期和记录保存地点。

（一）监测机构

中国大运河遗产具有跨区域特性，不同地域的遗产保存现状也有所不同，受到的影响因素不尽相同。为此，建立和完善以属地管理为主体，“国家—省（直辖市）—市县（遗产区）”分级负责的监测机构。

1. 国家级

设立专职机构，配置必要的专职人员。负责策划、协调大运河的总体监测工作，指导和培训各地开展工作；负责实施反应性监测、组织定期或不定期巡视、定期发布监测报告。

2. 省级（直辖市）

设立专职机构或指定专人负责。负责监督和指导本行政区域内的遗产监测工作；负责对本行政区域内的大运河遗产区和缓冲区进行定期监测、反应性监测以及定期或不定期巡视。

3. 市县级（遗产区）

设立专职机构或指定专人负责。负责协同本行政区域内大运河遗产的管理机构开展日常监测和日常监测的记录工作，并根据相关信息及时采取处置措施；负责本行政区域内的遗产监测数据收集、分类，进行信息整合、评估并完成监测数据上报。

国家级监测机构设在中国文化遗产研究院中国世界文化遗产监测中心。

（二）监测机制

1. 监测数据报送、预警处置及监测报告编制机制

国家级大运河监测中心提出总体监测数据需求，包括数据内容及格式，通过监测平台下达数据报送任务；根据国家级大运河遗产监测中心的需求，省、市、县级大运河监测中心从所辖区域内的监测数据中提取相关数据并通过监测平台予以上报；根据事件发生的紧急程度、发展势态以及可能造成的危害程度进行分级预警，预警与处置信息由大运河遗产所在地文物管理部门发布；各级监测中心按要求编制提交分类监测报告（定期报告、应急报告及专项报告），主要内容包括：监测指标变化情况、分析评估情况、预警处置情况、监测平台应用情况、档案系统完善情况、监测机构建设与运行及人员培训情况等。中国大运河遗产监测预警指标如图 8–13 所示。

2. 协同监测机制

为使各级监测工作和成果科学、有效，县级以上的人民政府有关部门依据各自的行业领域和管辖权限，通过协同开展日常监测和定期监测，提供必要监测数据和信息（如水质、洪水威胁、生态、通航状况等），合作开发和使用专项监测技术（如空间信息）等方式，支持大运河遗产监测工作。

3. 成果共享机制

为不断增进有效保护和管理大运河遗产的共识，加强各利益相关者的协调合作，大运河遗产定期监测报告、反应性监测报告应及时向社会公布，日常监测数据应与相关部门共享。

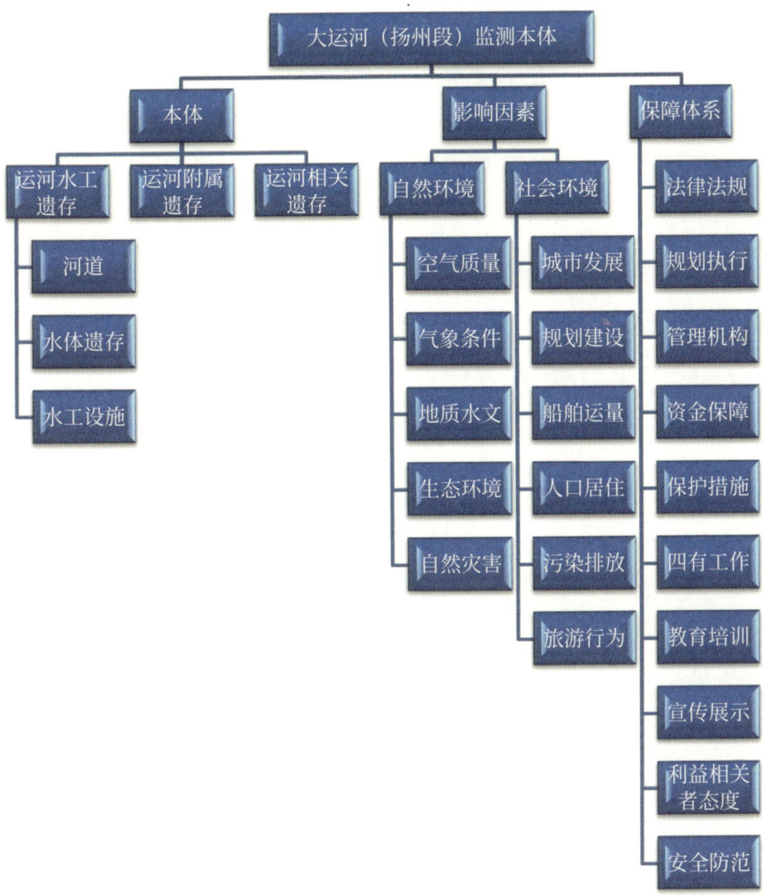

图 8-13　中国大运河遗产监测预警指标

4. 协调机制

中国大运河遗产保护是一项跨行业、多领域的工作，涉及文物、交通、水利、环保、国土、建设等各领域相关机构和众多利益相关者。为此，中国各级政府建立了有效的会商机制，协调中国大运河遗产保护所涉及的多个行业的重大问题，明确相关部门和地区在大运河遗产保护工作中的职责分工，加强不同领域之间的交流和合作。在国家层面建立了大运河保护和申遗省部际会商小组，在地方层面也建立了相应的省（直辖市）、市级的大运河保护和申遗领导小组（会商小组），定期召开会议，审议大运河遗产保护的法规草案、规划、重点工作安排等重大事项，使这些工作都能得到及时、有效的协调。

中国大运河沿线各城市人民政府设立了大运河保护与申遗城市联盟。城市联盟联合制定并签署了《关于保护大运河遗产的联合协定》，明确规定了城市联盟的合作机制以及大运河遗产保护的相关要求。

遗产区跨行政区域边界的，其毗邻的县级以上地方人民政府通过相关部门联席会议、城市联盟会议等方式，研究解决中国大运河保护中的合作和协助事宜。

（三）监测预警系统

中国大运河是世界上延续使用时间最久、空间跨度最大的运河，正因为其时空跨度大、遗产类型复杂、活态特征明显、保护管理的不平衡，所以给监测管理工作带来了新的挑战，在具体的监测预警系统建设中建立了“一总多分”的监测管理体系。

中国大运河遗产特点决定了大运河的管理模式和监测工作运行机制。中国大运河主要的特点在于线性、活态及管理部门和层级的复杂。在管理层级上，大运河遗产分为国家—省—市（遗产区）三级。这就要求大运河监测预警系统必须满足不同层级的管理需求并可复制或向上扩展，满足多级管理的需求。因此，大运河遗产监测预警系统建立了“一总多分”技术体系和“两级平台、三级管理”（图 8-14）的工作架构。各遗产地建立监测预警平台，既负责对本辖区内的大运河遗产进行监测管理，又向上对接大运河监测预警总平台；同时，各市县遗产监测管理中心服从大运河遗产监测管理中心和省级大运河遗产监测管理中心的分级管理。

作为巨型线性遗产，大运河监测预警系统的建设，采用了试点先行，先点后面，整体覆盖的建设模式，较好地完成了大运河遗产监测工作的推进。国家文物局选择大运河保护与申遗牵头城市扬州作为大运河遗产监测工作的试点。从 2011 年开始，扬州

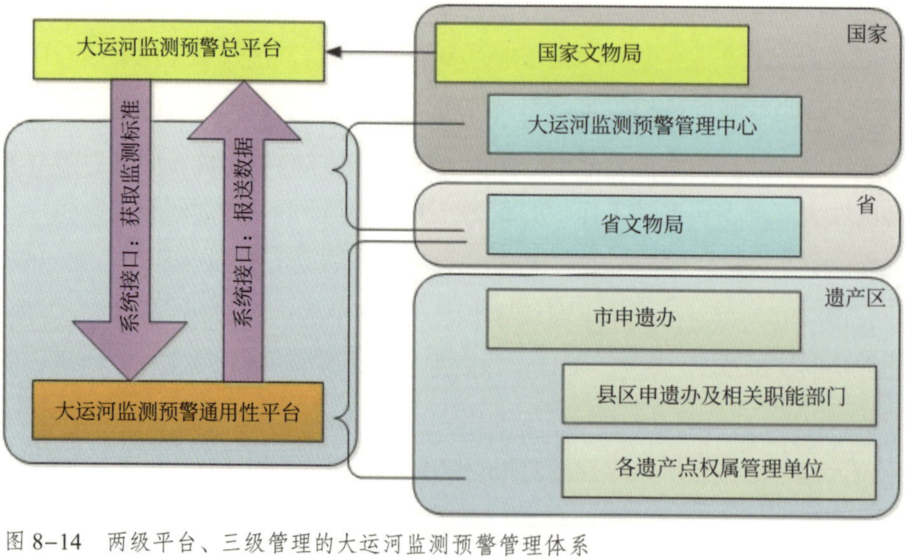

图 8-14　两级平台、三级管理的大运河监测预警管理体系

市申遗办进行了基础调研、需求分析，梳理出遗产管理责任单位，进行工作对接，探讨影响大运河遗产真实性、完整性的主要因素；逐步厘清扬州段平台的监测对象、内容和指标；制定出《大运河（扬州段）遗产监测管理工作规则》《大运河（扬州段）遗产监测预警指标》《大运河（扬州段）数字管理平台监测数据报送工作细则》等工作制度，形成相关监测管理机制，保障大运河扬州段遗产监测预警工作的有序进行。2013 年 3 月，完成了大运河（扬州段）监测预警系统两期建设，建成了大运河扬州段监测预警中心、档案资料中心，完成系统的五大基础数据建设，实现了数据汇总分

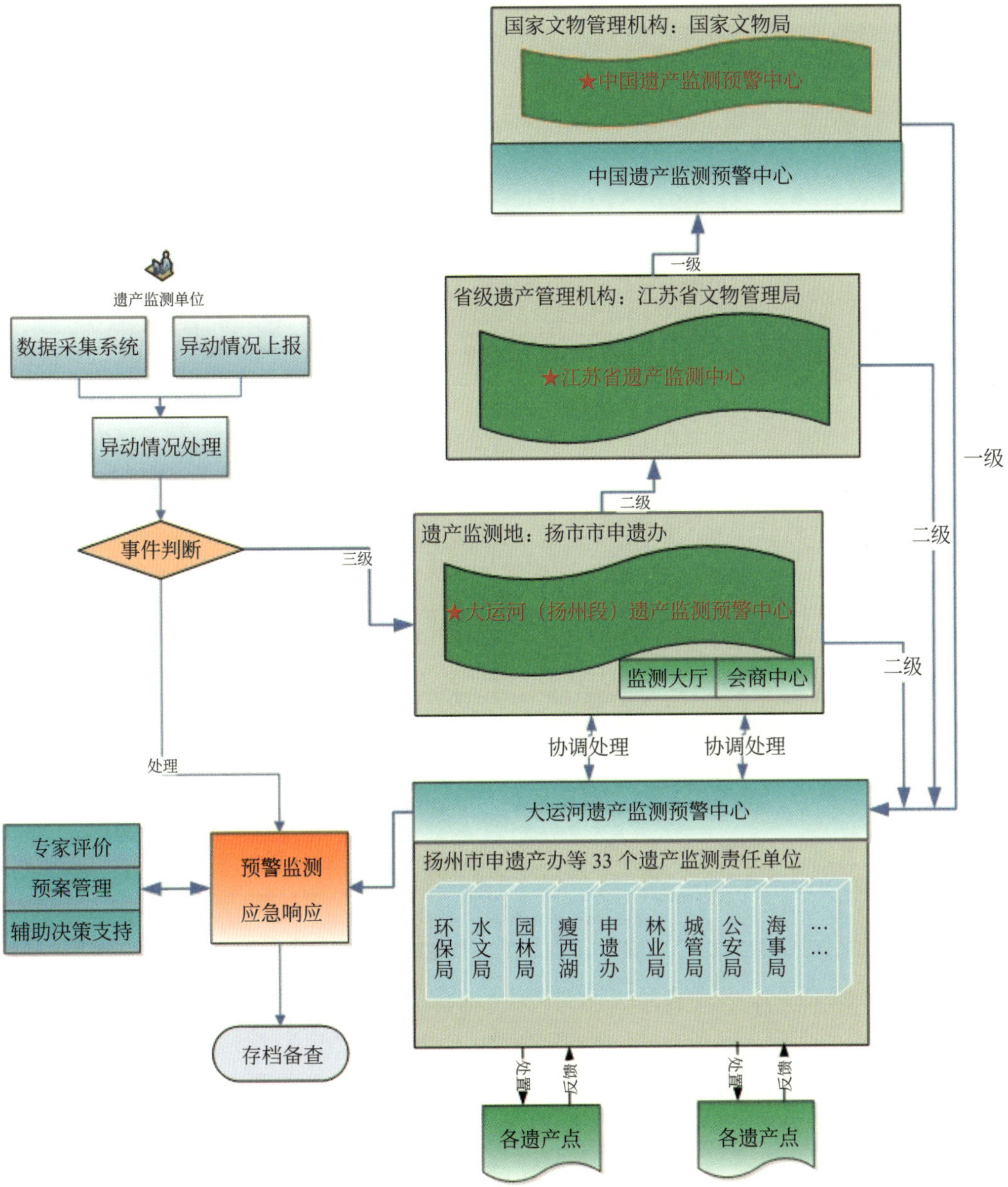

图 8-15 大运河扬州段监测预警系统工作网络

析、视频监控、动态视频分析、GIS 专题图查询等功能；与大运河监测预警总平台档案工作实现网络对接，并对部分遗产点的视频实时监控集成；完成了实体档案、电子档案的建设，实现了动态视频监测数据采集与分析功能。在项目开展的过程中，遗产监测预警流程里信息采集、录入、分析、预警、处理、上报等一系列步骤都体现出与相关机构协同工作的跨部门特性，形成了一个多功能的跨部门合作的立体监测网络（图 8–15）。正如国家文物局局长励小捷在 2014 年 9 月 26 日召开的大运河遗产保护管理

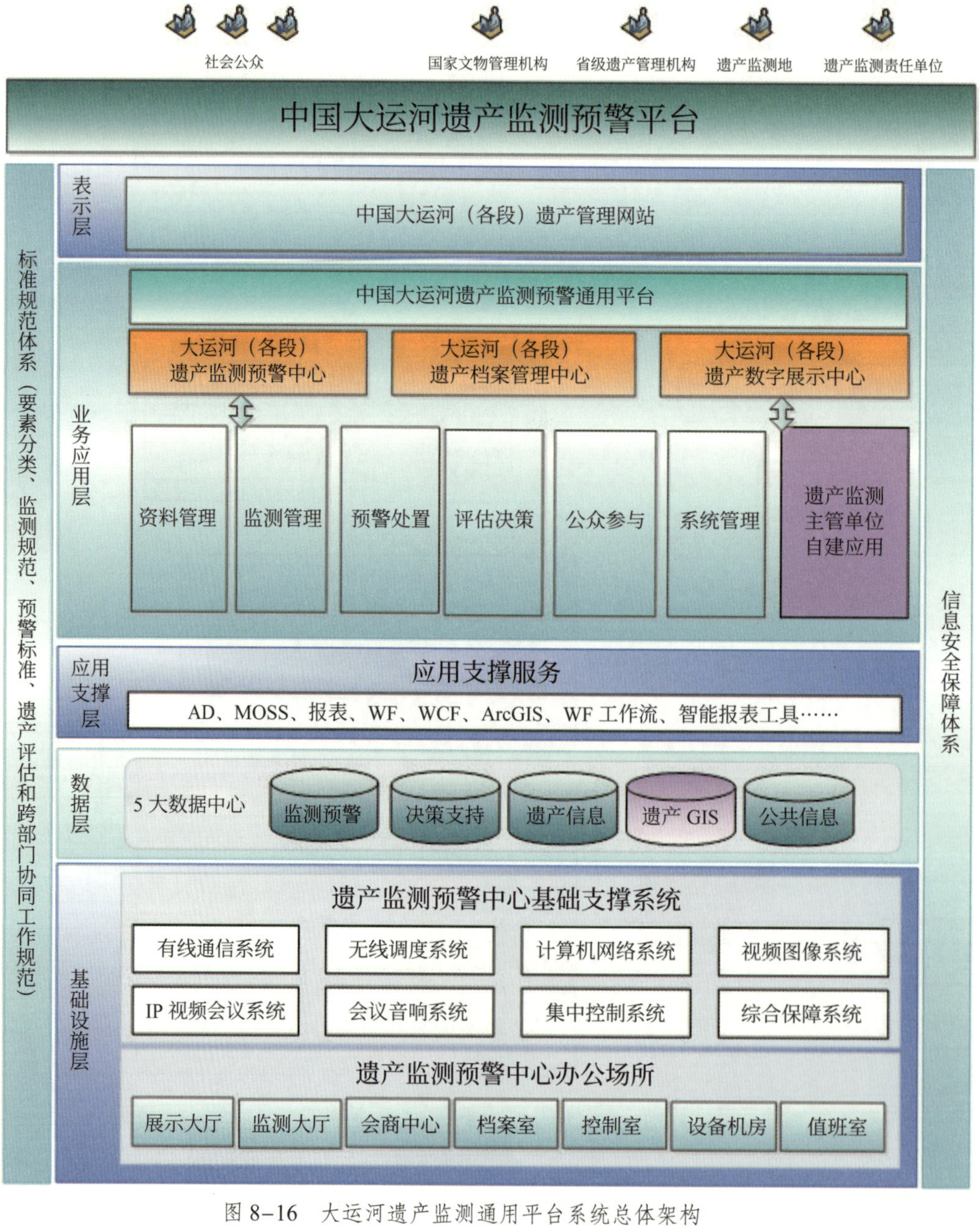

图 8–16　大运河遗产监测通用平台系统总体架构

工作会议上评价的："扬州市建立起了覆盖全部遗产点段、监测指标完备、多部门联动的大运河扬州段遗产监测预警体系，为其他大运河遗产组成部分监测预警体系和国家级总平台建设作出了重要贡献。

在大运河（扬州段）监测预警系统建设成功的背景下，2013 年 3 月，国家文物局委托大运河联合申遗办在扬州段平台的基础上，开发大运河遗产监测预警通用型平台（图 8-16），并分别部署到 25 个遗产地、31 个遗产区，2013 年 7 月项目完成并通过验收。2013 年 7 月，由国家基础地理信息中心国信司南公司承建的大运河监测预警总平台也完成了软件设计，设计有遗产定位、预警跟踪、监测管理、监测报告和遗产档案 5 大功能模块，总平台实现了策划、协调大运河的总体监测，组织反应性监测及巡视，定期发布监测报告等各项职能。2013 年 7 月，在国信司南与川大智胜两家公司的技术对接下，大运河遗产监测预警总平台与各遗产地通用平台完成数据交换，整个大运河监测预警系统建设完成。同年 9 月，大运河监测预警系统在迎接国际专家考察评估中发挥了积极的作用。"一总多分"的工作模式既为其他系列文化遗产的监测预警探索出了一条新路，也在架构上为整个中国世界文化遗产的监测预警体系奠定了基础。

第九章

中国大运河遗产的利用

作为活态在用的遗产，中国大运河的使用功能一直在延续着，可以说，大运河是活着的、流动的文化遗产。因此，对大运河遗产的利用是一个重要的课题。当然，这里的利用既有水利、航运等运河历史存续功能的利用，也有运河作为世界文化遗产的展示与旅游等功能的利用（图 9–1）。

一、中国大运河遗产利用的必要性

（一）中国大运河的活态特点

区别于一般的世界遗产，中国大运河的最大特点就是活态。所谓“活态”，主要是指该遗产不仅具有“遗产”的属性，是历史与文化的见证，而且仍然具有其原始的使用功能，在现代社会中仍然在持续发挥作用。大运河区别于其他遗产的一个鲜明特征就是它仍在使用当中，甚至说，这也是中国大运河遗产区别于长城、丝绸之路、茶马古道或者西方一些运河的显著特质。大运河最初的军事、漕运等功能如今不再需要，但是航运这样最重要的基本功能在部分河道依然发挥作用。大运河的许多河段还发挥着交通、航运、水利的功能。

航运功能壮观。中国大运河连通海河、黄河、淮河、长江和钱塘江五大水系，历史上在南粮北运、商旅交通、军资调配中发挥了重要作用。大运河最早是用于运输的，2500 年来，大运河的运输功能一直未停止，进入海陆空运输的今天，大运河依然扮演着水运时代沟通中国南北的交通枢纽角色，成为活态遗产的代表。目前，京杭大运河在北京、天津、河北、江苏、浙江 5 省市境内保留有连续河道，隋唐大运河永济渠河

图 9–1　晚霞中的中国大运河

南山东段、通济渠商丘至淮安段仍为连续河道，浙东运河河道比较完整，京杭大运河黄河以南段及浙东运河仍然发挥着航运、供水、防洪、排涝等重要作用，其中京杭大运河黄河以南段通航河段约 1050 千米，船舶平均载重约 800 吨，年货运量约 5 亿吨，是我国货运量仅次于长江的内河航道[1]。作为中国大运河的重要组成部分，今天，大运河江苏段年运输量超过 3.6 亿吨，超过江苏境内长江航道的运量，相当于沪宁铁路单线货运量的 3 倍。苏北运河是北煤南运大宗物资运输的黄金水道，全线为二级航道。江南运河所跨越的长江三角洲地区是中国经济最发达的区域，GDP 占中国全部的五分之一以上。大运河苏州段每天通过的船只约有 6000 艘以上，断面货流密度在 8000 万吨左右。

水利功能重要。中国大运河在为沿线提供舟楫之利的同时，也为它所流经的地域提供了丰富的水利资源，极大地促进了运河周边地区农业经济的发展。大运河自最初开凿至今，河道与水利工程的建设随着自然地理环境的变化、技术的发展以及社会的变迁而不断发生着相应的变化，其核心的水利灌溉及防洪功能始终得以延续。江苏段是集防洪、灌溉、排涝、旅游为一体的综合性河道，苏北段运河是国家南水北调东线的输水通道，也是里下河地区的防洪屏障。在农业方面，苏北运河沿线有相当一部分地处里下河地区，近几十年来，洪涝灾害及旱灾虽时有发生，但这一地区的农业经济仍稳定发展，展现了大运河强大的抗旱排涝功能。已建成的江都水利枢纽工程和 10 个设在大运河上的梯级抽水站等配套工程，不但作为南水北调东线的输水通道，而且在江淮地区暴雨形成洪涝时，也能排涝入江，保证里下河地区 66 万多公顷农田稳产丰收。

生态调节功能强大。全长 3200 千米的大运河沟通海河、黄河、淮河、长江、钱塘江五大水系，沿线有微山湖、骆马湖、洪泽湖、高邮湖、太湖以及众多湖泊河流、水面湿地，是中国东部一个巨大的生态调节系统。大运河担当了生态调节的功能，运河沿线的湖泊、湿地有效地调节了流经地区的生态环境。扬州段的邵伯三线船闸、江都水利枢纽等设施不仅改善了航运、行洪、送水的条件，而且工程建设与生态环境的建设融为一体，改善了沿线人民的生活条件。在扬州、常州等已停航的城市河道，运河两岸都建起了绿化风光带，弱化了货运功能，增强城市“绿肺”，成为城市景观与休闲空间。

文化遗产资源丰富。中国大运河是具有 2500 多年历史，沟通和融汇京津、燕赵、齐鲁、中原、淮扬、吴越等地域文化，以及水利文化、漕运文化、船舶文化、商事文化、饮食文化等文化形态，形成了诗意的人居环境、独特的建筑风格、精湛的手工技艺、众多的名人故事以及丰富的民间艺术和民风民俗，至今仍散发勃勃生机，沿线水工遗存、运河故道、名城古镇等物质文化遗产近3000项，国家级非物质文化遗产450余项，是我国优秀传统文化高度富集的区域。图9–2是江南运河苏州段虎丘云岩寺塔

（二）中国大运河遗产活化利用的意义

活态遗产保护成果真正惠及民众，民众才会衷心拥护遗产保护，才会积极参与运河遗产保护。特别是中国大运河这样的活态遗产，与民众的现实生活紧密相连，遗产展示利用工作要做到以服务公众为目的，尽最大可能将遗产资源向广大公众开放、展示，传递历史文化知识，丰富群众精神文化生活。针对中国大运河活态遗产，要根据遗产地实际情况探索大运河遗产展示利用的具体形式、手段和做法，争取把所有的大运河遗产都充分、合理地利用起来，并且用好、用活，充分发挥遗产传承文明、教育公众、促进发展、改善民生、扩大中华文化影响力的积极作用，以展示利用反哺遗产保护，使大运河真正成为城市的新形象、新亮点。

《大运河文化保护传承利用规划纲要》征求意见稿中，对大运河活化利用的意义给了四个方面的阐述：

“一是有利于推动优秀传统文化保护传承。大运河时空跨度长、地域面积广、遗产类别多、文化价值高，历史与现实相互交融，蕴含着深厚的精神内涵，承载着丰富的时代价值。建设大运河文化带，加强大运河所承载的丰厚优秀传统文化的保护、挖掘和阐释，传承弘扬中华民族优秀传统文化的价值内核，推动大运河文化与时代元素相结合，焕发出新的生机活力，将为新时代中华优秀传统文化的传承发展提供强大动力。

图9–2　江南运河苏州段虎丘云岩寺塔

二是有利于促进区域创新融合协调发展。大运河是贯通南北的文化长廊，也是联系不同区域的

重要经济动脉和生态廊道，拥有极为丰富的文化、生态、航运资源。建设大运河文化带，紧密结合国家重大区域协调发展战略实施，加强大运河承载资源的合理开发利用，推进文化旅游和相关产业融合发展，以文化为引领，促进区域经济高质量发展、当地社会和谐繁荣，将为新时代区域创新融合、协调发展提供示范样板。

三是有利于深化国内外文化交流与合作。大运河自古以来就是全国各民族、各地区交融互动的关键纽带，也是中外文明交流互鉴的前沿地带，对国内外文明发展都产生了深远影响，是中华民族留给世界的宝贵遗产。建设大运河文化带，强化大运河精神内涵和时代价值的挖掘和弘扬，促进国际传播交流，借鉴国际经验，再现大运河包容、开放的天然属性，为新时代讲好中国故事，更好展现真实、立体、全面的中国提供重要平台。

四是有利于展示中华文明，增强文化自信。大运河记录了中国历史文化写不尽的厚重、壮美和辉煌，见证了中华文明的源远流长和中华民族的勤劳智慧。建设大运河文化带，加强保护、传承、利用，坚定文化自信，促进社会主义文化繁荣兴盛，弘扬和践行社会主义核心价值观，更好地构筑中国精神、中国价值、中国力量，增强国家文化软实力，将为新时代建设社会主义文化强国、实现中华民族伟大复兴中国梦提供重要支撑。”[2]

二、中国大运河遗产利用的路径

那么，中国大运河遗产利用需要从哪些方面来入手呢？笔者以为，主要通过以下几个方面来实现大运河遗产的利用。

（一）大运河存续功能的利用

中国大运河是一条“活着”的运河，活态遗产属性是其最突出的特点。延续大运河交通、水利的传统功能是遗产利用的主要内容，也是大运河永续传承的重要保证。据《中国大运河申遗文本》介绍，大运河在用河道总长 977 千米（遗产要素中，河道总长 1011 千米，其中 34 千米为河道考古遗址），574 千米的河道可通航，其中约 28% 为高等级航道；约 150 千米的河道为南水北调的重要输水通道；约 350 千米的河道为重要的防洪通道[3]。这仅仅是申报遗产的部分，加上未申报遗产的部分，中国大运河通航总长度达 1050 千米。中国政府明确将交通、水利功能延续摆在大运河保护和申遗工作突出位置，达成多项重要工作共识。国家文物局重点做好跨地区、跨部门沟通协商工作，理顺大运河保护管理机制，在大运河申遗文本、保护管理规划中，通过遗产保护保证大运河利用和功能发挥，简化涉及大运河基础设施建设工程文物审批程序，确保南水北调工程等国家重大基础设施建设工程顺利开展。

各地在实施涉及大运河保护的工程建设项目中，逐步将遗产影响评估纳入审批环节。在项目决策、实施前，履行会商程序，征求各利益相关方的意见，在确保遗产安全的前提下，维护好、发挥好大运河的航运、输水、防洪、水资源配置功能和实用价值。江苏省在大运河航道升级改造的过程中，注意保护、避让古纤道等重要遗产，在经过考古调查，确认没有遗存分布的区域进行航道扩建和设施建设，显著改善大运河通行能力，提升货物运输量，保障大运河黄金水道的畅通。

中国大运河部分河段在历史上被废弃以后，由于长期缺乏有效管理，不少地方变成了“臭水沟”“污泥塘”“垃圾场”，大量遗址被低劣的、不和谐的现代建筑侵占，成为卫生、交通、安全问题突出的“死角”。各地以申遗工作为契机，结合遗产本体保护工作，整治遗产周边环境，改善生态环境和民生，使落后的“城中村”“棚户区”变为美丽家园和宜业宜居、充满活力的城乡新亮点，提升了遗产运河城市、乡村的整体形象。

中国大运河因水运而生，早期的运河能够迅速而便利地实现各种物资和军事力量运输。今天，中国大运河的水运功能仍然有比较优势，在水资源仍然充沛的大运河江苏段，水运功能一直发挥着重要的作用。大运河苏北段主线现为二级航道，是国家水运主通道，连接淮河、长江两大水系，是目前整个大运河中通航最密集、社会经济效益发挥最为显著的区段。苏北段运河进行了现代化改造，建设现代化的装卸码头，采用先进的导航设备，实施电脑管理，提高运河的安全性和管理效率，建成了畅通、高效、平安、绿色的大运河，成为活态遗产的展示名片。浙东运河杭州段经过改造，成为四级航道，沟通浙东航道网和浙北航道网乃至全国水运主干网，年货运量近 2000 万吨。

今天，古老的大运河成为国家南水北调东线工程的输水通道。大运河苏北段是南水北调东线工程的输水通道，利用大运河扬州段为输水主干线逐级提水北送。除输水功能外，大运河还发挥着防洪抗旱的作用，为沿线城镇提供泄洪通道，为两岸农田提供灌溉用水，为沿线居民提供生产生活用水。扬州水利部门重点对运河堤防河坡和涵闸等进行维修加固，结合水源地整治、水政监察等工作，取缔、清除一批运河沿线垃圾场和河道中围网养殖等影响运河安全和环境的违法违规设施，有力提升大运河沿线水环境。加强监测，沿线河道管理单位加强对运河堤防、涵闸工程开展日常巡查，对运河水位、流量、水质进行监测、预警，制订应急预案、调度方案和管理制度，对运河进行物业化管理养护，确保运河安全运行。各地文物部门和水利部门都能沟通协作，凡涉及运河及相关水工设施的，双方沟通联系，坚持保护优先、加固与保护并举的原则，在保护遗产的前提下继续发挥水利功能。图 9–3 展示了淮安水上立交的景象。

中国大运河沿线有众多湖泊、河流、湿地，对周边生态有着重要的影响。在大运河保护与申遗的过程中，大运河沿线各地开展了断污工程，关停了一大批运河沿线的工业企业，杜绝水污染，禁止周边工厂的工业污水、渔民生活污水、周围居民生活污水进入大运河。同时加大运河沿岸的绿化管理，每年动员组织沿线植树造林，凡有砍伐必须上报审批，并及时跟进补植。杭州在城区运河两岸开辟了“罗哲文小道”(图9–4)，供市民休闲锻炼。常州对古运河两岸进行了整治，铺设了古色古香的跑道，成为每年市民“走大运”活动的场所。在大运河扬州城区段，建设了两岸 30 米宽的绿化风光带，成为贯穿城市南北的生态廊道、绿色长廊和“绿肺”。近年来，扬州还在古运河风光带里建成了慢道系统，建立多个健身道路和场所，安置了健身器材，开通了自行车道，通过慢道系统和自行车道，市民和游客可以散步，也可以骑行，沿河欣赏悠悠运河水，看沿途文化遗产标识牌介绍，在得天独厚的休闲之地中增进对大运河的感情。

图 9–3　淮安水上立交

图 9-4 罗哲文小道

（二）大运河遗产展示功能的利用

1. 遗产标识系统

根据国家文物局《关于印发<大运河遗产展示与标识系统设计指导意见>的通知》，大运河遗产区内均设置了统一、规范的解说、引导与安全警示设施。

根据大运河遗产的性质、特点和构成类型，建立了由引导标志系统、解说系统和安全警示系统组成的大运河标识系统，并构建成一个将所有遗产点段有机组织起来的层级框架，形成一个共同整体。

其中，中国大运河引导标志系统的总标志主要设置于大运河遗产最具代表性的地点；水路标志主要设置于大运河遗产桥梁等跨水构筑物等处；陆路标志主要设置于大型水利枢纽、重要节点等处；主题景观标志主要设置于区域范围较大遗产要素或综合型遗产区、大运河主题遗产区域的主入口空间或核心景观点；引导指南主要设置于区域范围较大遗产要素或综合型遗产区的主要出入口处；引导指示主要根据具体遗产点段的情况进行设置；引导里程按相对固定的距离主要设置于重要城市节点。解说系统的区域主题解说牌主要设置于区域范围较大遗产要素或综合型遗产区、大运河主题遗产区域的主入口空间和核心景观点；总解说牌主要设置于区域范围较大的遗产要素；单点解说牌主要设置于中小型遗产要素、重要遗产区；科普解说牌主要设置于大运河沿线与大运河遗产相关科普对象分布点。安全警示系统的警示牌主要参照国家及行业规定设置；温馨提示牌（图 9-5）设置于大运河全部遗产区。

2. 博物馆

依据《保护世界文化和自然遗产公约》、《国际文化旅游宪章》（1999 年）、《阐释与展示宪章》（草案 2007 年）要求，针对大运河遗产的价值特征，从政策、规划和措施等层面对遗产的展示和宣传开展了一系列工作。

为了满足中国大运河遗产整体价值和系统展示的需求，根据各自所在地以及中国大运河遗产总体历史沿革情况和现状，在遗产资源丰富、交通便利的城市设有多处博物馆，或利用现有博物馆进行专题陈列，主要展示主题为展示京杭运河山东及其以北各段的技术价值主题；展示京杭运河江苏及其以南各段的技术价值主题；展示大运河近现代的演进历史主题；展示宋代以前的漕运历史与文化，以及隋唐大运河的出土文物主题。

3. 多形式的遗产展示

中国大运河遗产展示总体格局是由开放的运河线路串联成不同特色的展示区。在展示区内划分成展示节点、开放式展示带、展示片区等展示单元，构成点、线、片相结合的整体框架。根据中国大运河的性质和特点，主要有以下几种展示方式：

一是博物馆、陈列馆展示。为了满足中国大运河遗产整体价值和系统展示的需求，在济宁、淮安、杭州、淮北设置了反映大运河建设历史、建设成就、自然地理、科学原理、历史格局、景观风貌、传统习俗、非物质文化遗产等的博物馆（图 9–6），通过“语境”还原、“动态”呈现、“亲身”体验，构建三位一体的展示空间，展现其活态性、地域性和传承性，实现大运河遗产核心价值的准确表达，激发人们内心对古老运河文化的共鸣。

二是遗址公园展示。运河遗址公园展示以保护和展示遗址本体及其内涵与价值为根本目的，根据各遗址在类型、性质、时代、规模、周边环境等方面的特点，因地制宜，

图 9–5　邵伯明清运河故道展示牌

图 9–6　山东聊城运河文化博物馆

采取了具有针对性的保护与展示设计，同时紧扣了大运河遗产的内涵和价值，灵活运用各类景观元素，创造其独特的个性。一般使用回填保护、保护棚保护、地貌标识展示、原址现状展示、植被展示、模型展示等展示形式，兼顾了大运河遗产的保护、教育、科研、游览、休闲等多项功能，是加强大运河遗产保护、深化遗址展示与利用的有效途径。

三是实景展示。通过对遗产本体的保护、对遗产环境的整治，科学、适度地还原大运河遗产的真实性和完整性，对大运河河道、水利水工设施、建筑遗产等进行遗址现场、地形地貌和空间结构、背景环境、生态景观等的实景展示。

四是艺术展示。以景观小品和公共艺术品等艺术形象突出与重要遗产点段有关的历史事件、历史人物、历史场景、传统风物等，丰富遗产空间环境，阐述遗产的核心价值和文化内涵。

五是标识与解说展示。采用标识标牌系统揭示大运河的历史格局、水利水工设施、附属设施、相关遗产设施及非物质文化遗产等。展示区标识与解说展示包含以下内容：现场展示牌，包括展示单元说明牌、重要遗存展示牌；导引设施，包括参观线路导引标识、环境保护警示标志等；电子设备，包括现场便携式自助导游机和博物馆光电沙盘、多媒体交互展示设备、自动语音播放设备等。

六是运河遗产小道展示。建立了“运河遗产小道”的运河历史步道系统，与大运河河道一起以线性展示系统串连起大运河沿线的重要城市、河道和遗产点、运河博物馆（陈列馆）、考古遗址公园等运河遗产。图 9–7 是宁波三江口遗产展示图。

七是多媒体展示。通过书籍、手册、音响、影像、网络等手段，增加了保护与展示的科技含量和宣传力度，加强对国际互联网的运用，建立了网络宣介平台，与国内外重要的遗产保护网站、学术研究网站和政府机构、旅游部门的网站建立链接关系。

（三）运河文化传播功能的利用

中国大运河作为世界公认的文化符号，是传播中华文化的重要资源。目前运河沿线地区对大运河文化的保护、传承、利用还停留在不同的城市研究各自的运河文化，各自出

图 9–7　宁波三江口遗产展示图

一批论文等研究成果，对大运河文化的传承利用也是各自为政，零打碎敲。大运河文化带建设的提出，就是要求我们整合大运河研究的各方面力量，整体研究中国大运河，联手挖掘大运河文化价值，朝着建立“运河学”的方向努力。全社会都知道大运河，但大运河究竟是哪条河，有多长，沿用多久，申遗成功的究竟是哪条河，是中国大运河，还是京杭大运河？别说普通百姓，就是文化界、新闻界中也容易出现混淆，在媒体上经常出现错误，说京杭大运河有2000多年历史，说中国大运河有1700多千米，这都是不对的。出现这些误解，是因为我们对大运河研究不够，宣传不够，国内对大运河的研究相对来说还处于起步阶段。因此要将中国大运河的研究工作提升到“运河学”的高度来认识。“敦煌学”“长城学”以及对丝绸之路的系统研究都呈现出新气象，但从文化遗产角度对大运河进行挖掘和提炼还比较薄弱。而大运河本身是鲜活的，它涉及文物、遗产、历史、景观、艺术、文学、建筑、规划、管理、考古、经济等众多领域，“运河学”就是要对大运河文化做出进一步的挖掘和提炼，促进公众认识大运河的价值，这将对大运河文化带的建设起到奠基石的作用。

建议国家有关部门要牵头组织对运河文化的发掘整理，形成合力，不能让各个城市“单打独斗”。要将大运河非物质文化与物质文化遗产深度融合，如剪纸、扬剧、苏绣进园林；文化与旅游深度融合，扬州评话、杂技、木偶上游船。要用运河边成长起来的文学艺术形式去创作新的运河文学艺术，如用京剧、昆曲、扬剧、淮剧、锡剧编演运河大戏。利用大运河这一世界级的文化遗产，通过活化运河历史文化，输出文化产品，潜移默化地传播运河优秀文化，让世人感知到中华文明的渊源博大。杭州歌舞剧院排演的歌舞剧《遇见大运河》从大运河申遗成功开始在运河沿线城市巡演，用两年时间走进了大运河沿线的20多个城市，在大运河申遗成功两周年之际在国家大剧院连演两场，2017年又到德国、法国、希腊、埃及巡演。该剧不仅获得国家艺术基金资助，而且联合国教科文组织特别授予《遇见大运河》团队“文化遗产传播保护使者”荣誉称号。

借助中国大运河申遗成功，对大运河遗产价值与精神内涵作深度梳理与挖掘，各地都形成了一批论文、丛书等研究成果。大运河申遗成功后，各地遗产保护部门分别聘请设计公司设计了世界遗产标志碑，安装在各遗产点段和游客集中的位置；设置中英文对照遗产标识牌，介绍遗产知识，阐释遗产价值；各地遗产管理单位还在重要遗产点段设立了大运河遗产解读牌，图文并茂、形象生动地展示各个遗产点历史演变及其真实性、完整性和突出普遍价值，让市民和游客了解并尊重悠久的大运河文化，使古老的运河文化继续为城市的经济发展和社会进步作出积极的贡献。扬州古城段运河遗产相对集中，有扬州古运河、古邗沟、北护城河、唐子城宋夹城水系等多条的运河水系，有天宁寺、个园、瘦西湖、卢氏盐商住宅、盐宗庙、汪鲁门盐商住宅等众多的运河遗存，串连着扬州几大运河历史街区：双东历史街区、南河下历史街区、仁丰里历史街区，具有十分重要的遗产价值。为此，遗产保护部门编制了环扬州古城运河遗产展示利用方案，利用城区遗产河道串联着诸多遗产点的优势，整合环水慢道系统、水上交通系统，再通过古城街巷的串联，将众多散布在古城区的遗产点串联成片，打造了一个开放式的运河博物馆。遗产点集中的邵伯古镇围绕运河聚落遗产整体打造，对整个邵伯古镇进行整体的保护展示，不但建设船闸展示馆和明清运河故道展示馆，还要恢复老街上的老字号店铺，再现当年运河名镇船舶往来、桨声绵绵的情景。杭州在“运河文化广场”建设了“中国京杭大运河博物馆”，同时在大运河畔建设了剑、伞等非遗展示馆，让物质文化遗产与非物质文化遗产在保护的基础上有机结合。目前，在大运河沿线物质文化遗产，如古建筑、园林、名人故居等，已成为非物质文化遗产的最佳载体，让动态的非物质文化遗产进入静态的物质文化遗产，在互动的基础上激发出新的活力。

作为陈列在大地上的遗产，在“互联网 +”时代，除了可以让游客通过坐船、骑行、徒步等方式，到现场参观，游览大运河遗产外，更需要通过现代科技手段实现让人们足不出户就能畅游遗产，让更多的社会大众了解大运河及其世界遗产，并参与到大运河遗产保护中来。多地运河遗产管理部门围绕大运河遗产实施了“互联网 + 中华文明工程”，开发了畅游运河遗产 GIS 专题移动终端系统，通过网络化、地图化和移动化技术手段来展示中国大运河的历史面貌，让外地游客通过手机 APP 就能查阅到运河遗产的相关情况，并在电子信息系统的引导下，顺利抵达遗产点参观游览。沿线有关县（市、区）在建设运河文化展示馆（中心）时也纷纷引入数字技术，采用先进技术提升展示水平，把三维场景展示、声光电技术、音视频自动调度技术、单点全景展示、连续全景展示、船载全景展示等技术手段应用到展示馆建设中，形象、生动地再现大运河的前世今生、重要场景和重大历史事件，让游客如临其境，感同身受。图 9–8

图 9–8　宝应运河文化展示馆效果图

是宝应运河文化展示馆效果图。

（四）大运河旅游功能的利用

中国大运河是仍然发挥着运输、输水、泄洪、灌溉等重要水利航运功能的活态遗产，目前只有城区景观较好的遗产承担一定的旅游活动。随着大运河成为世界遗产，逐步改善环境景观并完善展示设施，加上媒体的大力宣传，中国大运河在国内外影响力持续扩大，预计未来几年内，以参观游览为主的遗产，如南旺枢纽、清口枢纽；景观较好的城区遗产，如城区段河道；观赏性较强的古建筑类遗产，如宁波庆安会馆、清名桥历史文化街区等会面临一定的人流。

笔者在《大运河遗产旅游活化与规划响应》一文中提出了“大运河旅游产品谱”。

大运河旅游产品谱

展示式旅游：展示馆、古河道、古遗址、行宫。

体验式旅游：过船闸、美食。

运河水上旅游：城市游、水上巴士、长线游。

运河古镇游：水乡古镇

运河城市遗产旅游：工业遗产

运河生态游：水乡特色、运河湖泊

网络运河虚拟游：VR，GIS、APP

目前中国大运河部分遗产区承担着一定的旅游活动，各类服务设施正在逐步完善。基本服务设施包括游客服务中心，购物服务处，停车场，电瓶车、游船、自行车等交通服务设施及其他服务设施。其中，与旅游相配套的医疗、救护、食宿设施和导游服务、纪念品销售体系均与遗产区所在的镇、县、市为依托，最大程度上避免商业活动对遗产区的影响。

中国大运河拥有河道驳岸、湖泊湿地、驿站纤道、古塔寺庙、古桥城门、会馆民居、园林街巷等众多的自然和文化景观，还有琳琅满目的非物质文化遗产。大运河作为世界遗产，不仅可以吸引国内游客亲水休闲，还具有相当高的国际吸引力，为旅游产业的发展提供了全新的成长空间。要整体规划大运河旅游项目，从济宁到宁波运河沿线景点众多，要联手打造运河水上游览线，将岸上的景点通过水路串连起来，形成联动效应。要深度开发运河旅游，打造经典运河旅游品牌。例如，扬州的大运河水上游览线，在游览线路的设计上要更好地展示扬州段运河的地方特色，展示大运河沿线的物质文化遗产和非物质文化遗产；苏州的古运河环城游，无锡、常州的运河水上游都要进行提升。未能全线通航的京津、河北、河南、安徽等省、直辖市也要通过建设遗产展示馆，从世界遗产价值的角度展示运河遗产、运河文化，加强运河旅游的开发，将三维场景展示、AR、VR、音视频自动调度技术、单点全景展示、连续全景展示、船载全景展示等技术手段应用到展示馆建设中，形象、生动地再现大运河的前世今生和重要场景，让游客如临其境，感同身受。对遗产点集中的运河古镇，如邵伯镇、杨柳青镇等作为运河聚落遗产整体打造。各地要建立更为系统和宏观的规划与管理体系，形成完整的网络化旅游线路，并进行全新的设计包装和创意衔接，在延展旅游的时间长度和空间宽度上下工夫。将景观欣赏、水工设施体验、地方文化品鉴、美食品尝、游戏等内容创意化整合，并带动运河沿线相关景点的旅游产业。

中国大运河不仅是生态走廊，两岸的自然景观也十分精彩。江苏段运河有充沛的水流量，有大运河最开阔的水域，有丰富的遗产遗存，更有湿地生态、自然村落、沿岸古镇等难能可贵的遗产。大运河为沿线城市旅游产业的发展提供了全新的成长空间。江苏从世界遗产的角度对大运河遗产加以展示利用，通过展示利用去保护大运河的地方特色、生存环境，满足人们亲水休憩的需求。在郊野，林茂草丰、空气清新、古朴的农耕文化气息让人心旷神怡；在城镇，整齐的堤岸、新桥旧埠、草坪栏杆，浓郁的运河古韵丰富了居民的精神需求。江苏省大运河沿线有 9 座历史文化名城、13 个中国历史文化名镇。2014 年，江苏段大运河遗产河道、遗产点和主航道所在区县游客量达 2.75 亿人次，旅游总收入 4290 亿元。扬州正在建设的古运河三湾城市公园努力成为融湿地保护、古运河文化展示、休憩娱乐为一体的充满自然特色、乡土气息和文化内涵的综合公园。从旅游开发层面来说，苏州、杭州、常州、无锡等地均开通了运河水上游览线。杭州还开通了“运河水上巴士”，作为城市交通的一个补充。扬州除了市区的古运河游览线，还开通了“扬州—邵伯—高邮”大运河水上旅游专线，全程 45 千米。人在船上坐，大运河沿岸古迹林立，自然生态怡人耳目，真正使“上北京登古长城，下扬州游大运河”成为了现实。如图 9–9、图 9–10 所示。

（五）运河文化产业的利用

大运河代表了中国人的创造精神，千余年来，大运河因其不断地创新变化而成就了运河沿岸的文明，因而我们在继承前人为我们留下的“文化遗产”之时，也有责任为后人留下经过我们创新的“文化遗产”，只有这样，才能真正体现“申遗只是过程，保护和发展才是目的”的价值目标；也只有这样，才能使古老的大运河焕发生机，创造出新的文化形象和符号。大运河沿线城市应在保持大运河遗产的真实性、完整性的基础上，深入挖掘运河文化，用深厚的运河文化底蕴、创新创意的思想构建一个中国文化产业发展的高地。将运河遗产和资源转化为具体的文化产品，如将运河的历史符号印在工艺品上，利用运河文化开发创意产品等，既保留运河文化的本真性，又将文化内涵和运河价值融入物质产品中，打造运河文化产业，让民众既能感受到运河厚重的历史文化和精神品质，又能将其依然存在的实用价值融入现实生活，从而造福民众。大运河文化带建设要注重文化与经济的融合，要在保护、传承的基础上进行合理的利用，利用大运河的交通动脉和文化廊道的功能，深入挖掘，充分整合运河资源，发展高端产业，在运河沿线构建一个中国文化产业发展的新高地。要通过运河文化带的建设推动运河经济的发展，将大运河文化融入经济建设中，同时又通过运河经济的大发展，推进运河文化的大繁荣，实现经济与文化的相互促进，实现文化强市、文化强国的目标。

图 9-9 天宁寺行宫的码头现在成为乾隆水上游览线的出发地

图 9-10 运河旅游

图 9-11 常州运河五号文化产业园

要聚合发展力量，推动建立政府投入和社会力量共同协作的机制，聚合大运河沿线的文化元素，在大运河沿线城市共建运河文化圈，从而形成一个推动运河文化、主题文化、创意产业的长效机制，联手建设运河文化带。国家要出台政策，推动沿线城市合作推出一些文化项目、出版项目、产业项目，规划一批跨省市的运河文化产业园区来振兴运河文化、发展运河经济。各级政府要制定政策，强化监管，把大运河文化产业、旅游产品变成一个富有投资价值的平台，广泛吸引民资参与投资和开发。要探索建立运河文化保护基金、运河生态保护基金等平台，用现代的资本运作手段规划、建设一批大运河保护利用项目，更好地利用好大运河遗产，助推大运河文化带建设。图 9-11 为常州运河五号文化产业园。

三、中国大运河遗产利用的原则

遗产展示、活化利用是世界遗产保护管理工作的重要内容，也是国际公认的重要遗产保护方式。目前，中国大运河还有很多遗产点段没有被充分利用起来。长此以往，大运河遗产势必如同无渊之鱼，面临无人问津、日渐衰败的威胁，失去保护传承的机会。因此，各地人民政府要高度重视大运河遗产展示利用工作，同时也要按照国务院《关于进一步做好旅游等开发建设活动中文物保护工作的意见》和国家文物局《关于加强文物保护单位游客承载量研究的通知》要求，统筹考虑大运河遗产展示利用问题。在大运河的利用方面要注意把握几个原则，通过适度的利用弘扬运河遗产价值，激起市民的民族自豪感，而不能因为过度利用造成对运河遗产的破坏。

（一）大运河遗产利用必须坚持保护第一

中国大运河申遗不是最终目的。借助世界遗产的先进保护理念，提升社会各界的遗产保护意识，改善珍贵文化遗产保护管理状况，延续其生命力和活力，才是我们开展申遗工作的目标。在中国大运河申遗过程中，各级文物部门始终坚持“保护为主”原则，严格按照文物工作基本规律和世界文化遗产要求，开展遗产资源调查、考古专题研究、保护规划编制等前期工作，夯实工作基础，着力实施保护整治工程，使大量被忽视、被遗忘、岌岌可危的大运河遗产重新被发现、被认识，得到妥善保护和展示，遗产保护状况和周边环境面貌得到改善，并逐步构建起层次分明、结构合理的大运河遗产保护管理体系。回顾大运河申遗过程，主要处理好了三个关系，一是处理好运河遗产保护与世界遗产申报的关系；二是处理好运河遗产保护与运河功能延续的关系；三是处理好运河遗产保护与城乡发展建设的关系。

申遗成功后，国家文物局要求：各地大运河保护管理工作仍要以提升大运河全线保护、管理、展示、利用整体水平为目标，重点完善保护管理长效机制，巩固跨地区跨部门协商机制，加强遗产本体保护与监测，加大环境景观控制力度。在此基础上，继续推进考古调查和专题研究，深入挖掘大运河遗产价值内涵，探索活态遗产保护利用模式，提升服务社会能力，积极促进大运河申遗成果向持久保护的转变。

对中国大运河遗产保护应坚持整体保护的原则。笔者认为，与普通的文物保护单位不同，大运河世界遗产组成部分由 31 个遗产区构成，包括总长度达 1011 千米的 27

段河道和 58 个遗产点，而列入各级大运河遗产保护规划范围的大运河河道总长度则超过 3000 千米。这些遗产构成要素在地理位置上前后相接、一脉相承，在功能方面彼此依存、分工协作，并与周边的城镇、乡村、郊野和自然环境密切联系，共同组成庞大的遗产体系和独特的大运河文化景观，必须整体保护，一是保护大运河遗产，就必须将构成大运河遗产的各类历史文化和生态环境要素进行整体保护。对于经各级文物行政部门调查确认，并经国务院公布为全国重点文物保护单位的隋唐大运河、京杭大运河以及浙东运河各类文物保护单位，无论其所有权、使用功能或管理权如何，均应严格按照全国重点文物保护单位的标准和要求，始终将保护文物本体安全放在优先位置，做好文物本体“四有”基础工作以及文物本体保护修缮、安防消防系统建设和陈列展示等相关工作，逐步确立大运河相关法规和规划作为上位法、上位规划的重要地位，进一步夯实大运河遗产保护工作基础。二是要把大运河水资源、河道堤坝、周边植被及沿线村落等重要环境因素纳入遗产保护的范围，并置于与文物本体保护同等重要的地位。通过积极吸引城镇化、新农村建设、生态治理等相关领域优势资源向遗产地聚集，多措并举，实现遗产保护、生态环境保护、城乡发展建设的有机结合。出于延续运河传统功能需要进行的交通、水利设施改扩建项目，只要符合相关法律法规和规划的规定，各地文物部门应积极协助有关方面做好遗产影响评估、考古勘探、工程选址、方案设计和行政审批等工作，保证项目如期顺利进行。三是要加强大运河缓冲区的管理控制。大运河缓冲区管理是国际组织有关决议和多次补充材料来信关注的焦点，同时也是大运河遗产保护管理的难点。各地要根据国际组织要求，深入研究大运河沿线城、镇、乡村的历史文化价值，进一步细化并适当扩大大运河遗产缓冲区范围，加大对缓冲区内建设行为管理控制的力度。通过明确管理控制措施和相关技术指标，实现城乡发展的现实需求与遗产保护科学理念的有机结合。从长远来看，加大大运河缓冲区管理控制力度的目的，不是限制城乡发展，而是在着眼于保护好大运河沿线城、镇、乡村独有特色的基础上，为城乡转型发展指明了方向。

活态遗产的第一属性是遗产，我们要从遗产不可再生的高度来认识保护工作的重要性，科学、合理地加以利用。活态遗产的利用工作要以保护为前提，任何一项利用都不能破坏遗产、损害遗产，要做到最小干预，尽可能创造有利于保护的环境条件。首先，必须明确保护是第一位的，保护是为了更好地利用。中国大运河从开凿以来走到今天，沿线所保存的各类文化遗产已经很少了，有的文化遗产甚至破损严重，有些遗产见证了城市发展历史的记忆，很多已经被一点点地抹去，或者正在消失。现在，保护大运河活态遗产已经成为全社会的共识，我们要保护大运河的地方特色，保护大运河的生存环境，保护大运河遗留的物质遗产，挖掘整理大运河沿线的非物质文化遗产。毋庸置疑，大运河对保持流域自然生态系统的勃勃生机，对运河流域社会和谐、城乡协调发展意义深远。保护是利用的基础，只有保护好遗产，才能更好地利用。其次，合理利用也是为了更好地保护。要始终把保护大运河遗产放在首要位置。利用以保护为基础，科学适度地利用，考虑长远利益、维护运河生态环境、保护运河遗产资源、保护运河两岸风貌、传承运河古今文明。具有观赏价值的运河遗产，可以用于开发旅游业，适度的旅游能使公众享受大运河遗产，感受大运河传统文化。但是不要将大运河文化简单化、商品化，也不要随意打造大运河文化。要尊重大运河沿线的历史和自然，尊重大运河的过去，结合今天赋予运河的新使命及运河蕴涵的新价值，以合理的方式让大运河遗产延续利用，实现可持续发展，将祖先留下来的这份珍贵遗产传承下去。最后，要正确处理保护与利用的关系。一方面要科学、合理地利用活态遗产资源，另一方面要在利用中探求活态遗产的有效保护，使保护利用步上“保护—利用—保护”的良性循环，构筑活态遗产保护体系。

（二）要坚持关注民生、服务民众的原则

中国大运河遗产展示利用工作还要做到以服务公众为目的，应尽最大可能将大运河资源向广大公众开放、展示，通过展示传递历史文化知识，丰富大运河沿线群众的精神文化生活。各地可以根据大运河特点和遗产地实际情况，探索大运河遗产展示利用的具体形式、手段和做法，要争取把所有的大运河遗产都充分、合理地利用起来，并且用好、用活，充分发挥遗产传承文明、教育公众、促进发展、改善民生、扩大中华文化影响力的积极作用，以展示利用反哺遗产保护，使大运河真正成为沿线城市的新形象、新亮点。

大运河遗产保护工程是重大文物保护工程，更是民生工程、生态工程。各地开展大运河相关项目时，应尊重公众的知情权、参与权、监督权，充分听取和吸纳遗产地当地社区和公众的意见和建议，满足其正当利益诉求。特别是在涉及古街区、古村落保护整治的工作中，不能为了搞开发或打着便于后期管理的旗号进行大规模拆迁、搬迁，要尊重当地民众自由选择生活方式的权力，避免把“活的”遗产变成展品。同时，各地要继续在涉及大运河遗产保护整治的项目中加大基础设施建设力度，改善生态环境，提高居民生活质量，让大运河成为城乡最适宜人居的美好家园。与此同时，在大运河遗产保护中，要注意保护大运河周边各类非物质文化遗产，让构筑大运河物质肌理的传统技艺流传下去，让顺应自然、利用自然的传统哲学观念流传下去，让附着在古建筑、

古民居上的珍贵历史记忆流传下去，让仍活跃在大运河周边的优秀地域文化流传下去，使大运河承载的非物质文化遗产与各类物质遗存都得到整体保护展示，维护大运河沿线人民共有的精神家园。

发展是最大的民生，要发挥大运河在经济发展中的作用，必须处理好运河遗产保护与运河功能延续的关系。大运河是一个线性、活态、在用的文化遗产，应当按照统筹兼顾原则，妥善处理好保护与利用的关系、保护与治理的关系、遗产管理与航运管理的关系、文化功能与水利功能的关系。大运河遗产利用工作要做到以服务公众为目的。在大运河遗产的利用上一定要遵循适度的原则，通过适度的利用弘扬运河遗产价值，激起市民的民族自豪感，而不能因为过度利用造成对运河遗产的破坏。

中国大运河是世界遗产运河中唯一一条在用的河道，活态是大运河遗产最突出的特点。延续大运河交通、水利的传统功能是大运河永续传承的重要保证。大运河保护和申遗省部际会商小组明确将交通、水利功能延续摆在大运河保护和申遗工作的突出位置，达成多项重要工作共识。国家文物局落实会商小组有关决定，重点做好跨地区、跨部门沟通协商工作，理顺大运河保护管理机制，在大运河申遗文本、保护管理规划中，通过遗产保护保证大运河利用和功能发挥，简化涉及大运河基础设施建设工程文物审批程序，确保南水北调工程等国家重大基础设施建设工程顺利开展。图 9–12 是南水北调东线工程龙头江都水利枢纽俯瞰图。

会通河临清段保存了元运河、钞关等大量重要遗存。这些文物过去被杂乱的棚户区所占压，运河故道污水横流、臭气熏天，与城市中心的地位大相径庭，是当地政府和民众的一块心病。在申遗推动下，临清市人民政府在财政非常困难的情况下，拿出财政收入相当多的部分疏通河道，整治垃圾污水，绿化周边环境，铺设基础设施，恢复古运河闸坝相连、绿水成荫、古民居成片的景观风貌，赢得当地民众的一片喝彩。

杭州市在实施运河综合整治过程中，不仅要建设运河观光带，还要“让两岸老百姓生活得更好，让运河两岸生生不息”。通过异地安置、拆迁补偿与原地回迁相结合的人性化处理方式，既保障了民众自主选择生活方式的权力，又有利于历史街区文脉传承，得到居民支持，使历史街区不仅有“小桥”“流水”，更有“炊烟袅袅”的“人家”。

（三）大运河遗产利用必须准确把握其价值属性

对活态遗产的利用，是要对遗产原有功能加以利用，但这种利用必须建立在对其遗产价值的准确把握和阐释之上，要突出遗产整体价值和功能特点，增进公众对遗产

图 9-12 南水北调东线工程龙头江都水利枢纽俯瞰图

内涵的正确认识和深入理解。在对活态遗产的利用上也要做到因地制宜，分类利用，如对大运河在用河道继续保有其航运功能，维护、发挥好高等级航道的货运功能；在大运河的水利功能方面，重点保障南水北调通道和重要防洪通道的水利功能，实现跨流域的水资源合理配置。在生态、景观、游憩功能方面，不断提升所有在用河道的生态、景观功能，在符合航运和水利要求的前提下，适度发展游憩功能。对活态遗产的保护要根据不同的遗产特点，因地制宜，分类保护。对于中止了原始功能的遗产要素，利用功能以遗产保护与展示为主，并合理配置有利于价值阐释的展示、游憩功能。还要保护附着在活态遗产上的非物质文化遗产，保护非物质文化遗产及传承人，如将运河沿线的民俗民风、戏曲歌舞、书法绘画、文学艺术等有特色的各种文化加以整理研究，发扬光大，把非物质文化遗产通过大运河连缀起来，成为运河新的遗产资源。

要对大运河及沿线城市文化的价值与精神内涵进行深度梳理与挖掘，形成一批论文、丛书等研究成果，创作一批反映运河文化的文学影视作品，打造一批运河文化展示馆。通过加强对现存运河遗产资源的摸底调查、发掘研究，让大运河遗产的文化价值呈现在世人面前，唤醒沿线民众对大运河遗产的保护意识，增强全民族的文化自信，进一步继承和弘扬运河文化，为实现中华民族伟大复兴的“中国梦”增添文化动力。

图 9-13 中国大运河高邮明清运河故道

图 9-13 是中国大运河高邮明清运河故道。

中国大运河遗产的保护和利用工作是一项长期而复杂的系统工程，需要我们大家共同努力，把祖先留给我们的珍贵遗产保护好、传承好、利用好，实现活态遗产的可持续发展，这也是历史赋予我们这一代人的光荣而艰巨的历史使命。

参考文献

[1] 国家发改委 . 大运河文化保护传承利用规划纲要（征求意见稿）.

[2] 国家文物局 . 中国大运河申遗文本，2013 年 1 月 .

附录一

中国世界遗产介绍

（53 处）

（截至 2018 年）

1. 长城

附图 1-1 长城

1987 年 12 月 / 2002 年 11 月列入文化遗产，列入标准：Ⅰ、Ⅱ、Ⅲ、Ⅳ、Ⅵ。

中国的长城（附图 1-1）是人类文明史上最伟大的建筑工程之一，它始建于 2000 多年前的春秋战国时期，秦朝统一中国之后连成万里长城。汉、明两代又曾大规模修筑。其工程之浩繁，气势之雄伟，堪称世界奇迹。岁月流逝，物是人非，如今当您登上昔日长城的遗址，不仅能目睹逶迤于群山峻岭之中的长城雄姿，还能领略到中华民族创造历史的大智大勇。

八达岭长城遗产区保护范围：573.59 公顷，缓冲区保护范围：805.58 公顷；

山海关遗产区保护范围：255.3 公顷，缓冲区保护范围：675.32 公顷；

嘉峪关遗产区保护范围：1322.6 公顷，缓冲区保护范围：3319.9 公顷。

2. 敦煌莫高窟

1987 年 12 月列入文化遗产，列入标准：Ⅰ、Ⅱ、Ⅲ、Ⅳ、Ⅴ、Ⅵ。

敦煌莫高窟（附图 1-2）俗称千佛洞，位于甘肃敦煌市东南 25 千米的鸣沙山东麓崖壁上，上下五层，南北长约 1600 米。始凿于 366 年，后经十六国至元十几个朝代的开凿，形成一座内容丰富、规模宏大的石窟群。现存洞窟 492 个，壁画 45000 平方米，彩塑 2400 余身，飞天 4000 余身，唐宋木结构建筑 5 座，莲花柱石和铺地花砖数千块，是一处由建筑、绘画、雕塑组成的博大精深的综合艺术殿堂，是世界上现存规模最宏大、保存最完好的佛教艺术宝库，被誉为"东方艺术明珠"。21 世纪初又发现了藏经洞（莫高窟第 17 洞），洞内藏有从 4 世纪至 10 世纪的写经、文书和文物五、六万件，敦煌莫高窟引起国内外学者极大的注意，由此形成了著名的敦煌学。

附图 1-2 敦煌莫高窟

遗产区保护范围：23392 公顷，缓冲区保护范围：107637 公顷。

3. 北京和沈阳的明清皇宫

1987 年 12 月 / 2004 年 7 月列入文化遗产，列入标准：Ⅰ、Ⅱ、Ⅲ、Ⅳ。

附图 1–3　北京故宫

附图 1–4　沈阳故宫

北京和沈阳的明清皇宫即北京故宫（附图 1–3）和沈阳故宫（附图 1–4）。北京故宫又称紫禁城，位于北京市区中心，为明、清两代的皇宫，有 24 位皇帝相继在此登基执政。始建于 1406 年，至今已 600 余年。北京故宫是世界上现存规模最大、最完整的古代木构建筑群，占地面积为 72 万平方米，建筑面积约 15 万平方米，拥有殿宇 9000 多间，其中太和殿（又称金銮殿），是皇帝举行即位、诞辰节日庆典和出兵征伐等大典的地方。北京故宫黄瓦红墙，金扉朱楹，白玉雕栏，宫阙重叠，巍峨壮观，是中国古建筑的精华。宫内现收藏珍贵历代文物和艺术品约 100 万件。

北京故宫遗产区：72 公顷；沈阳故宫遗产区：12.96 公顷。

附图 1–5　秦始皇兵马俑

4. 秦始皇陵

1987 年 12 月列入文化遗产，列入标准：Ⅰ、Ⅲ、Ⅳ、Ⅵ。

秦始皇陵（附图 1–5）位于陕西西安市临潼区东 5 千米，距西安市区 36 千米，是秦始皇嬴政的皇陵。陵区分陵园区和从葬区两部分。陵园占地近 8 平方千米，建外、内城两重，封土呈四方锥形，顶部略平，高 55 米，不仅是中国历史上第一座皇帝陵，也是最大的皇帝陵。1974 年以来，在陵园东 1.5 千米处发现从葬兵马俑坑三处，出土陶俑 8000 件、战车百乘以及数万件实物兵器等文物；1980 年又在陵园西侧出土青铜铸大型车马 2 乘，引起全世界的震惊和关注，被誉为“世界第八大奇迹”。现已在一、二、三号坑成立了秦始皇陵兵马俑博物馆，对外开放。

遗产区保护范围：244 公顷，缓冲区保护范围：4325 公顷。

5. 周口店北京猿人遗址

1987 年 12 月列入文化遗产，列入标准：Ⅲ、Ⅳ。

周口店北京人遗址（附图 1–6）位于北京市房山区周口店龙骨山，因 20 世纪 20 年代出土了较为完整的北京猿人化石而闻名于世，尤其是 1929 年发现了第一具北京人头盖骨，从而为北京人的存在提供了坚实的基础，成为古人类研究史上的里程碑。迄今为止，出土的人类化石包括 6 件头盖骨、15 件下颌骨、157 枚牙齿及大量骨骼碎块，代表约 40 个北京猿人个体。为研究人类早期的生物学演化及早期文化的发展提供了实物依据。根据对文化沉积物的研究，发现北京猿人生活在距今 70 万年至 20 万年之间。北京猿人的平均脑量达 1088ml（现代人脑量为 1400ml），据推算，北京猿人身高约为 156cm（男）、150cm（女）。北京猿人生活的时期属石器时代，加工石器的方法主要为锤击法，其次为砸击法，偶见砧击法。北京猿人还是最早使用火的古人类，并能捕猎大型动物。北京猿人的寿命较短，据统计，68.2% 的北京猿人死于 14 岁前，超过 50 岁的不足 4.5%。

附图 1–6 周口店北京猿人遗址

遗产区保护范围：480 公顷，缓冲区保护范围：888 公顷。

6. 泰山

1987 年 12 月列入文化与自然双重遗产，列入标准：Ⅰ、Ⅱ、Ⅲ、Ⅳ、Ⅴ、Ⅵ、Ⅶ。

泰山（附图 1–7），古名岱山，又称岱宗。其自然景观雄伟绝奇，有

附图 1–7 泰山

数千年精神文化的渗透渲染和人文景观的烘托，被誉为中华民族精神文化的缩影。1987 年，泰山、岱庙和灵岩寺被联合国教科文组织公布为世界自然与文化遗产。世界遗产专家在泰山考察时发现，泰山既有突出普遍的自然科学价值，又有突出普遍的美学和历史文化价值，是一座融自然科学与历史文化价值于一体的神奇大山。

遗产区保护范围：4650 公顷，缓冲区保护范围：7850 公顷。

7. 黄山

1990 年 12 月列入文化与自然双重遗产，列入标准：Ⅱ、Ⅶ、Ⅹ。

黄山（附图 1-8）雄踞风景秀丽的安徽南部，是我国最著名的山岳风景区之一。其山体伟特，玲珑巧石，万姿千态，主峰莲花峰海拔 1860 米。黄山美在奇松、怪石、云海、温泉“四绝”。自古以来，历游名山者多以为黄山之美不亚于五岳。“五岳归来不看山，黄山归来不看岳”“任他五岳归来客，一见天都也叫奇”。历代游客盛赞“天下名景集黄山”，谓“泰岱的雄伟，华山的峻峭，衡岳的烟云，匡庐的飞瀑，雁荡的怪石，峨嵋的清凉，黄山兼而有之”。黄山胜景，以峰为体。这里峰林如海，辟地摩天，危崖突兀，幽壑纵横，美不胜收。

附图 1-8　黄山松

遗产区保护范围：16000 公顷，缓冲区保护范围：49000 公顷。

8. 黄龙风景名胜区

1992 年 12 月列入自然遗产，列入标准：Ⅶ。

黄龙风景名胜区（附图 1-9）位于四川省阿坝藏族羌族自治州松潘县境内，面积约 700 平方千米，主要景观集中于长约 3.6 千米的黄龙沟，沟内遍布碳酸钙华沉积，并呈梯田状排列，仿佛是一条金色巨龙，并伴有雪山、

附图 1-9　黄龙天池

瀑布、原始森林、峡谷等景观。黄龙风景名胜区既以独特的岩溶景观著称于世，也以丰富的动植物资源享誉人间。从黄龙沟底部（海拔 2000 米）到山顶（海拔 3800 米）依次出现亚热带常绿与落叶阔叶混交林、针叶阔叶混交林、亚高山针叶林、高山灌丛草甸等。包括大熊猫、金丝猴在内的 10 余种珍贵动物徜徉其间，使黄龙景区的特殊岩溶地貌与珍稀动植物资源相互交织，浑然天成。以其雄、峻、奇、野风景特色，享有“世界奇观”“人间瑶池”的美誉。

遗产区保护范围：60000 公顷。

9. 九寨沟风景名胜区

1992 年 12 月列入自然遗产，列入标准：Ⅶ。

九寨沟（附图 1–10）位于四川省北部，连绵超过 72000 公顷，曲折狭长的九寨沟山谷海拔 4800 多米，因而形成了一系列多种森林生态系统。壮丽的景色因一系列狭长的圆锥状喀斯特地貌和壮观的瀑布而更加充满生趣。山谷中现存约 140 种鸟类，还有许多濒临灭绝的动植物物种，包括大熊猫和四川扭角羚。

附图 1–10 多彩的九寨沟

遗产区保护范围：72000 公顷，缓冲区保护范围：60000 公顷。

10. 武陵源风景名胜区

1992 年 12 月列入自然遗产，列入标准：Ⅶ。

武陵源风景名胜区（附图 1–11）位于湖南省张家界市，总面积约 264 平方千米，由张家界国家森林公园、索溪峪和天子山三大景区组成，主要景观为石英砂岩峰林地貌，境内共有 3103 座奇峰，姿态万千，蔚为壮观。加之沟壑纵横，溪涧密布，森林茂密，人迹罕至，森林覆盖率达 85%，植被覆盖率达 99%，有中、高等植物 3000

附图 1–11 武陵源

余种，乔木树种700余种，可供观赏园林花卉多达450种，陆生脊椎动物达50科116种。区内地下溶洞串珠贯玉，已开发的黄龙洞初探长度达11千米。武凌源以奇峰、怪石、幽谷、秀水、溶洞“五绝”而闻名于世。

遗产区保护范围：26400公顷，缓冲区保护范围：13078公顷。

11. 拉萨布达拉宫历史建筑群

1994年12月/2000年11月/2001年12月列入文化遗产，列入标准：Ⅰ、Ⅳ、Ⅵ。

附图1–12 布达拉宫

布达拉宫（附图1–12）位于拉萨西北的玛布日山上，是著名的宫堡式建筑群，藏族古建筑艺术的精华。布达拉宫始建于7世纪，是藏王松赞干布为远嫁西藏的唐朝文成公主而建。现占地41公顷，宫体主楼13层，高115米，全部为石木结构，5座宫顶覆盖镏金铜瓦，金光灿烂，气势雄伟。布达拉宫分为两大部分：红宫和白宫。居中央的是红宫，主要用于宗教事务；两翼刷白粉的是白宫，是达赖喇嘛生活起居和进行政治活动的场所。根据世界文化遗产遴选标准（Ⅰ）（Ⅳ）（Ⅵ），布达拉宫于1994年12月列入世界遗产名录，大昭寺于2000年列入世界遗产名录，罗布林卡于2001年列入世界遗产名录。

遗产区保护范围：115.5803公顷，缓冲区保护范围：54.8公顷。

12. 承德避暑山庄及周边庙宇

1994年12月列入文化遗产，列入标准：Ⅱ、Ⅳ。

附图1–13 承德避暑山庄

承德避暑山庄（附图1–13）是清王朝皇帝的夏季行宫，位于河北省境内，修建于公元1703—1792年，是由众多宫殿以及其他处理政务、举行仪式的建筑构成的一个庞大的建筑群。建筑风格各异的庙宇和皇家园林同周围的湖泊、牧场和森林巧妙地融为一体。承德避暑山庄不仅具有极高的美学研究价值，还保留着中国封建社会发展末期的罕见历史遗迹。

遗产区保护范围：611.2 公顷。

13. 曲阜孔庙、孔林及孔府

1994 年 12 月列入文化遗产，列入标准：Ⅰ、Ⅳ、Ⅵ。

曲阜孔庙（附图 1–14）、孔府、孔林位于山东省曲阜市，是中国历代纪念孔子，推崇儒学的表征，以丰厚的文化积淀、悠久历史、宏大规模、丰富文物珍藏，以及科学艺术价值而著称。

附图 1–14　孔庙

遗产区保护范围：51.4 公顷。

14. 武当山古建筑群

1994 年 12 月列入文化遗产，列入标准：Ⅰ、Ⅱ、Ⅲ、Ⅳ、Ⅵ。

武当山，雄峰峻岭，标奇孕秀，耸立于中国西部山区城市——十堰市境内，东经 110°，北纬 320°附近，景区“绵亘八百里”。在古代，武当山以“亘古无双胜境，天下第一仙山”的显赫地位成为千百年来人们顶礼膜拜的“神峰宝地”；在当代，武当山古建筑群（附图 1–15）与自然环境巧妙结合，达到了“仙山琼阁”的意境，成为我国著名的游览胜地和宗教活动场所。

附图 1–15　武当山建筑群

遗产区保护范围：22.7 公顷。

15. 峨眉山和乐山大佛

1996 年 12 月列入文化与自然双重遗产，列入标准：Ⅳ、Ⅵ、Ⅹ。

峨眉山（附图 1–16）位于中国四川省峨眉山市境内，景区面积达 154 平方千米，最高峰万佛顶海拔 3099 米，是著名的旅游胜地和佛教名山，也是集自然风光与佛教文化为一体的中国国家级山岳型风景名胜区。

附图 1-16　峨眉山

乐山大佛，又名凌云大佛，位于四川省乐山市南岷江东岸凌云寺侧，濒大渡河、青衣江和岷江三江汇流处。大佛为弥勒佛坐像，通高 71 米，是中国最大的一尊摩崖石刻造像。

峨眉山遗产区保护范围：15400 公顷，乐山大佛遗产区保护范围：1788 公顷。

16. 庐山国家公园

附图 1-17　庐山

1996 年 12 月列入文化景观遗产，列入标准：Ⅱ、Ⅲ、Ⅳ、Ⅵ。

庐山（附图 1-17）位于中国第一大河长江中游南岸、中国第一大淡水湖鄱阳湖滨，是座地垒式断块山。大山、大江、大湖浑然一体，险峻与柔丽相济，素以“雄、奇、险、秀”闻名于世，富有独特的庐山文化，具有重要的科学价值与美学价值。庐山风景名胜区面积达 302 平方千米，外围保护地带为 500 平方千米。庐山有独特的第四纪冰川遗迹，有河流、湖泊、坡地、山峰等多种地貌类型，有地质公园之称。

遗产区保护范围：30200 公顷，缓冲区保护范围：50000 公顷。

17. 丽江古城

附图 1-18　丽江古城

1997 年 12 月列入文化遗产，列入标准：Ⅱ、Ⅳ、Ⅴ。

丽江古城（附图 1-18）是云南省丽江纳西族自治县的中心城镇，位于云南省西北部，地理坐标为东经 100° 14′，北纬 26° 52′。古城位于县境的中部，海拔 2400 余米，是一座风景秀丽，历史悠久，文化灿烂的名城，也是中国罕见的保存相当完好的少数民族古城。丽江古城包括大研古镇、白沙古镇、束河古镇和黑龙潭。

遗产区保护范围：35.6 公顷，缓冲区保护范围：582.3 公顷。

18. 平遥古城

1997 年 12 月列入文化遗产，列入标准：Ⅱ、Ⅲ、Ⅳ。

附图 1–19　平遥古城

平遥古城（附图 1–19）位于山西省中部，是一座具有 2700 多年历史的文化名城。古城始建于公元前 827—前 782 年间的周宣王时期，为西周大将尹吉甫驻军于此而建。自公元前 221 年，秦朝实行“郡县制”以来，平遥城一直是县治所在地，延续至今。平遥古城历尽沧桑、几经变迁，成为国内现存最完整的一座明清时期中国古代县城的原型。迄今为止，古城的城墙、街道、民居、店铺、庙宇等建筑仍然基本完好，原来的形式和格局大体未动，城郊的镇国寺和双林寺同属平遥古城现存历史文物的有机组成部分。

遗产区保护范围：245.62 公顷，缓冲区保护范围：95.99 公顷。

19. 苏州古典园林

1997 年 12 月 / 2000 年 11 月列入文化遗产，列入标准：Ⅰ、Ⅱ、Ⅲ、Ⅳ、Ⅴ。

附图 1–20　苏州园林

苏州是著名的历史文化名城和国家重点风景旅游城市，物华天宝，人杰地灵，自古以来被人们誉为“园林之城”，其盛名享誉海内外。苏州古典园林（附图 1–20）历史绵延 2000 余年，在世界造园史上有其独特的历史地位和价值，她以写意山水的高超艺术手法，蕴含浓厚的传统思想、文化内涵，展示东方文明的造园艺术典范，实为中华民族的艺术瑰宝。1997 年，苏州拙政园、环秀山庄、留园、网师园作为苏州园林的代表被批准列入世界遗产名录，2000 年 11 月将沧浪亭、狮子林、艺圃、耦园和退思园列入世界遗产名录。

遗产区保护范围：11.922 公顷，缓冲区保护范围：26.892 公顷。

20. 北京皇家祭坛：天坛

1998 年 11 月列入文化遗产，列入标准：Ⅰ、Ⅱ、Ⅲ。

附图 1–21　北京天坛

天坛（附图 1–21）位于北京的南端，是明清两代皇帝每年祭天和祈祷五谷丰收的地方。天坛建于明永乐十八年（1420 年），与故宫同时修建，面积约 270 万平方米，分为内坛和外坛两部分，主要建筑物都在内坛。南有圆丘坛、皇穹宇，北有祈年殿、皇乾殿，由一座高 2.5 米，宽 28 米，长 360 米的甬道把这两组建筑连接起来。天坛的总体设计，从它的建筑布局到每一个细部处理，都强调了“天”。它那 300 多米长的高出地面的甬道又叫海漫大道，这是因为古人认为到天坛去拜天等于上天，而由人间到天上去的路途非常遥远、漫长。

遗产区保护范围：215 公顷，缓冲区保护范围：3155.75 公顷。

21. 北京皇家园林：颐和园

1998 年 11 月列入文化遗产，列入标准：Ⅰ、Ⅱ、Ⅲ。

附图 1–22　北京颐和园

颐和园（附图 1–22）位于北京西郊的西山脚下海淀一带，泉泽遍野，群峰叠翠，山光水色，风景如画。从 11 世纪起，这里就开始营建皇家园林，到 800 年后清朝结束时，园林总面积达到了 1000 多公顷，如此大面积的皇家园林世所罕见。

遗产区保护范围：297 公顷，缓冲区保护范围：5595 公顷。

22. 大足石刻

附图 1–23 大足石刻

1999 年 12 月列入文化遗产，列入标准：Ⅰ、Ⅱ、Ⅲ。

大足石刻（附图 1–23）是重庆市大足区境内主要表现为摩崖造像的石窟艺术的总称。大足区是重庆市所辖郊区，原建制是大足县，始建于唐乾元元年（758 年），以“大丰大足”而得名，是驰名中外的“石刻之乡”“五金之乡”，全国首批甲级开放县，国家确定的长江三峡旅游县的起点，全国生态农业先进县，重庆市对外开放的重要窗口。大足区历史悠久，人文景观、旅游资源非常丰富。区境内石刻造像星罗棋布，公布为文物保护单位的摩崖造像多达 75 处，雕像 5 万余身，铭文 10 万余字。大足石刻规模宏大、刻艺精湛、内容丰富，并具有鲜明的民族特色，具有很高的历史、科学和艺术价值，在我国古代石窟艺术史上占有举足轻重的地位，被国内外誉为神奇的东方艺术明珠，是天才的艺术，是一座独具特色的世界文化遗产的宝库。

遗产区保护范围：20.41 公顷，缓冲区保护范围：211，15 公顷。

23. 武夷山

1999 年 12 月列入文化与自然双重遗产，列入标准：Ⅲ、Ⅵ、Ⅶ、Ⅹ。

武夷山（附图 1–24），世界自然遗产和世界文化遗产双重遗产地，国家 5A 级旅游景区，全国文明风景旅游区示范点，首批国家级风景名胜区，首批国家级自然保护区，世界人与生物圈、全球生物多样性保护区，地处中国福建省西北部的武夷山市，位于福建与江西的交界处，总面积达 999.75 平方千米，是中国著名的风景旅游区和避暑胜地。根据区内资源的不同特征，将全区划分为西部生物多样性、中部九曲溪生态、东部自然与文化景观以及城村闽越王城遗址 4 个保护区。

附图 1–24 武夷山九曲溪

遗产区保护范围：99975 公顷，缓冲区保护范围：27888 公顷。

24. 龙门石窟

附图 1–25　龙门石窟

2000 年 11 月列入文化遗产，列入标准：Ⅰ、Ⅱ、Ⅲ。

河南洛阳的龙门石窟（附图 1–25）位于洛阳市东南，分布于伊水两岸的崖壁上，南北长达 1 千米。龙门石窟始凿于北魏年间，先后营造 400 多年。现存窟龛 2300 多个，雕像 10 万余尊，是我国古代雕刻艺术的典范之作。

遗产区保护范围：331 公顷，缓冲区保护范围：711 公顷。

25. 明清皇家陵寝

2000 年 11 月 / 2003 年 7 月 / 2004 年 7 月列入文化遗产，列入标准：Ⅰ、Ⅱ、Ⅲ、Ⅳ、Ⅵ。

明显陵：位于湖北省钟祥市城东 7.5 千米纯德山的明显陵，是明世宗嘉靖皇帝的父亲恭睿皇帝和母亲章圣皇太后的合葬墓，始建于明正德十四年（1519 年），陵墓面积达 1.83 平方千米，是我国中南地区唯一的一座明代帝王陵墓，也是我国明代帝陵中最大的单体陵墓。其“一陵两冢”的陵寝结构为历代帝王陵墓中绝无仅有。

清东陵：清东陵位于河北省遵化市西北 30 千米处的马兰峪，界于京津、唐山、承德之中。西距北京 150 千米，南距唐山 100 千米，北距承德 100 千米，陵园中有大小建筑 580 座。清东陵是葬有顺治、康熙、乾隆、咸丰和同治五位清朝皇帝，再加上孝庄、慈禧和香妃等 161 人的大陵园。清东陵堪称是清朝遗留的文化瑰宝。

清西陵：清西陵位于河北省易县城西 15 千米的永宁山下，在北京西南方 120 千米，是清代帝王陵寝之一，因与河北省遵化县东陵东西相对而称西陵。这里埋葬着雍正、嘉庆、道光、光绪四位皇帝及后妃、王爷、公主、阿哥等 76 人。清西陵共有陵寝 14 座，还配属建筑行宫、永福寺，这里风景秀丽，环境幽雅，规模宏大，体系完整，是一处典型的清代古建筑群。

明清皇家陵寝遗产还包括 2003 年扩展项目列入的明孝陵（附图 1–26）、明十三陵，以及 2004 年列入的盛京三陵（清永陵、清福陵、清昭陵）

遗产区保护范围：3534.93999 公顷，缓冲区保护范围：23429.4399 公顷。

附图 1–26　明孝陵

26. 青城山—都江堰水利灌溉工程

2000 年 11 月列入文化遗产，列入标准：Ⅱ、Ⅳ、Ⅵ。

青城山（附图 1–27）位于四川成都的都江堰风景区，是中国著名的道教名山。山内古木参天，群峰环抱，四季如春，故名青城山。青城山分青城前山和青城后山。前山景色优美，文物古迹众多；后山自然景物原始而华美，如世桃园，绮丽而又神秘。都江堰位于四川成都平原西部的岷江上，建于公元前 256 年，是中国战国时期秦国蜀郡太守李冰及其子率众修建的一座大型水利工程，是全世界至今为止年代最久、唯一留存、以无坝引水为特征的宏大水利工程。2000 多年来，至今仍发挥巨大作用。李冰治水，功在当代，利在千秋。都江堰不愧为闻名世界的伟大杰作，造福人民的伟大水利工程。

附图 1–27　青城山

2006 年，作为“四川大熊猫栖息地”的一部分，都江堰—青城山风景名胜的一部分被列为世界自然遗产。2018 年 8 月 14 日，四川都江堰水利工程和配套工程体系，又入选世界灌溉工程遗产名录。

27. 皖南古村落：西递和宏村

2000 年 11 月列入文化遗产，列入标准：Ⅲ、Ⅳ、Ⅴ。

西递：西递（附图 1–28）是黄山市

附图 1–28　西递

最具代表性的古民居旅游景点，坐落于黄山南麓。据史料记载，西递村居民的始祖为唐昭宗李晔之子，因遭变乱，逃匿民间，改为胡姓，繁衍生息，形成聚居村落，故自古文风昌盛，到明清年间，一部分读书人弃儒从贾，他们经商成功，大兴土木，建房、修祠、铺路、架桥，将故里建设得非常舒适、气派、堂皇。历经数百年社会的动荡，风雨的侵袭，虽半数以上的古民居、祠堂、书院、牌坊已毁，但仍保留下数百幢古民居，从整体上保留下明清村落的基本面貌和特征。

宏村：宏村（附图 1–29）位于黟县城西北角。村内鳞次栉比的层楼叠院与旖旎的湖光山色交相辉映，动静相宜，空灵蕴藉，处处是景，步步入画。从村外自然环境到村内的水系、街道、建筑，甚至室内布置都完整地保存着古村落的原始状态，没有丝毫现代文明的迹象。造型独特并拥有绝妙田园风光的宏村被誉为“中国画里的乡村”。

附图 1–29　宏村

遗产区保护范围：52 公顷，缓冲区保护范围：730 公顷。

28. 云冈石窟

2001 年 12 月列入文化遗产，列入标准：Ⅰ、Ⅱ、Ⅲ、Ⅳ。

位于山西省大同市的云冈石窟（附图 1–30），有窟龛 252 个，造像 51000 余尊，代表了 5 世纪至 6 世纪时中国杰出的佛教石窟艺术。其中的昙曜五窟布局设计严谨统一，是中国佛教艺术第一个巅峰时期的经典杰作。

附图 1–30　云冈石窟

遗产区保护范围：349 公顷，缓冲区保护范围：847 公顷。

29. 云南三江并流保护区

2003 年 7 月列入自然遗产，列入标准：Ⅶ、Ⅷ、Ⅸ、Ⅹ。

“三江并流”自然景观（附图 1–31）位于中国西南部云南省青藏高原南部横断山

脉的纵谷地区，由怒江、澜沧江、金沙江及其流域内的山脉组成，整个区域面积达 4.1 万平方千米。它地处东亚、南亚和青藏高原三大地理区域的交汇处，是世界上罕见的高山地貌及反映其演化的代表地区，也是世界上生物物种最为丰富的地区之一。该地区跨越丽江地区、迪庆藏族自治州、怒江傈僳族自治州三个地州，区内汇集了高山峡谷、雪峰冰川、高原湿地、森林草甸、淡水湖泊、稀有动物、珍贵植物等。同时，该地区还是 16 个民族的聚居地，是世界上罕见的多民族、多语言、多种宗教信仰和风俗习惯并存的地区。长期以来，“三江并流”自然景观一直是科学家、探险家和旅游者的向往之地，具有重要的科学价值、美学意义和丰富多彩的少数民族文化。

附图 1-31　三江并流

遗产区保护范围：960000 公顷，缓冲区保护范围：810000 公顷。

30. 高句丽王城、王陵及贵族墓葬

2004 年 7 月列入文化遗产，列入标准：Ⅰ、Ⅱ、Ⅲ、Ⅳ、Ⅴ。

主体坐落于吉林省集安市、辽宁省桓仁县的“中国高句丽王城、王陵及贵族墓葬”（附图 1-32），入选文化遗产列入标准的理由是“建筑技艺精湛，堪称同时代工艺的典范；艺术成就突出，特别是墓葬中的壁画，体现了高超的艺

附图 1-32　高句丽王城、王陵及贵族墓葬

术水准；文明内涵富有特色，众多珍贵文物都反映了高句丽时期独具特色的文明”。高句丽是我国历史上一个少数民族地方政权，存续于汉唐期间，前后历经约705年，创造了灿烂的古代文明，留下了丰富的历史遗迹和文物。

遗产区保护范围：4363.79655公顷，缓冲区保护范围：14142.4404公顷。

附图1-33　澳门历史城区

31. 澳门历史城区

2005年7月15日列入文化遗产，列入标准：Ⅱ、Ⅲ、Ⅳ、Ⅵ。

“澳门历史城区”（附图1-33）是联结相邻的众多广场空间及20多处历史建筑，以旧城区为核心的历史街区，覆盖范围包括妈阁庙前地、亚婆井前地、岗顶前地、议事亭前地、大堂前地、板樟堂前地、耶稣会纪念广场、白鸽巢前地等多个广场空间，以及妈阁庙、港务局大楼、郑家大屋、圣老楞佐教堂、圣若瑟修院及圣堂、岗顶剧院、何东图书馆、圣奥斯定教堂、民政总署大楼、三街会馆（关帝庙）、仁慈堂大楼、大堂（主教座堂）、卢家大屋、玫瑰堂、大三巴牌坊、哪吒庙、旧城墙遗址、大炮台、圣安多尼教堂、东方基金会会址、基督教坟场、东望洋炮台（含东望洋灯塔及圣母雪地殿圣堂）等20多处历史建筑。

遗产区保护范围：16.1678公顷，缓冲区保护范围：106.791公顷。

附图1-34　安阳殷墟

32. 殷墟

2006年7月13日列入文化遗产，列入标准：Ⅱ、Ⅲ、Ⅳ、Ⅵ。

河南安阳商代遗址又名殷墟（附图1-34），占地约24平方千米，位于河南省安阳市区西北小屯村一带，距今已有3300多年历史。殷墟是闻名中外的中国商代晚期都城遗址，是中国历史上有文献可考、并为甲骨文和考古发掘所证实的最早的古代都城遗址。

遗产区保护范围：414 公顷，缓冲区保护范围：720 公顷。

33. 四川大熊猫栖息地

2006 年 7 月列入自然遗产，列入标准：X。

四川大熊猫栖息地（附图 1–35）世界自然遗产包括卧龙、四姑娘山、夹金山脉，面积达 9245 平方千米，涵盖成都、阿坝、雅安、甘孜 4 个市州 12 个县。这里生活着全世界 30% 以上的野生大熊猫，是全球最大、最完整的大熊猫栖息地，也是全球除热带雨林以外植物种类最丰富的区域之一。它曾被世界自然保护联盟选定为全球 25 个生物多样性热点之一，被全球环境保护组织确定为全球 200 个生态区之一。

附图 1–35　四川大熊猫栖息地

遗产区保护范围：924500 公顷。

34. 中国南方喀斯特

2007 年 6 月 27 日 / 2014 年 6 月 22 日列入自然遗产，列入标准：Ⅶ、Ⅷ。

喀斯特地貌由云南石林的剑状、柱状和塔状喀斯特、贵州荔波的森林喀斯特、重庆武隆的以天生桥、地缝、天洞为代表的立体喀斯特共同组成，形成于 50 万年至 3 亿年间，总面积达 1460 平方千米，其中提名地（核心区）面积约 480 平方千米，缓冲区面积 980 平方千米。

2014 年，广西桂林（附图 1–36）、重庆金佛山、广西环江、贵州施秉的喀斯特地貌作为拓展项目列入。

附图 1–36　南方喀斯特增补项目：桂林漓江

遗产区保护范围：97125 公顷，缓

冲区保护范围：176228 公顷。

35. 开平碉楼及古村落

2007 年 6 月 28 日列入文化遗产，列入标准：Ⅱ、Ⅲ、Ⅳ。

附图 1–37　开平雕楼

开平碉楼（附图 1–37）位于广东省开平市，是中国乡土建筑的一个特殊类型，是一种集防卫、居住和中西建筑艺术于一体的多层塔楼式建筑。根据现存实证，开平碉楼最迟在明代后期（16 世纪）已经产生，到 19 世纪末 20 世纪初发展成为表现中国华侨历史、社会形态与文化传统的一种独具特色的群体建筑形象。

遗产区保护范围：371.948 公顷，缓冲区保护范围：2738.052 公顷。

36. 福建土楼

2008 年 7 月 7 日列入文化遗产，列入标准：Ⅲ、Ⅳ、Ⅴ。

福建土楼（附图 1–38）主要分布于龙岩市永定区，漳州市南靖县、华安县。永定土楼位于龙岩市，是世界上独一无二的神奇的山区民居建筑，是中国古建筑的一朵奇葩。它历史悠久、风格独特、规模宏大、结构精巧，分方形和圆形两种。土楼文化根植于东方血缘伦理关系，是聚族而居传统文化的历史见证，体现了世界上独一无二的大型生土夯筑的建筑艺术成就，具有“普遍而杰出的价值”。它被列入文化遗产列入标准的福建土楼包括了初溪、洪坑、高北、田螺坑、河坑和大地土楼群，以及衍香楼、振幅楼、怀远楼和和贵楼 4 座代表性土楼。

附图 1–38　福建土楼

遗产区保护范围：152.65 公顷，缓冲区保护范围：934.59 公顷。

37. 三清山国家公园

2008 年 7 月 8 日列入自然遗产，列入标准：Ⅶ。

三清山（附图 1–39）位于江西上饶东北部，古有“天下无双福地”、“江南第一仙峰”之称，因玉京、玉虚、玉华三座山峰高耸入云，宛如道教玉清、上清、太清三个最高境界而得名。三清山东险西奇、北秀南绝，四季景色绮丽秀美，有着其独特的花岗岩石柱与山峰，丰富的花岗岩造型石与多种植被、远近变化的景观及震撼人心的气候奇观相结合，创造了世界上独一无二的景观美学效果，呈现了引人入胜的自然美。景区边界合理，有效地保护了景观的自然性和维护景观品质所必需的区域。

附图 1–39　三清山国家公园

遗产区保护范围：22950 公顷，缓冲区保护范围：16850 公顷。

38. 五台山

2009 年 6 月 26 日列入文化景观遗产，列入标准：Ⅱ、Ⅲ、Ⅳ、Ⅵ。

五台山（附图 1–40）地处山西省五台县东北部，由东、南、西、北、中五座山峰环绕而成，五峰耸峙，高出云表，顶无林木，平坦宽阔，犹如垒土之台，故名五台山。五台山自东汉永平十一年（公元 68 年）开始建庙，至今历时近 2000 年，形成了国内唯一的一处由青庙（汉传佛教）、黄庙（藏传佛教）并居一山共同讲经说法的道场，被誉为中国佛教的缩影、世界著名的佛教圣地。五台山迄今仍保存着北魏以来 7 个朝代的寺庙建筑 47 处，荟萃了 7 个朝代的彩塑、5 个朝代的壁画，以及堪称典范的古建艺术。中国山西五台山于 2009 年 6 月 26 日在西班牙塞维利亚举行的第 33 届世界遗产大会上被正式列入《世界遗产名录》。

附图 1–40　五台山

遗产区保护范围：469 公顷，缓冲区保护范围：975 公顷。

39. 郑州天地之中历史建筑群

附图 1-41　天地之中之嵩岳寺塔

2010 年 8 月 1 日列入文化遗产，列入标准：Ⅲ、Ⅳ。

郑州“天地之中”历史建筑群，共有 8 处、11 项建筑，分布于河南省郑州市登封市区周围，包括少林寺建筑群（常住院、初祖庵、塔林）、东汉三阙（太室阙、少室阙、启母阙）和中岳庙、嵩岳寺塔（附图 1-41）、会善寺、嵩阳书院、观星台。“天地之中”历史建筑群历经汉、魏、唐、宋、元、明、清，是中国时代跨度最长、建筑种类最多、文化内涵最丰富的古代建筑群。在 2010 年 8 月 1 日举办的第 34 届世界遗产大会上，“天地之中”历史建筑群正式成为世界文化遗产。

遗产区保护范围：825 公顷，缓冲区保护范围：14940 公顷。

40. 中国丹霞

2010 年 8 月 1 日列入自然遗产，列入标准：Ⅶ、Ⅷ。

2010 年 8 月 1 日，联合国世界遗产委员会（WHC）在第 34 届世界遗产大会上一致通过湖南崀山、广东丹霞山、福建泰宁、贵州赤水、江西龙虎山、浙江江郎山“捆绑”申报的“中国丹霞”列为世界自然遗产。至此，中国的世界遗产地数量已增加到 40 个。“中国丹霞”是中国境内由陆相红色砂砾岩在内生力量（包括隆起）和外来力量（包括风化和侵蚀）共同作用下形成的各种地貌景观的总称。这一遗产包括中国西南部亚热带地区的 6 处遗址。它们的共同特点是壮观的红色悬崖以及一系列侵蚀地貌，包括雄伟的天然岩柱、岩塔、沟壑、峡谷和瀑布等，如附图 1-42 所示。

附图 1-42　中国丹霞地貌

遗产区保护范围：82151 公顷，缓冲区保护范围：136206 公顷。

41. 杭州西湖文化景观

2011 年 6 月 24 日列入文化景观遗产，列入标准：Ⅱ、Ⅲ、Ⅳ。

附图 1–43 西湖

2011 年 6 月 24 日，于巴黎举行的世界遗产委员会第 35 次大会上，“中国杭州西湖文化景观”（附图 1–43）被列入新的世界遗产名录。杭州西湖文化景观肇始于 9 世纪，成型于 13 世纪，兴盛于 18 世纪，是中国历代文化精英秉承“天人合一”哲理，在深厚的中国古典文学、绘画美学、造园艺术和技巧传统背景下，持续性创造的“中国山水美学”景观设计的最经典作品。

遗产区保护范围：3322.88 公顷，缓冲区保护范围：7270.31 公顷。

42. 元上都遗址

2012 年 6 月 29 日列入文化遗产，列入标准：Ⅱ、Ⅲ、Ⅳ、Ⅵ。

附图 1–44 元上都遗址

2012 年 6 月 29 日，第 36 届世界遗产委员会会议讨论并通过将中国元上都遗址（附图 1–44）列入《世界遗产名录》。元上都遗址属全国重点文物保护单位，是中国元代都城遗址，位于内蒙古自治区锡林郭勒盟正蓝旗旗政府所在地东北约 20 千米处、闪电河北岸。由我国北方游牧民族创建的这座草原都城，被认定是中原农耕文化与草原游牧文化奇妙结合的产物，史学家称誉它可与意大利古城庞贝媲美。

遗产区保护范围：25131.27 公顷，缓冲区保护范围：150721.96 公顷。

43. 澄江化石遗址

2012 年 7 月 1 日列入自然遗产，列入标准：Ⅷ。

澄江化石地（Chengjiang biota ）（附图 1–45）位于我国云南澄江帽天山附近，

附图 1-45　澄江化石遗址

是保存完整的寒武纪早期古生物化石群。它生动地再现了 5.3 亿年前海洋生命的多种多样和现生动物的原始特征，为研究地球早期延续时间为 5370 万年的生命起源、演化、生态等理论提供了珍贵证据，澄江生物群的研究和发现，不仅为寒武纪生命大爆发这一非线性突发性演化提供了科学事实，同时对达尔文渐变式进化理论产生了重大的挑战。澄江生物群共涵盖 16 个门类、200 余个物种化石（截至 2012 年）。2012 年 7 月 1 日，澄江化石地正式列入《世界遗产名录》。

遗产区保护范围：512 公顷，缓冲区保护范围：220 公顷。

44. 新疆天山

2013 年 6 月 21 日列入自然遗产，列入标准：Ⅶ、Ⅸ。

天山（附图 1-46）自然遗产项目由博格达峰、巴音布鲁克、喀拉峻 - 库尔德宁、托木尔峰 4 部分组成。其中天山天池位于乌鲁木齐东北 100 千米，博格达峰北坡山腰。

附图 1-46　天山

湖面海拔 1910 米，南北长 3.5 千米，东西宽 0.8 ~ 1.5 千米，最深处 103 公尺。湖滨云杉环绕，雪峰辉映，非常壮观，为著名避暑和旅游地。天池成因有古冰蚀、终碛堰塞湖和山崩、滑坡堰塞湖两说。由天池流出的三工河为山麓阜康县农牧业主要灌溉水源。天山天池风景区以高山湖泊为中心，雪峰倒映，云杉环拥，碧水似镜，风光如画。于第 37 届世界遗产大会成功入选世界自然遗产。

遗产保护范围：606833 公顷，缓冲区保护范围：491103 公顷。

45. 红河哈尼梯田文化景观

2013 年 6 月 22 日列入文化景观遗产，列入标准：Ⅲ、Ⅴ。

红河哈尼梯田（附图 1-47）位于云南省元阳县的哀牢山南部，是哈尼族人世世代代留下的杰作。元阳哈尼族开垦的梯田随山势地形变化，因地制宜，坡缓地大则开垦大田，坡陡地小则开垦小田，甚至沟边坎下石隙也开田，因而梯田大者有数亩，小者仅有簸箕大，往往一坡就有成千上万亩。元阳梯田规模宏大，气势磅礴，绵延整个红河南岸的红河、元阳、绿春及金平等县，仅元阳县境内就有 17 万亩梯田，是红河哈尼梯田的核心区。

附图 1-47　红河哈尼梯田

遗产区保护范围：166.03 公顷，缓冲区保护范围：295.01 公顷。

46. 大运河

2014 年 6 月 22 日列入文化遗产，列入标准：Ⅰ、Ⅲ、Ⅳ、Ⅵ。

中国大运河（附图 1-48）是中国东部平原上的伟大工程，是中国古代劳动人民创造的一项伟大的水利建筑，作为世界上最长的运河，也是世界上开凿最早、规模最大的运河。中国大运河是世界上唯一一个为确保粮食运输安全，以达到稳定政权、维持帝国统一的目的，由国家投资开凿和管理的巨大工程体系。它包括隋唐运河、浙东运河和京杭运河三条河，地跨 8 个省级行政区，沟通长江、黄河、淮河、海河、钱塘江五大水系，全长 3200 千米，列入世界遗产河段 1011 千米。

附图 1-48　中国大运河

遗产区保护范围：20819.11 公顷，缓冲区保护范围：53320 公顷。

47. 丝绸之路：长安—天山廊道的路网

2014 年 6 月 22 日列入文化遗产，列入标准：Ⅱ、Ⅲ、Ⅳ、Ⅵ。

由中国与哈萨克斯坦、吉尔吉斯斯坦三国联合申报的丝绸之路，成功申报世界文化遗产，成为我国首例与外国合作、成功申遗的项目。丝绸之路（附图 1-49）横跨欧

附图 1–49　丝绸之路之西安大雁塔

亚大陆，申遗部分 22 个遗产点在中国，包括各帝国都城、宫殿群、佛教石窟寺等。本项目全长 5000 千米，从长安到中亚的七河地区，涉及 3 个国家一共 33 个申遗点，其中中国是 4 个省共 22 个申遗点。

此遗产是一个 5000 千米段广泛的丝绸之路的网络，从长安到中亚及西亚、欧洲。丝绸之路在公元前 2 世纪和公元 1 世纪之间形成，并一直使用到 6 世纪，连接多种文明，促进了贸易，宗教信仰，科学知识，技术创新、文化习俗和艺术方面的交流。此线段遗产由 33 个遗产点组成，其中包括省会城市和各帝国和汗王国，宫殿群、贸易结算，佛教石窟寺、古道、驿站、传递、烽火台段长城，防御工事，陵墓和宗教建筑。

中国：

——陕西省　汉长安城未央宫遗址、张骞墓、唐长安城大明宫遗址、大雁塔、小雁塔、兴教寺塔、彬县大佛寺石窟。

——甘肃省　玉门关遗址、悬泉置遗址、麦积山石窟、炳灵寺石窟、锁阳城遗址。

——新疆维吾尔自治区　高昌故城、交河故城、克孜尔尕哈峰燧、克孜尔石窟、苏巴什佛寺遗址、北庭故城遗址。

——河南省　汉魏洛阳城遗址、隋唐洛阳城定鼎门遗址、新安汉函谷关遗址、崤函古道石壕段遗址。

哈萨克斯坦：

——阿拉木图州　开阿利克遗址、塔尔加尔遗址、卡拉摩尔根遗址。

——江布尔州　阿克托贝遗址、库兰遗址、奥尔内克遗址、阿克亚塔斯遗址、科斯托比遗址。

吉尔吉斯斯坦：

——楚河州　碎叶城阿克·贝希姆遗址、巴拉沙衮城布拉纳遗址、新城科拉斯纳亚·瑞希卡遗址。

中国遗产区保护范围：611.09 公顷，缓冲区保护范围：5422.02 公顷。

哈萨克斯坦遗产区保护范围：85.2 公顷，缓冲区保护范围：146.1 公顷。

吉尔吉斯斯坦遗产区保护范围：37.78 公顷，缓冲区保护范围：1360 公顷。

48. 土司遗址

2015 年 7 月 4 日列入文化遗产，列入标准：Ⅱ、Ⅲ。

土司遗址（附图 1–50）位于中国西南山区，包括一系列部落领地。这些领地的首领被中央政府任命为“土司”，是这里 13 世纪至 20 世纪世袭的统治者。土司制度起源于公元前 3 世纪少数民族地区的王朝统治体系。其目的是既保证国家统一的集权管理，又保留少数民族的生活和风俗习惯。湖南老司城，湖北唐崖和贵州海龙屯均属于这片遗址。土司遗址是中华文明在元、明两代发展出的这种统治制度的特殊见证。

附图 1–50　土司遗址

湖南永顺老司城遗址位于湖南省湘西土家族苗族自治州永顺县，是湖广地区土司体系中的最高职级机构——宣慰司的治所遗址，永顺宣慰司土司为彭氏家族，属民以土家族为主。

遗产区保护范围：534.24 公顷，缓冲区保护范围：1023.93 公顷。

贵州播州海龙屯遗址位于贵州省遵义市汇川区，是播州宣慰司杨氏土司专用的山地防御城堡的遗址，与播州宣慰司治所穆家川土司城配合使用，是战争时期播州土司的行政中心，属民以仡佬族、苗族为主。

遗产区保护范围：160.42 公顷，缓冲区保护范围：1127.79 公顷。

湖北唐崖土司城遗址位于湖北省恩施土家族苗族自治州咸丰县，是湖广地区土司体系中较低的职级机构——长官司的治所遗址，唐崖长官司土司为覃氏家族，属民以土家族为主。

遗产区保护范围：86.62 公顷，缓冲区保护范围：973.61 公顷。

49. 左江花山岩画文化景观

2016 年 7 月 15 日列入文化景观遗产，列入标准：Ⅲ、Ⅵ。

左江花山岩画文化景观（附图 1–51）位于陡峭的悬崖，在中国西南边境地区的广西壮族自治区崇左市宁明县、龙州县、江州区及扶绥县境内，由岩画密集分布的最具代表性的3个文化景观区域组成，包含38个岩画点（共107处岩画，3816个图像），岩画所在的山体和对面的台地，以及长约105千米的左江、明江河段，面积总计6112公顷。

附图1-51　花山岩画

左江花山岩画文化景观展现出独特的景观和岩石艺术，生动地表现出公元前5世纪至公元2世纪期间，当地古骆越人在左江沿岸一带的精神生活和社会生活。这是目前对该传统的唯一见证，左江花山岩画中的铜鼓及相关元素与当地铜鼓文化直接相关，见证了该区域广泛兴盛的文化特色。

遗产区保护范围：6621.6公顷，缓冲区保护范围：12149.01公顷。

50. 湖北神农架

2016年7月17日列入自然遗产，列入标准：IX、X。

湖北神农架世界自然遗产（附图1-52）占地面积73318公顷，分为西部的神农顶/巴东片区和东部的老君山片区，有11种植被类型，拥有世界上最完整的垂直自然带谱。

附图1-52　湖北神农架

神农架地区是中国种子植物特有属三大分布中心之一，独特的地理过渡带区塑造了其丰富的生物多样性、独特的生态系统和生物演化过程。神农架植物多样性地区弥补了世界遗产名录中的空白，同时为大量珍稀和濒危动物物种保留了关键的生态系统。遗产地内有许多珍稀濒危物种，如川金丝猴湖北亚种、金钱豹、金猫、豺、黑熊、麂、中华鬣羚、金雕、白冠长尾雉和世界上最大的两栖动物大鲵等。

神农架一直是科研热点地区，在植物学研究史上有重要意义，19 世纪至 20 世纪一些著名的国际植物学专家在本地区开展了植物采集活动，1884—1889 年，本地区新纪录物种超过 500 个，神农架还是许多物种的模式标本采集地。

神农顶片区遗产区保护范围：62851 公顷，缓冲区保护范围：41536 公顷。

老君山片区遗产区保护范围：10467 公顷。

51. 青海可可西里

2017 年 7 月 7 日列入自然遗产，列入标准：Ⅶ、Ⅹ。

波兰当地时间 2017 年 7 月 7 日下午 13 时，在波兰克拉科夫举行的第 41 届世界遗产大会上，青海可可西里（附图 1–53）经世界遗产委员会一致同意，获准列入《世界遗产名录》，成为中国第 51 处世界遗产，也是我国面积最大的世界自然遗产地。

青海可可西里位于青藏高原的东北角，被称为世界“第三极”。提名地囊括了位于海拔 4500 米以上的大面积的高山和草原系统。可可西里为寒冷的高原气候，在不间断的地质变迁中，在青藏高原上形成了独特的自然环境。可可西里区域内拥有青藏高原上最密集的湖泊，以及极其多样的湖泊盆地和高海拔内湖湖泊地形。

附图 1–53　青海可可西里

可可西里独特的地理和气候条件孕育了独特的生物多样性，是大量高原特有动植物的重要庇护所。可可西里是濒危野生动物藏羚羊种群的主要产犊地，维系着其至关重要的迁徙规律。本次提名的区域内包含一条从三江源到可可西里的完整的迁徙路线，是迄今已知的藏羚羊所有迁徙路线中保护最好的路线。

遗产区保护范围：370 万公顷，缓冲区保护范围：230 万公顷。

52. 鼓浪屿：历史国际社区

2017 年 7 月 9 日列入文化遗产，列入标准：Ⅱ、Ⅳ。

国际古迹遗址理事会认为，鼓浪屿展现了在亚洲全球化早期多种价值观的碰撞、

附图 1-54　鼓浪屿

互动和融合，其建筑特色与风格体现了中国、东南亚及欧洲在建筑、传统和文化价值观上的交融。这种交融的产生得益于岛上居住的外国人和归国华侨的多元性，并因此形成一种全新的建筑风格——厦门装饰风格。这一风格不仅在鼓浪屿发展，还影响到广大东南亚沿海地区及更远的地区。

鼓浪屿世界文化遗产地（附图 1–54）范围包括鼓浪屿全岛及其近岸水域，总面积 316.2 公顷；鼓浪屿缓冲区涵盖邻近的大屿和猴屿两座海岛，并一直延伸到厦门岛海岸线，总面积 886 公顷。鼓浪屿岛上现留存有 931 座展现不同时期、风格多样的历史建筑及园林、自然有机的历史道路网络以及内涵丰富的自然景观，体现了现代人居理念与当地传统文化的融合。

遗产区保护范围：316.2 公顷，缓冲区保护范围：886 公顷。

53. 梵净山

2018 年 7 月 2 日列入自然遗产，列入标准：X。

附图 1-55　贵州梵净山

梵净山（附图 1–55）位于武陵山脉的贵州省（中国西南部），海拔在 500 ~ 2570 米之间，有利于形成高度多样化的植被和生物。它是喀斯特岩石海洋中的一个变质岩，是许多植物和动物物种的家园，起源于第三纪，大约 6500 万至 200 万年前。这个地方的隔绝导致了高度的生物多样性和特有物种的存在，例如，扇景山冷杉（梵净山冷杉）和贵州金丝猴（黔金丝猴），以及中国大鲵、森林麝鹿（林麝）和野鸡（白冠长尾雉）。梵净山上有亚热带地区最大、最毗连的原始毛榉林林区。

遗产区保护范围：40275 公顷，缓冲区保护范围：37239 公顷。

注：列入标准是文化遗产中的 6 条和自然遗产中的 4 条相加编号的。

附录二 世界水利水运遗产介绍及与中国大运河的对比分析

一、世界水利水运遗产介绍

目前，已列入世界遗产名录（包括预备名录）的水利与水运遗产总共有 12 处，其中已列入世界遗产的有法国米迪运河、比利时中央运河、阿曼的阿夫拉贾灌溉体系、加拿大的里多运河、英国的旁特斯沃泰水道桥与运河、伊朗的舒希达历史水利系统、荷兰阿姆斯特丹的 17 世纪运河环形区域、墨西哥的腾布里克神父水道桥水利系统以及中国的大运河。下面摘要介绍世界其他水利水运遗产。

（一）法国米迪运河

米迪运河（附图 2–1）总长 360 千米，各类船只通过运河在地中海和大西洋间穿梭往来，整个航运水系涵盖了船闸、沟渠、桥梁、隧道等 328 个大小不等的人工建筑，创造了世界现代史上最辉煌的土木工程奇迹。运河建于 1667—1694 年之间，为工业革命开辟了道路。运河设计师皮埃尔 - 保罗 • 德里凯（Pierre-Paul Riquet，1604—1680 年）在设计上独具匠心，使运河与周边环境融为了一体，实现了技术上的突破，堪称建筑佳作。

附图 2–1　米迪运河

1666 年 10 月，法国国王路易十四授权皮埃尔 - 保罗 • 德里凯建设后来成为 17 世纪最宏大的土木工程项目之一的米迪运河。建造布里亚尔运河（1642 年）时，船闸技术及高海拔直水道的运用已臻完美。仅仅几十年后建造的米迪运河，其目的是连通大西洋和地中海，“通过避开直布罗陀海峡、海盗和西班牙国王的船队，促进贸易的繁荣”，并“大大提高朗格多克省和吉耶纳省的优势”。该运河有时被称作朗格多克运河或双海运河。

（二）比利时拉卢维耶尔和勒罗尔克斯中央运河

拉卢维耶尔和勒罗尔克斯的中央运河（附图 2–2）上的 4 座升船机及其周边设施，位于比利时西南部埃诺省拉卢维耶尔镇，1998 年作为文化遗产列入《世界遗产名录》。世界遗产委员会描述：在古老的中央运河这一小段上，有 4 座液压升船机，是终极水平的工业杰作，加上运河本身及其附属设施，构成了一幅 19 世纪末的工业全景图，保存十分完好。19 世纪末 20 世纪初共有 8 座液压升船机，但是只有在中央运河上的这 4 座仍然保持着原始工作形态。在连接默兹河与斯海尔德河流域的中央运河一段 7 千米的河道中，水平面抬高了 66.2 米。为了克服此高差，位于胡顿戈尼的 15.4 米的升船机于 1888 年投入运行，而其他 3 座各提升 16.93 米的升船机于 1917 年投入运行。如高速公路般被高高架起的运河水道，将法国与德国联系在一起，使得比利时成为欧洲大陆的水运要塞。

在比利时，运河就像高速公路一样四面延伸。100 年前建造的中央运河则是比利时的大动脉。大型货船曾在这里来来往往，把煤炭运到欧洲。

中央运河连接着比利时东西向的两条大河。挡在运河中央的是一座高 67 米的山丘。为了翻越山丘，人们建造了 4 个升船机来使船舶通过这 7 千米的水道。在这么短的距离里提升了 66.2 米高的运河即使在全世界也很少见。这个工程历时 35 年才得以完工。

船机在河道中间设有一个蓄满水的池子，一关上门，船就漂浮在水池里了，然后整只船上升，这就是 19 世纪末开发出来的水力式升船机。升船机 20 分钟就可以把船带到 17 米高的河道上。当时人们在中央运河里连续设置了 4 座这样的升船机，船只这才能翻越山丘。令人惊讶的是升船机完全不使用电力，全靠水力运作。水力升船机的构造其实很简单。船一进入下面的水池，关闭闸门，另一个上面的水池就增加水量，并最终让上面水池的重量大于下面水池的重量。因为两个水池就像天平一样连动在一起，因此重的水池就会向下沉，载有船舶的水池就会上升。只需要调节水池的水量，就能控制水池的上下移动，真是 100 年前技术的精髓。升船机水池的宽度和

附图 2–2　比利时拉卢维耶尔和勒罗尔克斯中央运河

当时主流的300吨级货船完全吻合，使得船舶随水池上下移动时不会摆动。水闸的开关也完全不使用电力，升船机旁边的一个设施可以利用从运河引来的水力作为开关水闸的动力。如此庞大的机器只是用大自然的力量，真可谓是环保的先驱。这些升船机由英国公司 Clark，Stansfield & Clark 的埃德文•克拉克设计。这些升船机是位于加拿大的彼得伯勒提升式闸门和科克菲尔德提升式闸门背后的灵感来源的一部分。在19世纪晚期，理查德•伯兹奥尔•罗杰斯参观了上述升船机以理解并研究提升式闸门系统的可实现的构想。它们是世界上最后一批从建造开始一直运转至今的升船机。

在19世纪末20世纪初所建的8座水力升船机中，仅有中央运河上的这4座仍和刚建造好时一样运行着。80年（最早的已有109年）以来，4座颇为壮观的升船机用巨大的身躯保证了商业和旅游业船舶的航行。

2002年起，这些升船机的运行已被限制为娱乐用。贸易运输如今绕过这些老升船机而由超凡的斯特勒比•布拉克里升船机处理，后者73米的抬升量在其完工时是世界上最高的，这一纪录一直保持到中国的三峡大坝上能抬升113米的升船机建成启用。

在2002年1月的一场事故（在该事故中一个有故障的升船机在一条机动驳船存在的情况下开始抬升）之后，1号升船机不再服役。在自2005年开始的修理工作期间，一个彻底的修复被进行。1号和4号升船机的修复工作在2008年仍在进行。

（三）阿曼的阿夫拉贾灌溉体系

这处世界遗产包含了5个阿夫拉贾（Aflaj）灌溉体系，同时也是3000个在阿曼仍然使用中的灌溉系统的典型代表（附图2–3）。这种灌溉系统的由来可以追溯到公元500年左右，但是从考古学上的证据来看，这个应用在极端干燥地区的灌溉系统应该早在公元前2500年就已经存在。Aflaj 是 falai 的复数形式，在传统阿拉伯语中的意思是公平地划分珍贵的稀有资源，以确保能永续性地维持这种灌溉系统的特征。在水资源方面则是利用重力，从地底或涌出的山泉中将水导出，用来供应家庭用水以及农业灌溉所需，这种灌溉系统通常能供应数千米的距离。至于村落及城镇间如何公平且有效地管理及分配水资源的机制，至今依然建立在彼此间的信赖和公共利益上，并且通过大量的观测数据来引导。同时

附图2–3 阿夫拉贾灌溉系统

这里建造了为数众多的瞭望台来保护水资源系统，从列入遗产的某些部分可反映出社区对阿夫拉贾体系的历史性依赖。其他被包含在该遗迹的建筑还有清真寺、房屋、日晷以及拍卖水的大楼。由于受到地下水水层持续下降的威胁，阿夫拉贾灌溉系统代表一种被保护得极好的土地使用形式。

（四）加拿大里多运河

附图 2-4　加拿大里多运河

加拿大里多运河（附图 2-4）是建于 19 世纪初的一条运河，包含了里多河和卡坦拉基河（Cataraqui）长达 202 千米的河段，北起渥太华，南接安大略湖金斯顿港。在英美两国争相控制这一区域之际，为战略军事目的开凿了这条运河。里多运河是首批专为蒸汽船设计的运河之一，防御工事群是它的另一个特色。1826 年，在运河建造初期，英国人采用“静水”技术，避免了大量挖掘工作，并建立了一连串的水库和 47 座大型水闸，将水位抬高到适航深度。这是北美保存最完好的静水运河，表明当时北美已大规模使用这项欧洲技术，是唯一一条始建于 19 世纪初北美大规模兴建运河时代，流经途径至今保持不变，且绝大多数原始构造完好无损的运河。运河上建有 6 座“碉堡”和 1 座要塞，后来又在多个闸站增建防御性闸门和管理员值班室。在 1846—1848 年，为加固金斯顿港口的防御工事建造了 4 个圆形石堡。里多运河见证了为控制北美大陆发起的战争，具有重要的历史价值。

附图 2-5　旁特斯沃泰水道桥与运河

（五）英国的旁特斯沃泰水道桥与运河

旁特斯沃泰水道桥与运河（附图 2-5）位于英国威尔士的东北部，总长 18 千米，是工业革命土木工程技艺的典范，完成于 19 世纪初。由于运河横跨各种不同地形，因此需要建造技术出色而大胆，甚至不用闸门。水道桥为泰尔福德所设计，为土木工程与金属建筑划时代之创举，其使用生铁与锻铁强化弧形结构，重量轻但坚固。旁特斯沃泰水道桥与运河被誉为天才创意经典作品，显示出欧洲已经获得的综合专业知识，并启发了全球无数土木工程的设计。

（六）伊朗的舒希达历史水利系统

舒希达历史水利系统（附图 2–6）位于伊朗西部的胡齐斯坦省，是一个杰作，其历史可追溯到大流士大帝所在的公元前 5 世纪。它是一个多功能、大规模的水利工程，建于 3 世纪，可能是在公元前 5 世纪的老基地上重新建立的。舒希达历史水利系统在土木工程结构以及多样性用途（城市供水、磨坊、灌溉、内河运输、防御系统）方面出类拔萃，是早期依拉密特人与美索不达米亚人专有技术的结合。

该系统包括克鲁恩河上的两条主引水渠，其中一条名为伽格大运河，目前仍在使用，通过一系列向磨坊供水的地道向舒希达市供水。该系统通过一个高耸的崖壁使水流倾盆而下进入下流盆地，随后进入位于该市南部的平原，那里有着超过 4 万公顷的果园和农场，被称为 Mianab（天堂之地）。该遗产包括许多名胜，如整个水利系统的运作中心、水平面测量塔、大坝、桥梁、盆地和磨坊。

舒希达历史水利系统建于萨珊王朝时期（224—651 年），其中又以萨珊国王夏普尔一世（SHAPUR，241—272 年在位）建树最多。舒希达历史水利系统中有一座长达 550 米的水坝，现称为凯撒（CAESAR）桥，为罗马战俘所修建。19 世纪时，因水坝已不堪使用，导致当地农业衰退，重要性也不可同日而语。直到 1973 年，巴勒维王朝开始实施一连串振兴当地经济的计划，在克鲁恩河的另一侧兴建一座卫星城市，提供该地从事制糖业及加工制造的雇员住所，还包含了商店、清真寺、学校、车站以及休闲设施等，一应俱全，犹如一座新城镇，人们称之为舒希达新城。

舒希达历史水利系统设计精妙，不仅能满足当地居民的用水需要，还能灌溉农田，防旱防涝。运河的修建也疏通了全国几条重要的河流。该遗址见证了依拉密特人和美索不达米亚人的聪明才智。

附图 2–6 舒希达历史水利系统

（七）荷兰阿姆斯特丹运河区

阿姆斯特丹运河区（附图 2–7）作为一个历史市区是 16 世纪末至 17 世纪的一项新“港口城市”规划的结果。这一运河网络位于历史市镇及中世纪市镇的西面和南面，它们围绕着老城区，沿着防御边界向内延伸，直至辛厄尔运河。运河网络的修建是一个长期过程，主要任务是通过运河来排干同心弧形沼泽地，并填平中间的空地来扩大城市空间。这些新的空间可以用来统一发展建造商业房屋与大量的纪念性建筑。阿姆斯特丹的城市扩张是这一历史时期同类发展中规模最大，同时也是最均衡的。这一历史市区也是大规模城市规划的一个范例，直到 19 世纪，它仍旧为世界各地所参考。

附图 2–7　荷兰阿姆斯特丹运河

（八）美国伊利运河

伊利运河（附图 2–8）曾是美国东海岸与西部内陆地区快捷的运输通道，西起伊利湖畔的布法罗，东至哈德逊河岸的奥尔巴尼，绵延 500 余千米。经该运河南下哈德逊河后，即可畅达纽约港，使纽约与五大湖的水运系统连为整体。

伊利运河在 1825 年竣工，当时开凿的缘由就是阿巴拉契亚山脉的地理阻隔有碍美国东西部的整合。将运河选址在纽约州，是因为阿巴拉契亚山脉在纽约州部分的海拔相对较低，宽度相对狭窄，且史前冰川的退却使该地遗留了面积可观的谷地和众多侵蚀性湖泊，这些都是运河开凿的地理优势。运河开凿的最大受益者当属纽约市，西部传统农业区域自此与以纽约为代表的商业重镇之间建立了便捷的运输渠道，美国东西部间的联结不再受天然鸿沟的阻隔。呈几何级运输至东部沿海的农产品亦促使纽约港口迅猛发展，而输往西部的工业制成品也大多经纽约转运，所以伊利运河的开凿客观上促使纽约逐渐发展为经济和金融中心。附图 2–9 是俄亥俄—伊利运河国家遗产廊道。

世界水利水运遗产概览见附表 2–1。

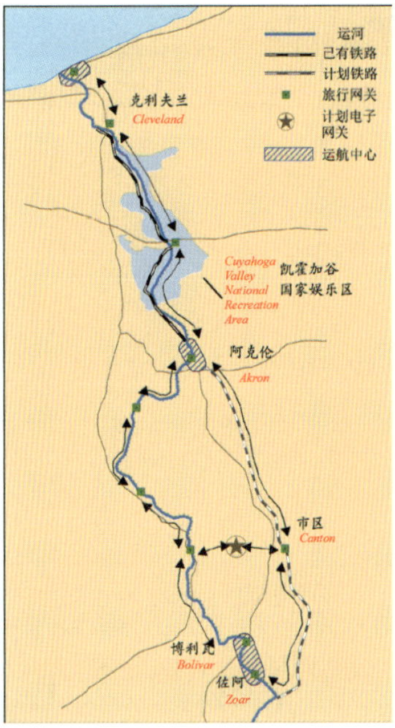

附图 2-8 伊利运河平面图

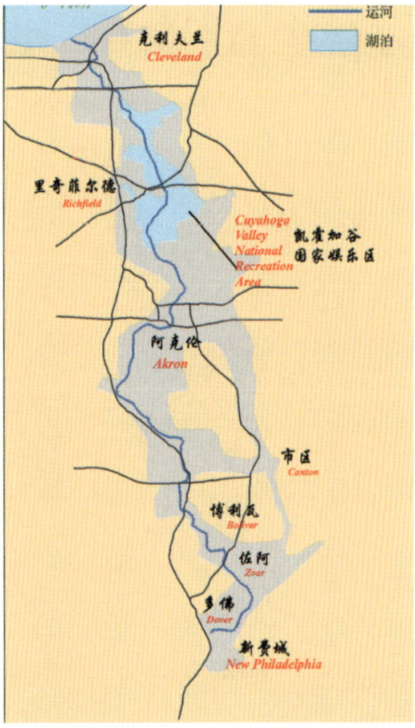

附图 2-9 俄亥俄—伊利运河国家遗产廊道

附表 2-1 世界水利水运遗产一览表

遗产名称	用途与类型	国家	时期	规模长度	列入情况
大运河	运输，联系中国经济与政治中心的主要通道	中国	始建于公元前 5 世纪，第一次大沟通为 7 世纪，沿用至今	申报长度为 1011 千米	2014 年列入，(Ⅰ)(Ⅲ)(Ⅳ)(Ⅵ)
米迪运河	运输，启蒙时代的欧洲典范	法国	17 世纪晚期	申报长度为 360 千米	1996 年列入，(Ⅰ)(Ⅱ)(Ⅳ)(Ⅵ)
中央运河	运输，4 座水力升降机	比利时	19 世纪末、20 世纪初	21 千米	1998 年列入，(Ⅲ)(Ⅳ)
阿夫拉贾灌溉体系（Aflaj Irrigation Systems of Oman）	灌溉	阿曼	未知，长时间演变	申报长度为 30 千米	2006 年列入，(Ⅴ)
里多运河	运输和军事防御，为蒸汽船设计，两个不同文化区域之间的门户	加拿大	19 世纪早期	202 千米	2007 年列入，(Ⅰ)(Ⅳ)
旁特斯沃泰水道桥与运河	丘陵地区的工业运输，金属水道桥（工业革命）	英国	18 世纪末、19 世纪初	全长 18 千米	2009 年列入，(Ⅰ)(Ⅱ)(Ⅳ)

续表

遗产名称	用途与类型	国家	时期	规模长度	列入情况
舒希达历史水利系统	多用途的人工水道，灌溉为主	伊朗	始建于公元前5世纪	申报区内的运河长度约为10千米	2009年列入，（Ⅰ）（Ⅱ）（Ⅳ）
阿姆斯特丹的17世纪运河环形区域	排水、港口，城市运河，启蒙时期的城市乌托邦	荷兰	16世纪末至17世纪初	城区中运河长度约为12～15千米	2010年列入，（Ⅰ）（Ⅱ）（Ⅳ）
奥古斯都运河（The Augustów Canal）	运输，两大河谷之间的门户	波兰和白俄罗斯	19世纪初	101.2千米	列入预备名录，（Ⅰ）（Ⅱ）
戴尔迪克运河（The Canal Del Dique）	运输	哥伦比亚	17世纪中期	118千米	预备名录，（Ⅰ）（Ⅳ）
灵渠	运输、军事	中国	公元前3世纪	36.5千米	预备名录，（Ⅰ）（Ⅳ）（Ⅵ）
伊利运河	运输	美国	19世纪早期	584千米	
卡尔多尼亚运河（Caledonian Canal）	运输	苏格兰	19世纪早期	100千米	
加雅刚加运河（Jaya Ganga）	供水、灌溉	斯里兰卡	5世纪	87千米	
布里基沃特运河（Bridgewater Canal）	运输	英国	18世纪晚期	66千米	
布里亚尔运河（Canal de Briare）	运输	法国	17世纪早期	55千米	
腾布里克神父水道桥水利系统	水资源管理	墨西哥	16世纪	48千米	2015年列入，（Ⅰ）（Ⅱ）（Ⅳ）

二、中国大运河与世界水利水运遗产的对比分析

在《中国大运河申遗文本》中，研究者们对中国大运河与世界其他水利水运遗产进行了对比分析，选取的比较对象主要是列入世界遗产名录和预备名单的运河遗产，以及在国际重要水利与水运遗产研究文献中提到的地区（如南亚地区）所具有的重要案例。按照这一原则，研究者们选取的比较对象主要包括：法国米迪运河、比利时中央运河、阿曼阿夫拉贾灌溉体系、加拿大里多运河、英国旁特斯沃泰水道桥与运河、伊朗舒希达历史水利系统、荷兰阿姆斯特丹的17世纪运河环形区域、波兰和白俄罗斯的奥古斯都运河、哥伦比亚的戴尔迪克运河、中国的灵渠、美国的伊利运河、苏格兰的卡尔多尼亚运河、斯里兰卡加雅刚加运河、英国的布里基沃特运河和法国的布里亚尔运河。

研究者从动因与功能，工程体系与技术成就、历史影响力三个方面，将中国大运

河与世界其他水利水运遗产进行了比较。研究团队认为，中国大运河是由国家统一组织建设、统一管理维护的运河工程，它有其独特的修建动因与功能——漕运，这使其成为人类运河工程史上的独特案例；在工程技术特征上，中国大运河是农业文明时代运河工程的杰出代表，其因地制宜、因势利导的规划思想与适应性、动态性的技术特征具有鲜明的中国文明的典型特征，在系统构成上具有综合性，在单体结构上具有典型性；中国大运河历史上两次大沟通所形成的时空跨度，使其成为人类历史上开创时间较早、沿用时间最久、空间跨度最大的运河，并由此见证了运河工程在文明进程中深刻的影响力。

（一）在动因与功能上，中国大运河是历史悠久的漕运文化传统的直接见证，是世界运河遗产中的独特案例

中国大运河肇始于区域级的物资、军事运输，在中国历史进入统一帝国之后，它便成为在广大国土内调运物资、维系统治的重要手段。大运河一直以来由国家建设、国家管理，大运河所承载的功能——漕运，成为历代王朝共同沿用的制度。正是由于动因与功能的不同，使大运河具有了独特的价值特征，与东西方的运河遗产有着显著不同，成为人类运河遗产的一个独特案例。

中国大运河作为漕运的物质载体，是维持一个农业帝国有序运行的不可替代的命脉，对漕运的坚持，使得大运河得到持续开发。在没有成熟的科学理论支撑的条件下，依赖于经验积累而展开的运河工程体现出长期演进的特征，包括发明、改进、退化、停滞等过程，这些过程在申报遗产过程中有清晰的体现，如清口枢纽遗址，见证了明清两代几百年与黄河抗争的历史。大运河申报遗产，则更为全面地体现了在大运河全线形成之后的1400多年时间里，大运河的工程技术与管理制度持续演进的历史特征。

对漕运的坚持，甚至使中国大运河在与自然的共同作用下大大改变了地貌，在广大的国土范围内形成了新的自然生态环境。海河流域由于大运河自南而北的截断，由过去多条河流直接入海，而成为多条河流汇聚为一条河流入海的扇形结构。大运河与黄河抗争促使了淮河下游两大湖群——南四湖群、洪泽湖群的形成，淮河借运河入长江而入海，这些都与大运河工程的对自然环境的长时期持续人工干预密切相关。

对漕运的坚持，使中国大运河从肇始到发展到衰落，见证了中国封建大一统帝国从形成到鼎盛到衰亡的过程。大运河影响着帝国都城的选址与城市规划，也影响着沿线工商业城镇的兴起、繁荣与衰落。大运河极大地便利了南北不同经济文化区域的联

系与交流，塑造了沿线一代代人“逐水而居，枕水人家”的生活方式，衍生出丰富长久的经济、社会、文化价值。申报遗产生动地体现出大运河不仅是当时社会的文明成果，也是后续时代文明的驱动者。

上述由于动因与功能不同而形成的中国大运河独特的价值特征使大运河不仅与担负工业生产运输任务的欧美运河区别开来，也与人类早期文明时期主要承担输水、灌溉功能的人工运河，如中东、南亚的运河区别开来。大运河由此而具有了不同的技术特征、管理系统与广泛影响，是人类运河工程史上的独特案例。

（二）在工程技术体系与成就方面，中国大运河是农业文明技术体系下运河工程所能达到的巅峰杰作

《世界遗产名录》（包括预备目录）中以及重要文献中提及的水道类（包括完整的水道和水道体系）遗产主要包括水运交通运河和灌溉运河两类，它们虽然有不同的功能，但在水利技术上往往具有共通性。从地区上看，主要分布在欧美、中东、南亚；从开凿、使用和维护的年代上看，欧美的运河案例开凿、运行时间较晚，主要都在17世纪以后，它们代表的是工业革命后形成的工业技术体系成就，中东、南亚灌溉系统和中国的水道系统大约形成于公元前，并且经历了长时间的使用，在技术上不断更新发展，形成了适应当地自然水文环境的相对独立的古代水利技术体系。

1）工业文明时代的运河工程基本技术特点

① 由于蒸汽动力船的普及以及运输船吨位的增加，要求运河水道更深、更宽，同时蒸汽船的速度提升也要求河道形态更直。

② 工业时代又被称为钢铁时代，钢铁逐渐取代了传统自然材料成为运河修建中的重要建材，因此工业时代的运河中出现了以钢铁水道桥、船闸等水工设施，相对于古代水工设施来说，它们构造更为复杂、体量也更大。

③ 近现代西方科学技术知识的发展也为工业运河的水利工程技术奠定了基础，这使得人们有能力使用现代技术来进一步克服自然环境的限制，完成更具难度的水利工程。

④ 体现出较为清晰的技术传播过程。

2）中国/中东/南亚的农业文明时代的运河（灌溉）工程基本技术特点：

① 历时悠久，与以农业为基础的生存方式密切相关，持续使用时间很长，对本区域的文明进程有深刻的影响。

② 农业文明时期的运河（灌溉）工程体现出更多的地方适应性，其用材也更加偏向于竹、木、土砖、石料等。

③ 由于古代文明间的交通并不发达，因此水利技术之间的交流和相互影响并不普遍，因而不同地区间技术的独特性更加明显。

④ 中东与南亚地区的水利工程，多以灌溉工程为主体功能。

3）中国古代水利工程的普遍特点

① 中国的水利工程（包括运河）较之世界上其他地区的技术来说具有特殊性和原创性，这首先是根据中国特殊的气候与水文特点决定的。降雨量在地区、季节之间的分布极不平均，这导致了南方北方地区河流特性的巨大差异，以及自然河流年流量的巨大反差，无论是天然河流的使用还是人工运道的开设，都要注重四季水源的调配问题。在夏季须有防洪工程，并有水库等工程积蓄多余水量，到了旱季，则要注重节水以确保河道流量。

② 水利工程在国家事务中具有极为重要的地位，治水成就是历代帝王最被颂扬的功绩之一，这样的观念甚至可以上溯到传说时代。季风气候带来的洪涝灾害，以及以黄河为代表的中国北方高含沙量河流造成的淤积、溃堤灾害频发，使水利工程的防灾减灾功能变得十分重要，与国计民生息息相关。因此，有史以来，重要水利工程均为国家组织兴建并进行维护。

③ 水利工程技术特征往往与河流治理密切相关，在这个过程中，为了应对每年都要产生的洪水风险，岁修成为一种重要传统；就地取材以进行低成本、常态化的维护，并与工程的应急性质相适宜也成为一种工程技术特色，如夯土、埽工的采用。同时在长期的与洪水斗争的实践中，也总结并验证着中国自古以来的传统哲学观念——因地制宜，因势利导。

4）大运河与工业文明时期的遗产运河相比，代表了人类不同文明时期的工程技术成就

现有世界遗产名录中的运河均为工业革命时期的水利规划与工程技术典范。这些运河都修建于 17 世纪至 19 世纪。由于能源动力和建筑材料的革命性突破，使得建造大型船闸、大坝成为可能。船闸和水库的运用，使运河水路路线缩短。这些运河无疑是工业革命时期留下的伟大工程。

附表 2–2 即展示了世界遗产名录中水利水运遗产的主要功能、主要技术特点等信息。

附表 2-2 世界遗产名录中运河的主要技术特点、功能

名称	所属国家	建造时期	目的与主要功能	主要技术特点	技术体系传承关系
米迪运河	法国	17 世纪	航运	欧洲现代时期第一次建造复杂的土木工程运河	受到荷兰和意大利运河工程技术的影响和启发
布里亚尔运河（Canal de Briare）	法国	17 世纪早期	航运	欧洲第一条锋面运河	受到荷兰和意大利运河工程技术的影响和启发
布里基沃特运河、埃尔斯米尔运河、卡尔多尼亚运河（Caledonian Canal）等	英国	18 世纪	航运	采用铸铁渡槽等先进的土木工程技术	借鉴了法国米迪运河的技术，并受到荷兰运河的影响
中央运河	比利时	19 世纪	航运	以升船机为代表的重要工业成就	受到法国与英国众多运河的影响
伊利运河	美国	19 世纪	航运	本土文化中可更新的低成本土木工程	洲际间技术转移的产物，受到欧洲运河技术的影响
里多运河	加拿大	19 世纪	航运	第一批专为蒸汽轮船设计的运河	洲际间技术转移的产物，受到欧洲运河技术的影响

米迪运河、布里基沃特运河、伊利运河、里多运河以及早先对这些运河都具有一定启发意义的荷兰的运河工程技术，是欧洲、美洲同一技术体系之下运河建造的不同特点的范例，代表了一个完整的技术转移的过程，和不同时期、不同技术发展阶段，因不同功能需求而传承并各自创造的特点。它们在世界水利工程史上，代表了欧美工业革命技术时期的典范成就。

中国大运河与这些工业革命时期遗产运河的不同之处，在于它们代表了不同文明阶段的工程技术成就。发端并形成于农业技术体系之下的大运河使用有限的土、木、砖石乃至芦苇等材料，在没有石化动力，只能依靠人力、畜力的时代，在没有现代测绘与泥沙动力学等科学技术支撑的年代，依靠空前的想象力与长时期的实践积累，完成了在广大空间范围内的水利资源勘察与线路规划，实现了多项技术发明与大型枢纽工程。申报遗产充分见证了大运河作为人类农业文明时代杰出的运河工程，在建造与管理维护方面所取得的成就。

5）复闸与越岭运河是大运河开创性的技术成就，在世界运河工程史上具有重要意义

复闸起源于 10 世纪时的大运河。申报的长安闸是建于 1068 年的世界上现存最早的复闸实例，并与撰写于 1072 年的文献相印证[1]。欧洲类似复闸较为确定的例子则是在约 300 年后出现[2]，虽然无法验证在 13 世纪至 14 世纪蒙古帝国时期的欧亚文化交

1 1072 年秋，日本僧人成寻到中国巡礼求法，记述了通过长安闸的过程。（引自《参天台五台山记》）。

流是否使中国的复闸技术对欧洲产生了影响，但复闸的发明的确是大运河在世界运河工程史上的一大成就，代表着当时在水运工程与管理方面的最高水平。

会通河是13世纪前跨越地形高差最大的越岭运河。会通河跨越大运河整体最高点，其两端与中部高差约30米。通过水源工程、梯级船闸工程，成功解决了越岭运河的水源调配与水道水深控制的问题。会通河的建成比欧洲最早的越岭运河早了100多年[1]。其梯级船闸工程[2]几乎先于欧洲最早的类似工程300多年。在世界上最早的以满足航运需求为目的的水源工程中，南旺枢纽水源工程与米迪运河水源工程（1667—1771年）相比也早了200多年。

6）与农业文明时期重要人工水道工程（灌溉工程）相比，大运河体现出基于航运功能需求的鲜明特征与技术成就

① 分布于中东、南亚等地区的古代人工水道工程历史悠久，有些一直沿用到现在。这些人工水道与大运河都共同体现了农业文明时代水利工程的技术特点、演进过程、悠久历史以及对区域文明的影响力。但是，大运河由于主体功能（航运）的差异而呈现出鲜明的个性特征与技术成就。附表2–3体现了工业革命时期运河的技术特点及传承关系。

附表2–3　工业革命时期运河的技术特点及传承关系

遗产名称	用途与类型	国家	时期	主要技术特点
阿夫拉贾灌溉体系（Aflaj Irrigation Systems of Oman）	供水，灌溉	阿曼	未知，长时间演变	导引地下水或山泉水
舒希达历史水利系统	多用途的人工水道，灌溉为主	伊朗	始建于公元前5世纪	一系列的输水隧道
加雅刚加运河（Jaya Ganga）	供水、灌溉	斯里兰卡	5世纪	大型水库的修建
灵渠	运输、军事	中国	公元前3世纪	第一条等高线运河，闸的运用

以保障航运功能为目的，大运河具有一系列独特的工程实践，如单闸、复闸、梯级船闸、升船斜面、弯道工程等，以维系船只在不同高程水平面通航。为了保持水源、保持航道水深，故有吞吐水量的水柜、引河、堤坝、水库、泄水闸等工程。为了保障运道安全，故有夯土险工、埽工护岸、土石堤防等工程。为了运河与自然河流顺利交汇，故有运口工程等。在线路规划上则初始借助自然水系以求便利，后来逐步摆脱，实现完全的人工控制，以保障船只的安全。以上工程技术特征与成就在申报遗产中有全面

1 《国际运河古迹名录》（The Interinational Canal Monuments List），The International Committee for the Conservation of the Industrial Heritage（TICCIH）记载："到了14世纪末期，德国施特克尼茨运河（the Stecknitz Canal）的开通（1398年）则标志着欧洲第一条越岭运河的诞生。"

2 《国际运河古迹名录》（The Interinational Canal Monuments List），The International Committee for the Conservation of the Industrial Heritage（TICCIH）记载："这种船闸最早出现在法国布里亚尔运河（the Canal du Briare），该运河于1642年竣工通航。"（《中国科学技术史》，卷3）

的呈现，都是基于航运需求而设置，与中东、南亚等历史悠久的古代输水、灌溉水利系统有较大的差异[1]。

②与中国的灵渠相比，大运河是同一工程技术思想体系之下更具典型性的代表作。大运河由于各历史时期与各空间段落所面临的问题迥然不同，工程技术体系构成与技术特征有显著差异。

灵渠的开凿始于公元前219年，距今已2200多年，现今仍然发挥着功用。灵渠全长36.4千米，是世界上第一条已知的等高线运河。大运河则是世界上第一条实现穿山越岭的运河，两者都是古代运河工程的代表作，附图2–10是广西兴安县的灵渠。大运河与灵渠的相同之处主要在于：都是早期沟通不同流域的运河实例[2]，在规划线路上都体现了高超的勘查、测量、规划水平，都依据了弯道代闸原理采用了弯道设计，都具有以堰、坝雍水而引水的水源工程，都采用了一系列水闸工程对水量、水深进行控制，也都具有洪水宣泄设施，同时两者均沿用至今。两者为同一工程技术体系的成果，各方面技术成就在时间上互有先后，可能在理念、经验上互有启发。

附图2–10　广西兴安县的灵渠

不同之处主要在于：由于两者的自然条件、主体功能等方面不同，在工程技术体系构成、技术特征等方面有显著不同，见附表2–4。

附表2–4　中国大运河与灵渠的比较

比较内容 \ 河流名称	中国大运河	灵渠
工程主体功能与技术体系构成	大运河由于北方水资源条件匮乏，在水源紧张的地区均采取严格法令与措施禁止使用运河水源进行灌溉，以保障航运所需水量。大运河以保障其航运功能为首要目的，在工程系统上目标更为明确，在体现以航运为主要特征的人工水道工程措施方面更有代表性。同时由于漕运功能的需要，大运河还在沿线设置有多处漕仓、漕运管理等设施，体现了独特的功能构成	灵渠由于位于中国南部，水资源条件良好，一直兼有灌溉功能，宋代以来灌溉功能渐成主体，因此在后期灌溉用的水工设施渐多。在几次大规模的整修改建中均增设灌溉用水涵洞和引水支渠等

1　李约瑟在《中国科学技术史》第四卷中描述：“但还有一部分中国的成就在南亚是不知道的，而且在中东几乎也不知道。这方面的主题是运渠：中国以令人惊讶的速度，修建了奇迹般的运渠。在此我们不需要夸大它的社会动机，它已经非常明显，远远胜过古代的和中古时期的其他文明。因为约有20个世纪，唯独中国人知道人工通航水道能够为有条不紊地运输重的货物提供很大的机械效率，在这方面远远走在18世纪工业革命的前面，在此时期以前访问中国的外国观察家看到这些工程，都为之头昏目眩。”

2　灵渠于公元前214年贯通，沟通了长江与珠江流域。大运河邗沟段，开凿于公元前486年，沟通了长江与淮河流域。

续表

比较内容＼河流名称	中国大运河	灵渠
工程措施规格、标准	大运河的规划、实施、管理维护一直由中央政府直接组织。如各河段的开挖、维护均由中央政府统一调度实施，关键工程如南旺枢纽、清门枢纽等均指派国家最高级别的水利管理官员亲自指挥，在河道、单体结构建设、船只建造等方面有统一的标准，在施工工艺、运行管理方面有严格的规范。如大运河的闸的形式有统一的标准规定为叠梁闸形式，由专门人员、机构进行管理	灵渠为地区级运河，一直由县级行政机构进行管理，采用民船进行运输，河道宽度、深度、规模有限。工程措施简朴易行。灵渠为陡门形式，形式上较为简单，管理更多采取自备工具、自助互助运行方式
工程系统的集成程度	中国大运河线路空间跨度广大，各区段面临的水资源、地貌条件不同，应对的问题不同，因而诞生了多种类型、深具个性特点的工程案例。这些不同的区段有机组合成整体，共同发挥作用，才能使大运河长年保持全线通航，因而在运河工程技术整体的系统性上，集成性体现得更为突出。	灵渠主体工程由铧嘴、大天平、小天平、南渠、北渠、泄水天平、水涵、陡门、堰坝、秦堤、桥梁等部分组成，尽管兴建时间不同，但它们互相关联，成为灵渠不可缺少的组成部分
遗存性质	中国大运河沿线的考古遗址，真实、生动地反映了隋—宋大运河早期河道、驳岸、堤防等真实的形制、规模、材料、工艺	灵渠目前的水工设施主要为清代遗存，对早期的运河工程单体结构技术特征反映不多
历史影响	中国大运河是国家漕运的干线，是国家的经济命脉，在国家事务中具有重要地位，对其持续地开发对沿线的经济、社会发展具有极为深远的影响，更加显著而深刻地体现了运河的经济、社会功能	灵渠的开凿始于公元前219年，是古代水利工程的杰作，至今仍然发挥着功用

从以上比较可以看出，中国大运河是工业革命之前古代农业文明时期水利工程技术的巅峰之作，代表了人类农业文明时代运河工程技术发展的最高水平，至今仍保存着在世界运河工程史上具有重要创造性和典范意义的技术实例。与工业文明时代的运河相比，中国大运河体现了早期农业文明时代的典型技术特征，与农业文明时代的古代人工水道工程相比，中国大运河则由于航运主体功能的要求具有不同的技术特征与成就。大运河是人类运河工程史上不可缺失的重要篇章。

（三）在历史影响力方面，中国大运河是世界上创建时间最早的运河工程之一，也是延续使用时间最久、空间跨度最大的运河，迄今仍在发挥重要的水利与航运功能，是世界运河工程史上的创造性杰作

大运河是跨区域、跨年代、构成复杂的巨型遗产。它的独特性在《国际运河古迹名录》（*The International Canal Monuments List*）文件中已明确指出，“中国的大运河（The Grand Canal）则是第一条实现“穿山越岭”的运河。”“大运河尽管已经过了其黄金时代，但它仍然在继续使用中，而且仍然是世界上最长的运河。”[1] 从运河规模与线路长度来看，大运河毋庸置疑是世界范围内空间跨度最大的运河，跨越海河、黄河、淮河、长江、钱塘江五大流域，9 个纬度的范围，包含了众多的河道、湖泊、水工设施和相

关遗产，甚至“工业革命以后的许多现代运河也无法在规模与长度上与大运河相比”[1]。附图 2–11 展现了大运河穿越城镇的景象。

附图 2–11　大运河穿越城镇的景象

从始建年代与延续使用时间来看，中国大运河是人类历史上最为古老的人工水道之一，它从隋代 7 世纪第一次大沟通的形成至今持续演进超过 1400 年，其源起甚至可追溯至公元前 5 世纪的春秋时期；大运河也是世界上延续使用时间最长的运河之一，并且最为可贵的是，迄今许多段落仍保持了运河的实质性的水利与航运功能，部分段落仍然延续承担着千百年来在广大国土的南北之间调运物资的任务，这是对运河工程成就的最有力的证明。

申报遗产从历史时期、空间分布、关键位置、现存状态等方面充分证明了大运河的时空跨度与历史演变的进程。它是人类工业革命之前人工运河技术成就的集大成者，并在从肇始至今的 2000 余年里，催生城镇，繁荣经济，维护统一，是文明的摇篮，展现了深远的影响力。

（四）申报遗产的代表性

1. 中国大运河作为系列遗产申报的合理性

中国大运河是有着复杂演进过程、复杂的类型构成与复杂的保存现状的超大规模遗产。因此针对大运河的价值特征，遴选具有代表性的遗产要素，作为系列遗产进行申报，是一个合理、科学的选择。

中国大运河按功能性质，可由保障其运行的工程遗存、配套设施、管理设施遗存以及与其文化意义密切联结的相关古建筑群构成。

按演进过程，由于中国大运河历史上分段凿成，时有兴废。依据历史时期大运河的分段和命名习惯，大运河总体上分为通济渠段、卫河（永济渠）段、淮扬运河段、江南运河段、浙东运河段、通惠河段、北运河段、南运河段、会通河段、中河段，共十大河段。大运河十大河段在水源、比降和其他环境条件方面有所区别，开凿时间和

1　在用河道总长 977 千米（遗产要素中，河道总长 1011 千米，其中 34 千米为河道考古遗址），574 千米的河道可通航，其中约 28% 为高等级航道；约 150 千米的河道为南水北调的重要输水通道；约 350 千米的河道为重要的防洪通道。

历史沿革不同，技术特征各有特色。

由于中国大运河在 13 世纪进行了局部改线，加之 1855 年黄河向北改道后部分段落荒废，因此大运河沿线每个河段保存和使用现状也不一致，包括考古遗址、废弃河道以及在用航运河道等。在本次申报的河道中，有 56.8% 的段落至今仍具有航运功能[1]。

2. 中国大运河基于突出普遍价值的主要特征

基于价值研究和与同类遗产比较分析的成果，中国大运河潜在的突出普遍价值通过以下特征得以体现：隋唐宋、元明清两次大贯通时期漕粮运输系统的格局、线路、运行模式；自春秋至今清晰、完整的演进历程；传统运河工程的创造性和技术体系的典范性；对中国或区域文明持续的、意义重大的影响——包括历史上大运河的用途和功能以及延续至今的贡献。

3. 基于价值特征的大运河申报遗产选择标准与亚标准

一是位于运河线路的关键位置：

① 位于运输线路的主线上。

② 位于整体线路或十大河段的起始点。

③ 位于运河线路的关键位置（高程，自然环境，功能等方面的特殊性）。

二是功能与影响：

④ 体现某个历史时期水工技术的成就或特点：

Ⅰ 重要枢纽工程。

Ⅱ 特殊河道技术或形态（弯道、支线、引河、减河等）。

Ⅲ 代表性水工设施（闸、坝、水库、桥梁、纤道等）。

⑤ 与运河的基本功能——漕运的管理运行具有直接关系：

Ⅰ 仓储设施。

Ⅱ 管理及配套设施。

⑥ 反映了运河对于区域发展与文化传统（聚落繁荣、景观形成、信仰理念等）方面的影响：

三是反映历史形态：

⑦ 反映历史时期运河线路位置的考古遗址。

⑧ 历史悠久，沿革清晰，持续在用的河道（水利或航运功能）。

⑨ 反映了历史时期的实体特征（走向，尺度，材质，工艺等）。

4. 保护管理状况良好

满足全部标准的遗产点段，被视为具有代表性，能够支撑大运河潜在的突出普遍价值，将作为大运河系列遗产的组成部分纳入本次申报。不能支撑全部标准的遗产则不被认为具有世界遗产潜在的突出普遍价值，不列入此次申报遗产的组成部分，但仍作为全国重点文物保护单位，纳入国家级保护体系进行保护与管理。

自 2006 年始，在全国范围内大运河遗产资源调查工作全线展开；2008—2012 年，大运河遗产保护专项规划体系框架确立，并按计划进行了分阶段、分层次的规划编制[1]工作。在规划编制过程中，进行了遗产认定、评估、遴选工作，并最终按上述标准与亚标准遴选出支撑大运河突出普遍价值的 31 个组成部分作为本次申报遗产，包括遗产要素运河水工遗存、运河附属遗存、运河相关遗产，总计 85 处。其中河道 27 段，总计 1011 千米。涉及 2 个直辖市、6 个省的 25 个市。按遗产要素的空间分布，位于 31 个遗产区，其中申报的遗产区为 20819 公顷，缓冲区为 52747 公顷，面积总计 73566 公顷。

中国大运河遗产包括了十大河段的代表性段落，具有线路和位置关键、技术特征突出和历史意义重大等特征。所有组成部分联合为系列遗产整体而呈现的杰出品质，代表了大运河随着区域文明形态发展、演变的时空特征，能够支撑、展现大运河遗产蕴含的突出普遍价值。

三、对比分析结论

研究团队认为，中国大运河与已列入世界遗产名录以及其他重要的人工水道工程实践相比，在动因与功能、工程技术体系与成就、历史影响力等方面具有不同的特质与意义，具备其本身不可取代的特征和成就。中国大运河申报遗产依据严格的标准遴选，具有杰出的代表性，并全面、有力地支撑了中国大运河潜在突出普遍价值[3]。

参考文献

[1] 李约瑟 . 土木工程与航海技术：中国科学技术史第四卷第三分册［M］. 胡维佳，汪受祺，译 . 北京：科学出版社，上海：上海古籍出版社，2018.

[2] 大运河遗产保护规划包括国家级保护规划、省级保护规划、地市级保护规划、重要点段保护规划和各类详细规划。

[3] 国家文物局 . 中国大运河申遗文本，2013.1。

附录三

中国大运河保护与申遗大事记

1. 在 2004 年 3 月召开的全国政协十届二次会议上，时任国家文物局局长单霁翔等 7 位委员联名提交《关于大运河文化遗产亟待加强的提案》，建议“将大运河遗址保护的各项工作纳入南水北调东线工程规划设计、纳入工程建设计划、纳入工程预算，使大运河文化遗产保护工作切实落到实处”。

2. 2005 年 12 月，时任国家历史文化名城保护专家委员会副主任郑孝燮，时任中国文物学会名誉会长、国家文物局古建专家组组长罗哲文，浙江省工艺美术大师朱炳仁三位资深专家，联名给京杭大运河沿线的 18 座城市的市长写信，呼吁“用创新的思路，加快大运河在申报物质文化和非物质文化两大遗产领域的工作”。12 月 15 日，新华社率先摘发了这封《关于加快京杭大运河遗产保护和“申遗”工作的信》，大运河申遗话题从此受到社会各界的高度关注和媒体的广泛报道。三位专家也被人们赞誉为“运河三老”。

3. 2006 年 3 月，58 位政协委员向全国政协十届四次会议联合提交《应高度重视京杭大运河的保护和启动“申遗”工作》的提案，呼吁立即启动对京杭大运河的抢救性保护工作，并在适当时候申报世界文化遗产。全国政协的介入，大大加速了大运河保护与申遗步伐。

4. 2006 年 5 月 22—24 日，全国政协京杭大运河保护与申遗研讨会在杭州举行，并发表《京杭大运河保护与申遗杭州宣言》。

5. 2006 年 6 月，京杭大运河被国务院公布为第六批全国重点文物保护单位，首次在国家层面明确了京杭大运河作为文化遗产的价值和法律地位。同年 12 月，京杭大运河被列入国家文物局重置后的《中国世界文化遗产预备名单》。

6. 2007 年 6 月 20 日，国家文物局在北京召开大运河保护与申遗工作协调会，将京杭大运河申遗“扩容”为中国大运河申遗。会上，扬州、无锡、济宁均表达了担任大运河联合申遗牵头城市的愿望。

7. 2007 年 9 月 26 日，第一届“中国•扬州世界运河名城博览会暨运河名城市长论坛”隆重开幕。在开幕式上，国家文物局宣布扬州为大运河联合申报世界文化遗产的牵头城市，时任国家文物局局长单霁翔为“大运河联合申报世界文化遗产办公室”揭牌，大运河正式进入申报世界遗产程序。

8. 2008 年 3 月 24 日，国家文物局在扬州召开大运河保护与申遗第一次工作会议，达成并发表“大运河保护与申遗扬州共识”，原则通过申遗工作方案、大运河联合申遗办公室主要职能、大运河保护与申遗城市联盟筹建方案。大运河保护与申遗工作迈出实质性步伐。

9. 2008 年 9 月 25 日，第二届“中国•扬州世界运河名城博览会”开幕，大运河沿线 33 个城市（后绍兴、宁波加入拓展到 35 个）成功组建“大运河保护与申遗城市联盟”。

10. 2009 年 1 月，温家宝、贾庆林、李克强、刘延东、马凯等中央领导同志在《关于大运河保护和申遗的报告》上作出重要批示，同意将大运河作为我国 2014 年申报世界文化遗产项目和申报工作进度安排。这标志着大运河保护和申遗工作上升为国家行为，成为国家重大文化工程，进入了全面展开的新阶段。

11. 2009 年 4 月，国务院牵头大运河保护和申遗工作，成立由 8 个省、直辖市和 13 个部委联合组成的大运河保护和申遗省部际会商小组，并举行第一次会议。会议建立了大运河保护和申遗省部际协商机制，通过了《大运河保护和申遗省部际会商小组工作制度》《大运河保护和申遗 2009—2010 年工作计划》等文件。会商小组 13 部门联合发出了《关于加强大运河保护和申遗工作的意见》，就大运河保护和申报世界遗产工作做出了具体部署。

12. 2009 年 9 月 21 日，《大运河（扬州段）遗产保护规划（2010—2030）》公布实施，扬州成为沿线城市中第一个公布运河遗产保护规划的城市。接着沿线省市纷纷公布实施了市段和省段保护规划。

13. 2009 年 9 月 25 日，第三届中国•扬州世界运河名城博览会开幕，由国内外运河城市市长发起、经中国政府批准的“世界运河历史文化城市合作组织”宣告成立，扬州也同时被确定为运博会永久性会址。

14. 2010 年 7 月 6 日，2010 年大运河保护和申遗工作会议在扬州召开，部署全面开展《中国大运河遗产保护与管理总体规划》编制和大运河申报世界文化遗产预备名单遴选工作。

15. 2011 年 4 月 12 日，第四次大运河保护和申遗工作会议在扬州召开，公布了大运河申报世界文化遗产的预备名单。

16. 2011 年 5 月 30—31 日，经国家文物局批准，大运河联合申遗办在扬州举办首届大运河保护与申遗沿线城市通讯员培训班。

17. 2011 年 11 月 16—21 日，大运河联合申遗办调研组考察了大运河山东段德州、聊城、泰安、济宁、枣庄 5 个运河沿线城市的保护和申遗工作经验。

18. 2012 年 6 月 14 日，大运河（扬州段）监测预警平台项目首期工程通过验收，扬州在大运河沿线率先开展遗产监测预警平台建设取得显著成果。

19. 2012 年 7 月 20 日，大运河联合申遗办在北京召开《大运河遗产保护联合规定》

（暂定名）专家咨询会，为大运河遗产保护进行立法准备。

20. 2012 年 8 月 14 日，中华人民共和国文化部令第 54 号公布《大运河遗产保护管理办法》，自 2012 年 10 月 1 日起施行。

21. 2012 年 8 月 17 日，扬州市政府常务会议通过《扬州市大运河遗产保护办法》，并于同年 10 月 1 日起施行。这是运河沿线城市中首个保护大运河遗产的规范性文件，从而启动了保护大运河的地方立法工作。

22. 2012 年 9 月 25—27 日，在 2012 中国•扬州世界运河名称博览会暨世界运河大会上，大运河保护与申遗城市联盟的 35 个城市代表共同签署了《大运河遗产保护联合协定》，标志着大运河遗产立法保护工作迈出重要一步。

23. 2013 年 1 月，中国大运河申遗文本提交联合国教科文组织世界遗产中心，同年 3 月通过审核，被正式受理。

24. 2013 年 3 月 26 日，2013 年大运河保护和申遗工作会议在扬州召开。时任国家文物局副局长童明康给扬州大运河保护志愿者组织授旗。

25. 2013 年 5 月 5 日，中央文明办在扬州举办以“关爱自然，保护京杭大运河”为主题的保护京杭大运河志愿服务大行动启动仪式，旨在贯彻落实党的十八大提出的建设生态文明和美丽中国的要求，吸引广大志愿者加盟保护大运河、建设美丽中国的行列。

26. 2013 年 5 月，时任文化部部长蔡武，时任国家文物局局长励小捷率队调研指导大运河沿线保护和申遗工作。

27. 2013 年 9 月 16—26 日，受联合国教科文组织委托，国际古迹遗址理事会委派利玛•胡贾、姜東辰两名国际专家对中国大运河申报世界遗产项目进行现场考评。

28. 2013 年 9 月 26 日，2013“中国•扬州世界运河名城博览会”开幕，来自 5 个国际机构、16 个世界运河城市、35 个大运河沿线城市的近 400 名代表和专家齐聚扬州，就“水生态、水文明和名城”这一主题，探索古老运河保护、开发和复兴的思路和模式。

29. 2013 年 11 月 16 日，国家文物局和中国考古学会在扬州召开扬州曹庄隋唐墓葬考古发掘成果论证会，一致确认，扬州曹庄隋唐墓葬为隋炀帝墓，是隋炀帝杨广和萧后最后的埋葬之地。扬州曹庄隋唐墓葬被列入 2013 年中国十大考古新发现。

30. 2013 年 11 月 8 日，由国家文物局、中国文化遗产研究院、国信司南地理信息技术公司和扬州大学专家组成的专家评审组对大运河监测预警通用型平台和大运河（扬州段）数字监测预警平台二期软件提升项目进行了终审验收。

31. 2014 年 6 月 22 日，在卡塔尔首都多哈召开的第 38 届世界遗产委员会会议上，中国大运河成功登录《世界遗产名录》，大运河申遗划上圆满句号，开启保护利用的新征程。

32. 2014 年 9 月 26 日，以“大运河成为世界文化遗产后的保护与利用”为主题的 2014“中国 • 扬州世界运河名城博览会”隆重开幕。来自 16 个国家的运河城市专家、学者和国际组织代表，中国大运河沿线 8 省（市）文物局领导、35 个城市的市长或政府代表同庆中国大运河申遗成功，共商遗产保护大计。大会通过了新的《大运河遗产保护管理城市联盟章程》。时任国家文物局副局长童明康给更名后的大运河遗产保护管理办公室揭牌。

33. 2014 年 9 月 27 日下午，国家文物局在扬州召开大运河遗产保护管理工作会议。部署大运河遗产保护管理工作。要求各地要重点完善保护管理长效机制，巩固跨地区部门协商机制，加强遗产本体保护与监测，加大环境景观控制力度，继续推进考古调查和专题研究，深入挖掘大运河遗产价值，探索活态遗产保护利用模式，促进大运河申遗向持久保护转变，走出一条科学、可持续的大运河遗产保护发展之路。

34. 2015 年 11 月 23—28 日，受国家文物局委托，大运河遗产保护管理办公室在高邮举办大运河世界文化遗产地保护管理培训班，大运河沿线 8 省（直辖市）大运河省级管理机构负责人代表，世界文化遗产大运河 31 个组成部分的管理机构代表以及部分大运河“国保”单位重要点段的管理机构代表参加了培训。培训期间，来自中国古迹遗址保护协会、大运河遗产保护管理办公室、北京故宫博物院古建修缮中心等 10 家单位的 13 位遗产专家分别为学员授课。大运河遗产保护管理办公室启动大运河遗产培训中心建设，从而开启了后申遗时代保护管理的新篇章。

35. 2016 年 1 月—2017 年 3 月，受国家文物局委托，大运河遗产保护管理办公室先后组织对北京、天津、河北、山东、河南、江苏、安徽、浙江等大运河遗产地的大运河世界遗产保护管理工作进行了巡查，并完成了大运河遗产保护管理巡查报告。大运河遗产保护管理办公室承担起大运河遗产保护管理的协调责任，努力建设大运河遗产保护中心。

36. 2017 年 2 月 24 日，习近平总书记视察北京大运河森林公园时强调，大运河是祖先留给我们的宝贵遗产、是流动的文化，保护大运河是运河沿线所有地区的共同责任。不久，习近平总书记又专门就大运河文化带建设作出重要批示，要求将大运河文化保护好、传承好、利用好。一时间，大运河沿线地区掀起了推进大运河文化带建设的热潮。

后 记

这是继《中国大运河百问》后，本人主编的中国大运河丛书的第二部，也是本人主编的第四部关于大运河的图书。有别于其他介绍大运河的书籍，本书从中国大运河世界遗产的角度对中国大运河进行介绍，严格按照世界遗产的价值来介绍中国大运河，用科学严谨的笔法，让读者读懂中国大运河世界遗产的内涵与分布范围，了解中国大运河的价值所在。相信对世界遗产知识的普及、大运河世界遗产的宣传、民众文化遗产保护意识的提高会起到一定的推动作用。

在国家文物局、中国文物学会、中国文化遗产研究院等机构的关心支持下，在扬州大学苏中发展研究院、扬州大学中国大运河研究院的帮助下，本书历经两年编写而成，参考书目近百种，安作璋、王永波、蔡蕃、奚赋彬、赵西君、刘科伟、王利华、张谨、赵云等诸位专家在此之前对运河所作的研究给予我正确的方向指引，在此表示感谢。本书写作过程中得到了张谨博士、黄晓帆先生、吴育华博士在资料收集与分析方面的大力帮助，得到了吴益群、孙明光、文蓉、陈跃、文啸、高南健、张芸、张益、李相林、殷天适、李国跃、刘奇斌、朱育林、季寿山、朱翔龙、周泽华、黄杰、李赛南、黄浙苏及运河沿线城市的同行在图片、制表等方面的大力帮助，特别是扬州大学的宋桂杰教授对本书的写作给予了诸多方面的支持，文物界德高望重的大运河研究专家张廷皓先生亲自为本书作序，在此一并致谢。

中国大运河遗产是中国最有特色的世界遗产之一，中国大运河申遗成功让大运河得以成功走到世界舞台的中心，希望本书能够帮助读者全面了解中国大运河遗产，继而使大家热爱大运河遗产，参与到保护大运河遗产的伟大事业中来，助推大运河文化带建设。

姜师立

于 2018 年 10 月 1 日